日本建築学会編

「かわいい」と建築

Kawaii-ness and Built Environments

KAIBUNDO

序文

日本建築学会の環境工学委員会で、かわいいと建築に関する研究会の設立について審議する際に、正統ではないサブカルチャー的な言葉として「かわいい」を捉えて、こんな研究を建築学会で行うのかという言葉もあった。時代のトレンドを表す言葉は、注目もされやすいが、廃れやすい。でも、「かわいい」という言葉は一過性の言葉ではなくなっているように感じている。新明解国語辞典では、この22年間に「かわいい」という言葉の解説が3倍になっている。

私が「かわいい」という言葉を日々の仕事のなかで聞くようになったのは、10年ほど前だった。ある建築家との打ち合わせで、電球の配置や形状について、かわいい配置をしようという言葉が飛び出してきた。その建築家は「かわいい」というのは日本建築デザインの新潮流ともなっていると解説してくれた。当時、かわいいタレントやキャラクターというような表現は多くあったが、学問分野や建築設計で用いられることになっていることに驚いた。

学術的に捉えるためには、用語の定義を精緻に行う必要がある。これは学問の基本である。かわいいと建築に関する研究WGは、さまざまなニュアンスで使われる「かわいい」という言葉を分析した結果、この心理現象を「幸福感」「好感」「養護感」の3系統に分類した。また、日本文化の歴史的な背景も含めて論じている。とくに厳格な西洋的美に対する「くずし」という遊び感のある日本の美と対峙性を考察している。また、「かわいい」と感じたときにどのような生理的メカニズムが生じるかを神経科学や脳科学分野の知見から把握し、交感神経と副交感神経の作用、感情を司る情動回路、表情認知の問題などを考察している。実に奥深い。

本書の特徴的なことは、多くの建築・土木の事例を調査していることだ。子ども空間、病院に加えて老健施設、予備校、銀行などの空間も取り上げている。視覚的な印象だけでなく、平面計画も利用者の表情や動作が「幸福感」系のかわいさに影響するということを示しており、概念の拡張が行われている。「かわいい」は、ゆったり、リラックスした動作がその場所が危険な空間でないというシグナルとして機能しており、建築分野で重要性が増大すると予想される「精神的疲労の回復」

と「自尊感情の回復の問題」の解決へ役立つのではと提案している。

「かわいい」の意義、今後の建築計画に関する展望が論じられており、本書により「かわいい」を流行語から建築学術用語として位置づけることが可能になっているのではないかと思う。

早稲田大学創造理工学部建築学科・教授
日本学術会議委員　田辺新一

２０１８年５月

目次

第6章　実現手段と設計解――197

第7章　寄稿編――211

カバーデザイン：槙　究

まえがき

人々は「かわいい」に何を求めているのか？

近年、「かわいい」という概念が自動車や家庭電化製品をはじめ、多方面の人工物の開発の際にキーコンセプトとして用いられ、数多くの成功事例が出現している。このことは「かわいい」という概念が従来の人工物からは得られなかった新たな価値を、その人工物に付与していることを示唆している。

その新たな価値とは何か？ どのような効果を生むのか？ その価値や効果が求められる社会のなかで、建築はどうあるべきかを検討することを目的として、日本建築学会内に環境心理小委員会のメンバーを主体とした「可愛いを求める心と空間のあり方に関する研究WG（ワーキンググループ）」（以下、「かわいいWG」と略）を2013年度に設置していただき、以後4年間にわたって調査研究を行った。

その結果、「かわいい」という言葉は、近親者の長上から目下の者に対する愛情を起源とし、しだいに対象や意味を拡張してきたこと、心理的レベルでは、「かわいい」と感じられると「幸福感」「好感」「養護感」などが得られ、生理学や脳科学の知見も含めて考えると、その影響は、安心感や安堵感、快感が得られること、不安やストレスを緩和することまで広がることがわかった。したがって、「かわいい」という概念を使って設計された人工物に付与された新たな価値とは、そのような変化や影響を受けられることであると考えられる。また、私たちが暮らしている社会は、それらが多くの人に求められている社会であることも示している。

「かわいい」と評される建築事例の設計主旨は、利用者への配慮や利用者の確保、再利用の促進など、建物と人との良好な関係を築くことを主旨としたものが数多くみられた。そして、「幸福感」系の効果を狙いとした実現手段は平面計画に関する設計解が主で、「好感」系の効果は「視環境」に関する設計解が主であった。

「かわいい」の価値や効果が求められる社会のなかで、「建築はどうあるべきか」の問題として、「精神的疲労の回復」と「自尊感情の回復」というテーマを取り上げた。前者は、精神的なストレスを感じた人が「かわいい」ものを求める傾向があること、介護や看護などの分野においても精神的疲労の回復策が求められていることから、後者は、超高齢社会に突入した日本社会において、幼児というかわいいものに接する世代間交流などを通じて、自尊感情の建築による回復策の重要性が増していくと考えたためである。

本書の構成

本書は、８つの章から構成されている。第1章は、「かわいい」を取り巻く社会経済の変容、「かわいい」という言葉の歴史的変遷、「かわいい」に関する学術研究などについて紹介している。

第2章は、かわいいと感じる原因や心理的・生理的・行動的影響、かわいいものが及ぼす集団への影響や効果などについてかわいいＷＧが実施した調査結果を中心に紹介し、近年の発展が目覚ましい脳科学の知見を用いて考察を加えた。

第3章は、「かわいい」が人と建築との良好な関係を構築する特性に関して、事例調査の概要を報告している。人と建築との良好な関係については、「利用者に優しい」「利用者を集める」「都市を楽しく」「糖衣効果」の４つのサブテーマを設けた。

第4章は、ワークプレイスの事例と、かわいいＷＧが実施した調査結果、および疲労回復に対する知見をもとに対策の方向性を示した。

第5章は、高齢者施設の事例調査で得た「日頃まったく反応の無い高齢者が幼児に接すると生き生きとした表情を取り戻す」という現象を出発点として、高齢者施設での世代間交流に焦点を当てて問題点や可能性を述べた。なお、第3章から第5章に紹介した建築事例については、目的と手段のネットワーク図を作成している。

第6章では、その目的と手段のネットワーク図の分析によって、「幸福感」系の効果は主に平面計画、「好感」系の効果は主に視環境の設計解が関与していることを示した。そして、かわいいＷＧの活動で得られた知見をもとに行った実務者を交えたディスカッションの要旨を紹介している。

第7章は、建築分野で初めて「かわいい」に関する問題提起をされたプロジェクトプランナーの真壁智治氏、心理学の分野で精力的に研究活動をされている入戸野宏教授（大阪大学）、美術館で「かわいい」絵画の展覧会の企画を担当されてきた三戸信惠氏（山種美術館）、小児病院の調査研究と設計に取り組まれている柳澤要教授（千葉大学）からいただいた寄稿を掲載している。

第8章では、建築環境における快適性概念の変遷と、「かわいい」概念の可能性に焦点を当て、今後の展望を述べている。

かわいいWGの調査研究活動は、多くの研究者や実務者、学術団体や企業などの協力のもとに進められた。とくに、大倉典子教授（芝浦工業大学）が主催している日本感性工学会かわいい人工物研究部会には、同部会のシンポジウムへの参加やメンバーとの交流、および2016年に日本建築学会で開催したかわいいWGのシンポジウムへの協力によって多くの先導的研究の知見が得られた。

ご協力いただいた多くの方は、それぞれの分野で初めて「かわいい」の問題に取り組まれたパイオニアであった。その方々の卓越した洞察力と情熱、創造性には学ぶことが多く、また、ご厚意、篤志が未開拓の研究領域への挑戦を支えてくださった。記して謝意を表したい。

2018年4月

日本建築学会　環境工学委員会　かわいいと建築刊行小委員会

第1章 「かわいい」とは？

「かわいい」という言葉は、社会経済や文化の影響を受けて生き物のように変化してきた。現代では、その意味も対象も大きく広がっている。

「かわいい」を扱った学術研究は近年増加したが、絶対数は大変に少ない。学術研究については、未だ黎明期、萌芽期の段階と言ってよい。

その学術研究では、かわいいと感じる現象の原因（色や形、触感など）やその影響（心理的、生理的、行動的影響）が研究対象となっている。

また、優れた事例の表彰（日本感性工学会かわいい感性デザイン賞）も始まっている。

1 社会経済の地殻変動

▼かわいい江戸絵画の興隆

2013年の春に東京都府中市の府中市美術館で、「かわいい江戸絵画展」が開催され、多くの人々が押しかけた。この展覧会を企画・実施した同美術館の学芸員金子信久氏は、日本画では江戸中期から「かわいい」画風の作品が興隆した理由として、「かわいい絵画」を愛でる人たちが増えたこと、かわいらしさを表現する描写技術が確立されたことを挙げている[1]。

「かわいい絵画」を愛でる人たちが増えたのは、町人階級の興隆による。また、円山応挙や伊藤若冲など新しい画境を開拓したのは町人の画家であり、それまで宗教や権力と結びついていた美術が、気軽な、純粋な目や心の娯楽として確立されてきた。

宗教のなかで描かれてきた禅画も、禅の普及に伴って鑑賞画として描かれるようになり、人々は思想的な意味を味わいながら、造形の魅力を楽しんだ。そして、仏教には、生き物にも人と同じく仏性があるとする考えもあり、動物の心や命の営みに迫った作品もつくられるようになった。

それまでの絵画は、形を大まかに捉え、そこに造形としての美を付加するもので、本物の動物や子どもの愛らしさを再現したものではなかったが、応挙は、人がかわいいと感じるものを再現的に表す描きかたを確立し、そのことが、かわいいものの質感や表情を絵にすることを一般化した。

また、版画技術の向上によって質の高い美術作品の複製が可能になり、それを大量販売するという仕組み（ビジネスモデル）が確立されたことを理由に加える説もある。いずれにせよ、需要サイドと供給サイドの事情と、それを結びつける技術とノウハウの進歩が「かわいい絵画」の興隆に結びついた。

江戸幕府が始まっても、しばらくの間、経済や文化の中心は上方（京都、大阪）にあり、江戸がその分野で力を蓄え、発展させたのは江戸時代の中期以降であった。「かわいい絵画」の興隆は、文明史的な視点で見れば、社会を支配する原理が「武力」から「経済力」へ移行しつつある段階での、武家階級の衰退と町人層の勃興に連動した社会経済の地殻変動がもたらしたものであり、江戸の文化の成長を示すものでもあった。

▼かわいい商品の価値

では、現代ではどうだろうか？「かわいい」ものは、キャラクター商品やファッション分野のみならず、家電製品や自動車など耐久消費財から日用品、食品に至るまで枚挙に暇がないほど浸透しており、大きな成功をもたらした事例も少なくない。米国の心理学者ソーンダイクの効果の法則（law of effect）「結果的に満足をもたらす行動は、その状況との結合を強めていく」を前提とするなら、社会的なレベルで、それが「かわいい」について成立していると解釈できよう。

「かわいい」という概念を新商品の開発や設計に用いた商品が多くの成功事例を出現させているという事実は、その概念が従来の人工物からは得られなかった新たな価値をその人工物に付与しており、その価値を求める人々が少なからず存在することと、そして、その価値が人々に満足感を与えていることを示唆している。

一方、都市や建築など構築環境の計画や設計の分野を眺めてみると、「かわいい」という概念は、考慮すべき概念として認識されていない。しかし、人間にとってより望ましい環境を創出することを可能にするなら、その概念を積極的に導入すべきではないだろうか。

▼ゴーン社長のメッセージ

バブル経済が破綻し、人口減少期を迎え、経済が長期にわたって低迷していた2006年元日の朝日新聞は、「かわいい」を日本再生のキーワードとして取り上げた。同紙はそのなかで日産自動車カルロス・ゴーン社長の「ヨーロッパ、欧米の車は肉食の車である。日本が世界に伍して太刀打ちしていくには、草食系の車を造る必要がある。かわいいをもって物造りの手掛かりにしよう。」という主張を紹介した。

この主張は、日本を代表する大企業のトップが初めて「かわいい」をデザイン戦略として示したメッセージであった。ゴーン社長が就任してから開発された小型自動車マーチ（3代目）は、小動物を連想させる曲線的なフォルムやヘッドランプのデザインなどから、「かわいい」と評され、すでにヒット商品となっていた。南米や欧州の社会・文化のもとで成長した人物だからこそ、日本の「かわいい」という概念の価値に気づいたのだろう。その経営手腕を発揮して日産自動車の経営立て直しに成果をあげた人物の発言ゆえに説得力を伴っていた。

▼感性価値

1960年代には、日本経済は価格と品質を武器に世界中の市場を席巻し、ジャパンアズナンバーワンと評された。しかし、かつて低開発国と言われた国々が徐々に工業化を進展させ、安価な製品を輸出しはじめ、技術力の向上とともに製品の品質も向上させ、日本製品の国際競争力は低下しはじめた。

そこで、経済産業省は2007年5月に、「我が国の産業は人口減少に伴う量的需要減、近隣諸国の追撃など構造変化に直面している。競争力を維持・向上させていくために不可欠な差別化やイノベーションの要素と考える上で改めて『いい商品、いいサービスとは何か』という基本的な問いに立ち返って検討した結果」、『感性価値の創造』を提案する「感性価値創造イニシアティブ」政策を発表した。

「感性価値」とは、「素材など見えないところまでに及ぶこだわり、ものに込めた趣向、遊び、美意識、新しい使い方やライフスタイルを提案するコンセプト、場合によっては企業の価値観そのものが、技術、デザイン、信頼、機能、コスト等によって裏打ちされ、ストーリーやメッセージを持ったものとして可視化され、これが、生活者に、驚き、わくわく感、どきどき感、爽快感、充足感、信頼感、納得感、安らぎ、癒しなど感動や共感をもって受け止められるもの」と説明している[2]。

従来の、商品自体の性能や特性を商品の開発や設計の目標としていた姿勢から、商品が及ぼす人間の心理面への影響を問題とし、それを発想の原点とする姿勢への転換を促した政策であった。

▼建築分野での地殻変動

２００７年10月から雑誌「新建築」に「カワイイ建築パラダイム」という連載エッセイを投稿し、建築デザインの分野で「かわいい」という概念に関して問題提起をされた真壁智治氏は、「「かわいい」をもって物造りの手掛かりにしようということは、カルロス・ゴーン氏の発言を待つまでもなく、建築の世界でも生じていることである。その先掛けが２０００年に建った「せんだいメディアテーク」で、その頃から公共建築の事情が変わってきた。建築を愛おしむ、あるいは建築と自分との距離の関係が変わってきた。これは公共建築のハコモノからの脱却であり、建築が愛され始める契機になるものであった。」と述べている［注］。建築の世界でも地殻変動は進行しているとする見解である。

また、真壁氏は、東京芸術大学建築学科の助手をされていた経験から、「２０００年以降、建築学科で女子学生が増え始め、２００４年には女子学生が３分の１となり、２００７年には男女比が逆転した。女子学生優位の中で学生の建築をめぐる言葉に変化が生じた。言葉は発想の根拠となるものである。実感を伴わない頭でっかちな発想よりも、身近で身の丈の発想をとる傾向が強くなった。「建築」を通して、人と共感し、繋がろうとする可能性を探しているように見える」と述べている[3]。

金子信久氏は、江戸時代にかわいい絵が興隆したことに対して、「美術が特定の権力だけに属するものでなくなったことは、絵が描かれる目的や表現手法の拡大にもつながる大きな出来事である」[4]と述べている。その「美術」と「絵」を「建築」に置き換えてみれば、建築の目的や表現手法の拡大が期待できることになる。

［注］　２０１６年10月に開催されたシンポジウム「かわいいと建築２０１６」（日本建築学会環境工学委員会環境心理生理運営委員会主催）での発言

参考文献

[1] 金子信久　かわいい江戸時代絵画の背景「情報処理」57巻2号　２０１６年1月
[2] 経済産業省「感性価値創造イニシアティブ」骨子（案）　２００７年

[3] 真壁智治　カワイイ建築パラダイム「新建築」（2007年10月号から隔月連載）新建築社
[4] 府中市美術館編『かわいい江戸絵画』求龍堂　2013年

2 「かわいい」の日本語史

▼国語辞典における「かわいい」

『広辞苑』（岩波書店）は、1955年に初版が発行され、以後、2018年までの63年間に6回改訂されている。いずれも、「かわいい」は「かわゆい」から転じた言葉であること、第4版から、「可愛い」は当て字であることを冒頭に示している。語釈（言葉の意味の解釈）として、「①いたわしい、ふびんだ、かわいそうだ。②愛すべきである。深い愛情を感じる。③小さくて美しい」の3つを並べている。なお、同書は、語釈を古い時代のものから示すことを編集方針としている。

『新明解国語辞典』（三省堂）は、1972年に初版が発行され、2011年の第7版までの約40年間に6回改訂されている。第4版（1989年発行）では、「かわいい」の語釈について、「自分より弱い立場にある者に対して保護の手を伸べ、望ましい状態に持って行ってやりたい感じだ。」の1つしか示していないが、第5版と第6版は2つの語釈が示され、さらに第7版では冒頭に、「(「かわいい」は、)「かははゆし」から来た「かはゆい」の変化と言われ、原義は、ほうっておけば悪い事態になるのをそのまま見過ごせない、の意」と由来をより詳しく紹介し、①親が我が子にいだく心情のように、どんなことがあっても無事に過ごせるように守ってやらなければならないという気持に駆られる様子、②無心に親に甘える子供のように、表情やちょっとしたしぐさなどにほほえましさを感じ、いつまでも見守っていたいといった感情をいだく様子、③A小さくて頼りない（弱弱しい）感じがするところに親しみやすさをいだかせる様子、B同種の他のものと比べて小さい意、と3つのカテゴリーに構成し直し、「かわいい」という言葉の扱いかたが大きく変わった。

「かわいい」に関する記述の文字数は、『広辞苑』では第4版（1991年）から第7版（2018年）までの27年間に約

1割しか増えなかったが、『新明解国語辞典』は、同じ頃の第4版から第7版までの22年間に、約3倍に増加しており、「かわいい」に関する両書の扱いかたは大きく異なる。『広辞苑』からは「かわいい」という言葉の芯の部分、『新明解国語辞典』は時代に応じた「かわいい」という言葉の扱われかたが察せられる。

▼枕草子　愛（うつく）しきものの段

「かわいいもの」について初めて記述した例として清少納言の枕草子「うつくしきものの段」が挙げられる。当時は、「かわいい」は「愛（うつく）し」あるいは「ろうたし」と表現されており、その段には、「かわいいもの」をいくつか並べ、それを評する形容詞として「愛（うつく）し」が8回、「ろうたし」が1回使われている。また、動詞の「愛（うつく）しむ」も1回用いられている。

▼うつくし

『古語大辞典』（小学館）では、「うつく・し【愛し・美し】」は、「①（親子や夫婦間などで）いとしい。かわいい。②（幼少の者などに対して）愛らしく美しい。かわいらしい。③愛情がこまやかなさま。親密である。④美しい。きれいだ。うるわしい。りっぱだ。みごとだ。⑤きれいさっぱりとしている。手際がよい。」という5つの語義（語句の意味）と、語誌（言葉の起源や意味・用法の変遷を歴史的に記述したもの）を「「いつく」「いつくし」「いつくしむ」などと同源という説があるが、確かではない。奈良時代には、親子や夫婦・恋人などの間の長上から目下の者に対する愛情を表す。平安時代には、幼少の者、小さいものなどの愛すべき美（可憐美）に対する愛情、また、その可憐美を表す。平安中期には、美麗の意も表し、大鏡では、木のような自然物に対しても用いている。室町時代にはこの意が主であった。現代でもこの意に用いられるが、「きれいだ」に取って変わられつつある。また、室町時代には、余分な物、汚れた物などのない状態をも表すようになったが、これも現代語では「きれいに」をもちいるようになった。」と示している[3]。

平安時代は、政治史の上では、奈良時代の律令国家体制を継承した「前期」、摂関政治が確立し、律令国家体制から王朝国家体制へ移行した「中期」、さらに荘園制が形成されていった「後期」に分けられる。枕草子が書かれた10世紀末は、藤原家が摂関政治を担った平安中期であり、『古語大辞典』の語誌によれば、「うつくし」は、「小さいものなどの愛すべき美（可憐美）に対する愛情、また、その可憐美」と「美麗」の意を表し、「自然物」に対しても用いられた時期である。「うつくしきものの段」で「うつくし」と評されたものは15項目ある。子どもが7項目、鳥の子やひなが3項目、自然物が2項目挙げられており、語誌の記述と一致している。

▼らうたし

同じく『古語大辞典』で、「らうたし【労たし】」の語義は「①いたわしい。かわいそうだ。②弱々しく可憐だ。いとしい。かわいらしい。」、語誌は「字音語「労」に「甚（たい）し」が複合したもの。「労」にはもともと、いたわる・ねぎらうの意があり、続日本紀宣命では形容詞「いたはし」を表記する文字として用いられている。従って、本来、いたわりたくなる状態を「らうたし」といったもので、ひどくいたわりたくなるという意が、世話をしてやりたいようないじらしさ、可憐なかわいさの意に転じた。」と紹介されている。

枕草子のうつくしきものの段で「らうたし」と評されたのは、現代語で「かわいらしい子どもを、ちょっとだいて遊ばせているうちにねいってしまうあいらしさ」と訳された箇所[2]で、まさに「世話をしてやりたいようないじらしさ、可憐なかわいさ」であろう。

▼うつくしむ・いつくし

『古語大辞典』では、「うつくしむ【愛しむ・慈しむ】」の語義は、「かわいがる。慈しむ。」と、ごく簡単に紹介されている。語感の似ている「いつくしむ【慈しむ】」は、「《中世末期から用いられる》たいせつにする。かわいがる。愛情をかける。「うつくしむ」とも」と紹介されており、この語は平安中期には用いられていなかったようだ。

なお、『古語大辞典』では、その「いつくしむ」の近くに「いつくし【厳し】」がある。語義は「①神威が盛んであるさま。

②威厳がある。厳かである。いかめしい。りっぱである。③厳しい。厳重である。④整っていて美しい。美麗だ。⑤(気立てが)優しい。」、語誌として、「「いつ(厳)」に「く(奇)し」が付いたものという。上代では、神仏や天皇に関していったが、後に貴人に対していうようになり、その原義が忘れられるとともに、語形が似ていることなどもあって、「うつくし」と混同されるようになり、室町時代以降は、ほぼ同じ意になった。」と示されている。

「うつくし」の語誌には、「「いつく」「いつくし」「いつくしむ」などと同源という説があるが、確かではない。」と書かれていたが、ここでは、「「いつくし」の語誌として「「うつくし」と混同されるようになり、室町時代以降は、ほぼ同じ意になった。」と示している。

▼かはゆし

それでは、「かわいい」の古い語形である「かはゆし」はどう変化してきたのだろうか。『古語大辞典』では、「かはゆし」の語義は、「①心がとがめて、顔は赤らむような状態だ。面はゆい。恥ずかしい。②痛ましくて、見るに忍びない。気の毒だ。ふびんだ。③愛らしい。かわいらしい。子供っぽい。」、語誌として、「「おも‐はゆし」「ま‐ばゆし」と同構造で、「かほ‐はゆし」の約とする大言海の説が妥当であろう。用例が今昔物語集を初見として、中世以降に多くなっているのは、成立はともかく、中古には、下層社会の俗語であったからであろう。意味も今昔物語集にみえる②の用法で、他は転義であろう。中世後期辺りから見え始める③の用法が、やがてもとの②の用法を駆逐して完全に交替することになる。「可愛」は仏教語彙から借りた当て字である。」と示されている。

なお、『暮らしのことば 新 語源辞典』(講談社)には「…本来「気の毒だ」の意を示したカハユシだが、中世後半からしだいに「愛らしい」の意に変化し、語形もカワユイを経てカワイイとなり現代に至った。なお、現代語ではカワイイは「愛らしい」の意だけを示し、「気の毒だ」の意にはカワイソウを用いる。」という解説が記されている[4]。

▼日本語史

そもそも日本語とは何か。浅川哲也氏（首都大学東京教授）は、「日本語とは日本方言全体のこと」と述べている。また、日本語史の世界では、日本語を古代語と近代語に大別し、古代語は上代語（奈良時代以前）、中古語（平安時代）、中世語（鎌倉・室町時代）に、近代語は近世語（江戸時代）、現代語（明治時代以降）に分けるという見解が通説となっている[5]。方言のなかでも、その国の政治・経済・文化の中心地で話されている言語を「中央語」と呼び、古代語は主に西部方言、近代語は主に東部方言が主体となっており、これは関西から関東への政権の移動に起因するものとされている。地方で使われていた言葉が中央でも使われるようになることが、「日本語史」の世界では「日本語の変化」と捉えられる。『古語大辞典』の「（かはゆしは、）中古には、下層社会の俗語であった」という指摘は、同じ地域で暮らしている社会階層間の影響や交流も日本語を「変化」させる要因であることを物語っている。

▼下剋上

政権や都（首都）の移動だけでなく、事件も日本語を変化させる要因となる。浅川氏は「（政治・経済体制だけでなく）大規模な自然災害や人的災害などは大きな社会変化をもたらし、それはやがて激しい言語変化へと結びついてゆく」と述べ、養和の大飢饉（１１８１～１１８２年）、文治地震（１１８５年）、平氏政権と清和源氏との戦いや全国規模

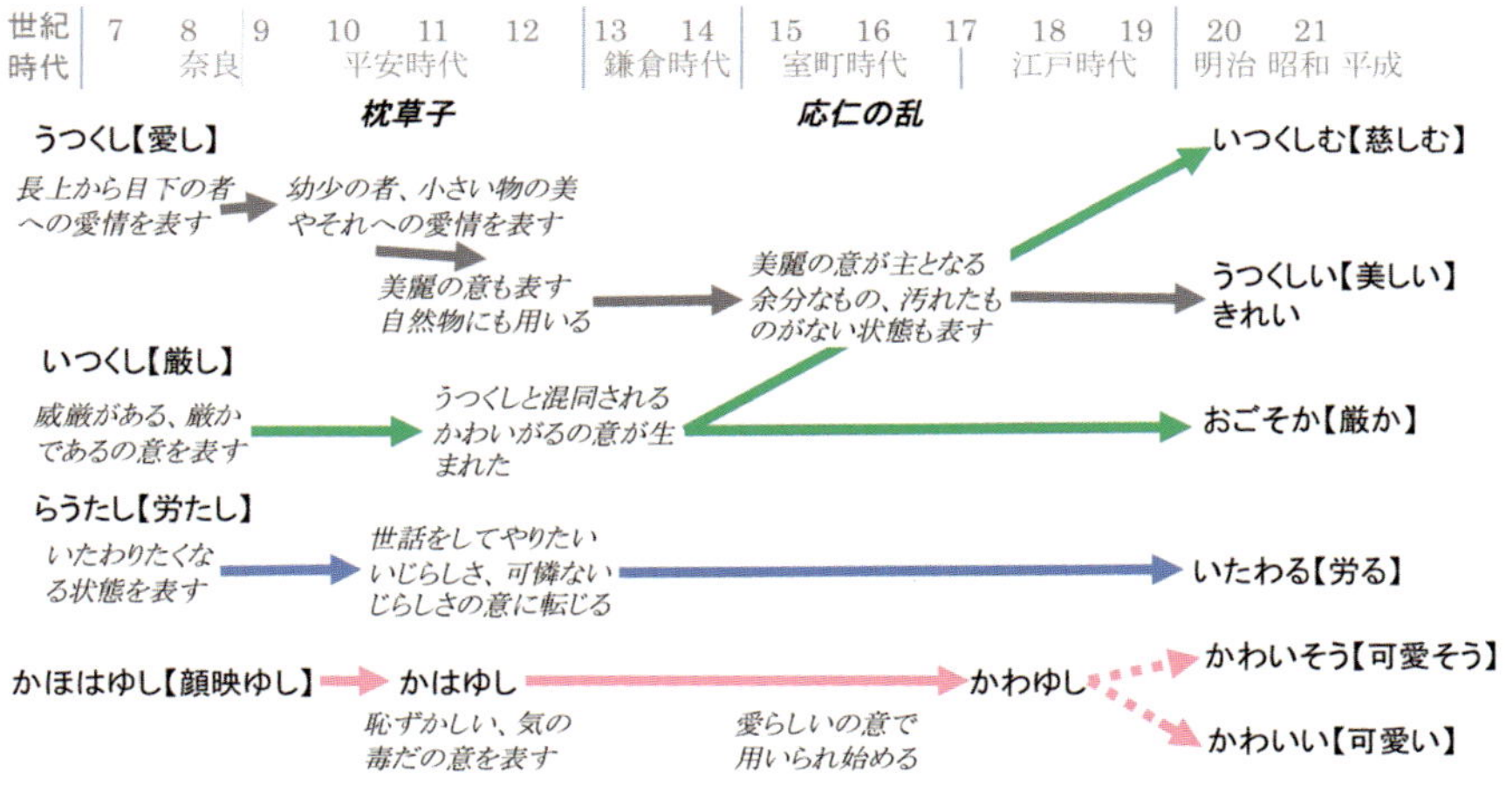

図 1-1 「うつくし」と「かわいい」の変遷

の内乱（宮廷政治の終焉と武士の台頭）、応仁の乱以降の下剋上の例を挙げている。

応仁の乱以降、ゲリラ戦の増加という戦術の変化が起こり、武士身分でない傭兵「足軽」の需要が高まった。そして、その「足軽」のなかで才知の優れた者が勢力を得て主君となり、主君が身分の低い者になる「下剋上」が現れた。さらに、室町時代後期から安土桃山時代には、織田信長や豊臣秀吉によって、尾張や三河の方言が上層階級の京都の言葉に混入していった。

室町時代に、「うつくし」や「かはゆし」の使い方に大きな変化が起きたのは、旧来の使い方を知らない人々が、よく知らないままに自分たちなりの解釈で使っているうちに、それが大勢になってしまったということかもしれない。「うつくし」と「かわいい」の変遷を図1-1に示す。

▼製紙・印刷技術

枕草子には、中宮定子が一条天皇からいただいた白紙の冊子を清少納言に見せて、何を書いたらよいかと相談したことが執筆動機と書かれている。当時は和紙自体が庶民には手の届くものでなく、字を読み書きできる人も限られていた。

皇族と大衆の間にはさまざまな身分があり、その身分内での言葉遣いが形成されていた。また、清少納言は、生活に追われ続ける下層階級と違って、皇族や貴族という特殊階級にいたからこそ、暮らしのなかの情緒をかみしめることが可能だったのかもしれない。

和紙の製造技術が普及し、文字による情報伝達が浸透すれば、言語も広い範囲に届く。知らない人の発想や感情も伝わる。日本語史の分野では、「技術」の問題を取り上げていないが、製紙や印刷技術（版木も含む）の発展も日本語に大きな影響をもたらしたのではないだろうか。

▼これからの「かわいい」

さて、「かわいい」はこれからどのような変化を遂げていくのだろうか。日本語の変化要因として、方言や社会階層の影響が挙げられたが、現代においては、それは、国際化と若者文化やサブカルチャーの問題に関連している。英語表記のkawaiiが広まると、旧来の「かわいい」を知らない人によって独自に解釈され、それが流通し、旧来の「かわいい」とは別の言葉に変化していく可能性もある。

製紙や印刷技術が言葉や感覚の普及や変化をもたらしたが、ケータイやスマホなども言葉の世界を変化させる大きな要因となっている。

「エロかわいい」、「キモかわいい」などの言葉は、1990年代に若者言葉として出現した。とくに、様式や印象の類似性や差異性を重要視するファッションの分野では、さまざまな「かわいい」を区別し、使い分けるため、さまざまな言葉が生みだされる。「…かわいい」と2語をつなげる方式に人々が慣れると、さまざまな「…かわいい」がつくられていきそうだ。

参考文献

[1] 萩谷朴 『枕草子(上・下)新潮日本古典集成』 新潮社 1977年
[2] 大庭みな子 『現代語訳 枕草子』 岩波書店 2014年
[3] 中田祝夫ほか 『古語大辞典』 小学館 1983年
[4] 山口佳紀編 『暮らしのことば 新 語源辞典』 講談社 2008年
[5] 浅川哲也 『知らなかった! 日本語の歴史』 東京書籍 2011年

3 拡張する「かわいい」感覚

大学の教養科目で女子大学生(1・2年生、205名)に、「かわいい」と思う事物を聞いてみた。かわいいを担う彼女たちが考えるかわいいの範囲を知りたいと考え、できるだけ自分しか挙げなさそうな変わったかわいいをオーダーした。いわば〝かわいいの限界〟である。

▼まずは動物系から

・意外に多い、爬虫類・両生類。
・変わったところ：ミミズ。ナメクジ。クラゲ。ミカヅキモ。イモムシ。ザリガニ。ハルキゲニア（古生代生物）。
・植物でほぼ唯一でしかも多かったのは、サボテン。
・動物の部分や仕草：兎の両耳の間。柴犬のまゆ毛。ウンチをした愛犬が申し訳なさそうに拭いてほしいと来るとき。床をカリカリひっかく犬。

▼なるほど多い食べ物

目立ったのは食べ物。食欲という本能とリンクするのか。
・丸くて柔らかそうなもの：草餅。豆大福。鹿の子。発酵したパン生地。ただ、かじられてしまったり、シンプルでないと可愛くないという意見もあった。
・カラフル：サンドイッチ。駄菓子。バーニャカウダー。
・動作：ポップコーンの弾けるところ。バーニャカウダーのディップ。小エビの解凍時、流水のなかで舞っているところ。

▼物に宿る心

日本人は、物に〝心〟を見いだすのが得意。つくり手の込めた思いとか、擬人化とか。かわいいもその文脈で捉えられる。
・愛着：お金を貯めて買った一眼レフカメラ。
・つくり手や使い手の思い：小学生のいとこがくれたビーズ。ボロボロのぬいぐるみ。
・触感：シャーペンのジェル状のグリップ。ハンドタオル。
・用の美：３００㎖ペットボトル（鞄のスペースを取らず画期的）。
・見立て：マッサージ器（逆さに置くとリーゼントみたい）。

・高度な精神性？：小さな石。とくに黒い石がぽつんとあるとき。
・鉄道好き：新幹線はやぶさ。ハチ公前の緑の電車。吊革。
・語感：ティシューという言葉（響きが）。
・記号？：フェノール（ベンゼン環にＯＨ基が付くのが身近な感じ。見えないものって不自然で不思議で愛くるしい）。

▼やっぱり人間

やっぱり人に使うのが素直。圧倒的に多い。
・物腰がやわらかいおばあちゃん。仲のいい老夫婦。
・おじさんの出っ張った腹。小太りマッチョ。入れ歯してない口許。
・ギャップや意外性：いい歳なのに、ほめたりすると照れたりごまかす仕草。はにかんだ顔、泣き顔。渋い俳優の幼い鼻と低い身長。女性らしいが自覚のない男性。
・小さな失敗：居眠りする子どもがかくっと。困っている人。
・幼さ：小さい子が履く音の鳴る靴。手の甲まで袖を伸ばす。
・拙い：滑舌の悪いアナウンス。ジュースを飲む女子。ねこまんまを食べる人。聞いていないのに自分の行動を説明するおばあさん。
・一生懸命：外人のたどたどしい日本語。子どもが高い所の物を取ろうとする姿。障害を持つ兄。頑張ってる人・動物（胸がいっぱいになって「キュン」となる）。
・変わったところ：色素の薄い女の子（儚い）。背の低い友人（自分の持つコンプレックスのため）。双子の女の子。顔のパーツが中心に寄っている。
・体の部分（男女でこだわる点が違いそう）：ほくろ。女性のＯ脚。自分の足の中指。しっとりとした軽くこもりがちの女性らしい柔らかな声（キャピキャピした声ではなく）。

▼キャラクター・擬人化

- 仙厓の布袋（水墨画）。
- 人魚の鱗（キラキラ、光によって色が変わる）。
- ピナチュウやキティちゃんの目と鼻のバランス（黄金比‼）
- トドトドさん（自作のマイキャラ）。

▼聞いた私が悪かった…

- 血みどろ（興奮する）。
- 返り血だらけで片目のないトラのぬいぐるみ。

▼おわりに

若い女子の感性といっても、相当振れ幅が大きいことがわかり、彼女たちへの印象が大きく変わった（若干、見てはいけないものを見てしまった気もする）。

なので、我々おじさんも、臆さずに「これはかわいい！」と言い切っても、白い目で見られることは少なそうである。

ただ、これだけ多様でも、空間に関する指摘は「駄菓子屋」のたったひとつのみだった。それも、かわいいのは駄菓子や容器で、空間は単なる場としての役割でしかなかった。空間とかわいいの結びつきには、少々難点があるのかもしれない（個人的には茶室とかはかわいいと思うのだが）。

一方、限界をたずねたからか、かわいいという価値観は極めてサブカルチャー的なものであると感じた（理想形の追求ではなく、別の価値観で評価の観点を変える）。考えてみれば、昔から外国の文化をいじり倒してきた日本は、サブカルチャーがメインカルチャーのようなものであり、かわいいが日本独自なものである点も、ある意味必然なのかもしれないと思った。

コラム１

印象派との共通点

小﨑美希

かわいいのはお好き？

印象派の絵画と「かわいい」の共通点といえば、多くの人はいくつか思い浮かべるのではないだろうか。たとえば輪郭をあえてぼかしたようなタッチで描く画法、パステルカラー、題材として多く用いられてきた少女や赤ちゃんなど、枚挙に暇はない。「かわいい」文化が定着している日本で、印象派展の人気が高いのもうなずける。また、日本のアニメ文化が定着しつつあるパリで印象派が始まったことも興味深い。しかし、このコラムで論じたいのはそのようなことではない。「かわいい」ことと印象派の隠れた共通点、さらには建築など他分野への「かわいい」の適応を論じていきたい。

余白のつくりかた

いまでは不動の人気を誇る印象派であるが、発足当時はパリに物議や論争をもたらしたことはご存知だろうか。１８７４年にモネやルノワールなどの画家がグループ展覧会を開催した。これが印象派の幕開けとされている。この展覧会は批評家たちの関心を集め、批評のなかで「印象」というキーワードが多く用いられた。その第1回展覧会にモネの「印象、日の出」が出展されていたことも、その一派の名前が定着した所以かもしれない。擁護する批評もあったものの、多くは批判的であり、輪郭をぼかすようなタッチはそれまでの西洋美術の常識をくつがえすもので、「未完成」とみなされた。第2章において深く議論されるが、かわいさをもたらす要因のなかに弱々しいや幼児的であることなどが挙げられた。これは未熟であることとも関連があり、この点を第一の共通点としてあげる。それまでの西洋美術とは異なり、細部まであえて描かないことで見る者の想像力をかきたてる仕組みがなされている。「かわいい」ものも、弱々しく未完成であることで、周囲からの世話をしてあげたい擁護したいなどの介入を促す。建築においても同様に、設計の段階で動線や使われかたなどすべてを規定するようなつくりではなく、建物を使う生活者の采配に任されている余白の部分がある。その「余白」のつくりかたに建築家の力量が現れると同時に、建物の魅力にも一役買うのではないだろうか。「かわいい」建築とは、そのように生活者の想像力をかきたて、自分に合った使いかたができる自由度をもたらしてくれる建物ではないだろうか。

モネ『印象、日の出』1872～73 年 マルモッタン美術館

インパクトファクター

もう一つの共通点として何を意図しているかというところに注目したい。写真などが普及しはじめてきた時代において、印象派の面々は西洋美術の写実的な技法や宗教的な題材以外の新たな芸術の方向性を模索していたともいえる。その試みは第1回展覧会より前から始まっており、1863年のサロン落選作品を集めた展覧会にてマネが出展した「草上の昼食」は非難を浴びた。2人の男性と2人の裸婦が湖畔でくつろいでいる場面だ。解釈はさまざまであろうが、ラファエロの原画に基づくマルカントニオ・ライモンディの「パリスの審判」の一部のニンフや神々のポーズを真似て描かれていること、裸婦があえてニンフや女神ではなくパリジェンヌとして描かれていることから、その当時のパリの堕落した世俗的な実態に批判的な一石を投じたという解釈は興味深い。

何を描くかということに関して、マネが個展の趣意書のなかで次のように述べている。「…今日、芸術家は〝欠点の無い作品を見に来てくれ〟とは言わず、〝真摯な作品を見に来てくれ〟と言う。この真摯さゆえに、画家はひたすら自分の印象を描いているにもかかわらず、作品は図らずも抗議の色合いを帯びてしまうのである」(参考文献191、192ページ）。画家の社会に対する印象を感じ取れるような作品を描いたマネと、画家の眼から見える視覚的世界の印象を描いたモネ。対照的な面もあるが、さまざまな印象をいだかせる作品であることに変わりはない。

同様に「かわいい」に関しても、対象物の造形が「かわいい」かが重要であると同時に、対象物が周囲にもたらす影響の度合いでも評価されることがある。「ブサかわ系」などは造形的にこれまでの「かわいい」に分類されないかもしれないが、和むや癒されるなど「かわいい」がもたらす効果としては類似しているといえる。

建築物に関しても同様に、さまざまな立場の人が建築や設計に関われるようになった時代において、自身が建てる建築の意図や社会に与える意味について、それぞれの建築家が模索しているのではないだろうか。造形的に美しいことだけでなく、つくり出された空間が生活者にもたらす幸福感や快適性などの影響も評価の一端を担っている。

「かわいい建築」に関しても、装飾的なかわいさが散りばめられた建築空間であれ、一見「かわいい」とは関係ないと思われる建築であれ、ほっこりするような「かわいい」ものがもたらすインパクトを生活者にもたらしてくれる建築空間を「かわいい」建築と呼びたいと考えている。それこそが「かわいい」を追求する心なのではないだろうか。

参考文献

吉川節子『印象派の誕生　マネとモネ』中公新書　２０１０年

4 「かわいい」に関する学術研究

▼学術研究の未開拓分野

「かわいい」というテーマは、２００５年頃まで、学術研究の対象としては、保育学やファッションなど一部の領域を除いて、取り上げられてこなかった。

図1-2は、国立情報学研究所が運営する学術文献の検索システムである学術情報ナビゲータ（ＣｉＮｉｉ）を用いて、

２０１７年末に、「かわいい」または「かわいさ」を含む文献を検索した結果である［注］。

　同研究所の前身である東京大学情報図書館学研究センターが発足したのは１９８３年、コンピュータやインターネットなどの情報通信技術や文献検索システムの発達に伴い、扱う情報の種類や量が増えてきたので、年次別の文献数は厳密には同一の条件とは言えないが、２００５年までは、年間の文献数が６件を超えることはなかった。しかも、学術論文（実証的なデータを用いて科学的な手法で著者の見解を立証する論文、図では破線で表示）はほとんどなく、主題とする事象について著者の考察や論評を述べた文献がそのほとんどを占めていた。

　最も古い文献は日本家政学会発行の「家政学雑誌」に１９８４年に掲載された論文であった。２００７年から「かわいい」を取り上げた学術論文が連続的に登場する。しかし、それでも年間の文献数は数件で、極めて限られた数の研究者が取り組んでいた。

　かわいいＷＧが日本建築学会内に設置されたのは２０１３年であるが、その頃から学術論文が若干増えた。とはいえ、年間10件を超えてはおらず、研究分野としては、植物の成長段階で例えれば、まだ萌芽期の状態と言えよう。

▼「かわいい」に関する学術研究の難しさ

　「かわいい」に関する学術研究が近年までほとんど行われなかった大きな理由の一つは、「かわいい」というのはおんな子どもの関心事であり、アカデミズムがまともに取り扱う問題ではないという研究者側や研究資金を提供する側の意識や姿勢ではな

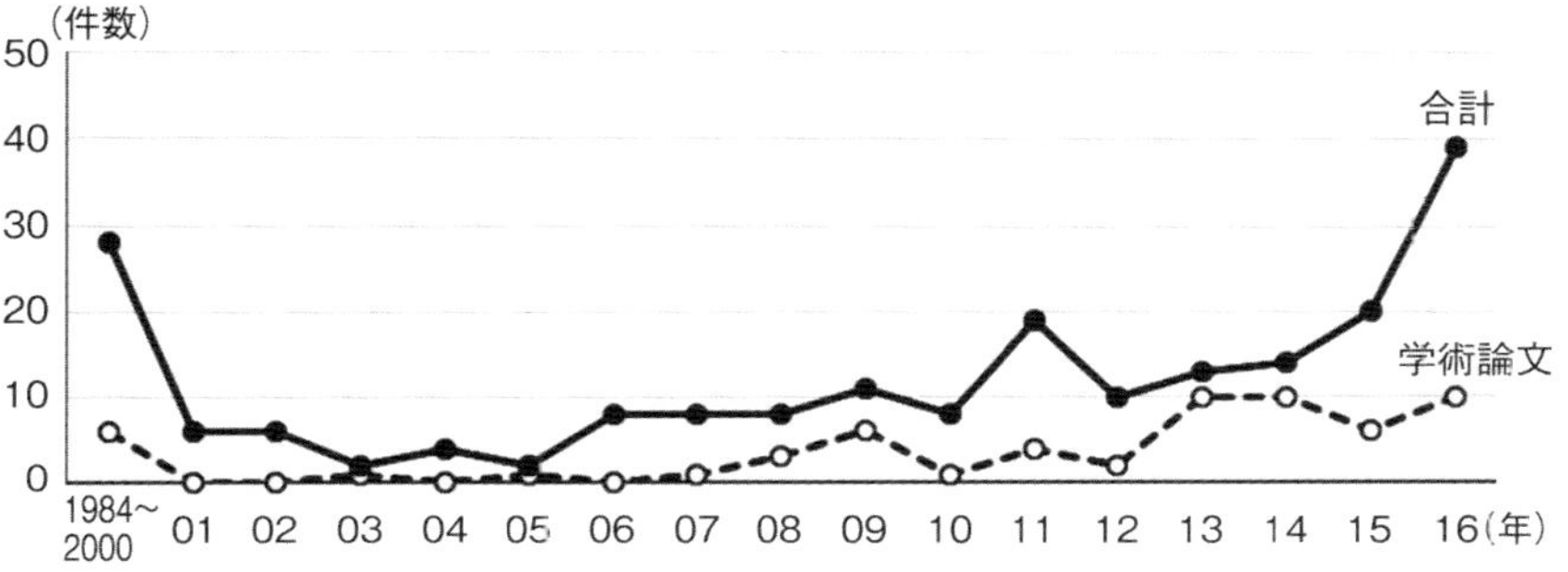

図 1-2　「かわいい」に関する学術文献数の推移

いだろうか。しかし、産業経済や人口構造の変化によって、むしろ、社会経済側にも「かわいい」という問題に対する知識の拡充や蓄積を求める傾向が現れてきている。

研究者の立場では、「かわいい」は日常語で、きちんとした定義がないことが、問題を扱いにくくしていると感じられる。たとえば、「かわいい住宅」と「かわいくない住宅」を定義から区別することはできない。さらに、「かわいい」は感情であり、言語で論理的に構成される概念ではない。被験者調査の際に、「なぜかわいいものを選ぶのか」「かわいいものが好きなのか」と尋ねても、「それがかわいいから」という返事が返ってくることが多い。別の言葉で返ってくることもあるが、それは無理矢理に後付けされたものの可能性もある。

▼「かわいい」に関する学術研究のテーマ

では、「かわいい」に関する学術研究はどんな問題を扱っているのだろうか。

2007年に登場した学術論文の著者は芝浦工業大学の大倉典子教授で、大倉教授は2006年に「かわいい人工物の系統的研究」に着手した。大倉教授は、それまで「人にやさしい情報の形とは？」という視座のもとに、人間が空間やペットロボットに対して感じる「安心感」や「快適感」を、アンケートや生体信号の解析という形で定量的に分析する研究を進めてきて、それを人工物の感性価値の系統的な創成に応用する研究に着手することにしたと述べている[1]。また、広島大学大学院の入戸野宏准教授（当時、現在は大阪大学教授）は2007年に、ゼミの女子学生が卒論のテーマに取り上げたことをきっかけに、「かわいい」の研究に取り組みはじめた。「かわいい」と感じている人の心理状態には共通した特徴があり、それは脳活動や行動の変化として客観的に観察できると考え、主に心理学分野の学会でさまざまな知見を発表している[2]。

大倉教授は、かわいい人工物を創造する手段とするため、入戸野教授は、日常、頻繁に出現する現象でありながら、科学のメスで解明されていなかった、かわいいと感じる現象について、実証的に把握することが研究の動機であった。

ここでは、かわいいと感じる現象の要因やその要因の特性（原因系）と、かわいいと感じることの影響や効果の態様（結果系）別に研究テーマの概要を紹介したい。

▼かわいいと感じる原因系についての研究

原因系の研究とは、人間がある対象に対してかわいいと感じるのは、どんなことが原因となるのか、実物や画像を被験者に提示し、アンケートなど言語を用いて被験者の心理状態を述べさせたり、心拍数など生体の計測データを用いて状態を把握し、分析する研究である。この目的の研究には、たとえば、ある食品のパッケージやペットロボットなど特定の種類の対象について、かわいさを感じさせる要因を把握する「要因把握」型の調査研究と、大きさや形など、その要因を対象として、どのような特性が、よりかわいさを感じさせるかを追究する「特性把握」型の調査研究がある。

大倉教授の「かわいい人工物の系統的研究」は「特性把握」型で、形態や色、質感、音など、さまざまな要因に関して分析した結果を報告している[3]。

かわいいWGでは、建築分野に限定せず、かわいいと感じる現象一般を対象とした「要因把握」型の調査研究として、被験者調査を実施した（第2章1 心理現象としての「かわいい」参照）[4]。また、オフィスなど特定の建築用途の家具についてかわいさを評価した調査報告もある[5]。

かわいさを構成する重要な要因である「色彩」については、被験者による評価実験で図1-3のように年代別の傾向を把握したり、被験者間の評価傾向の類似性に着目して、嗜好傾向をいくつかのグ

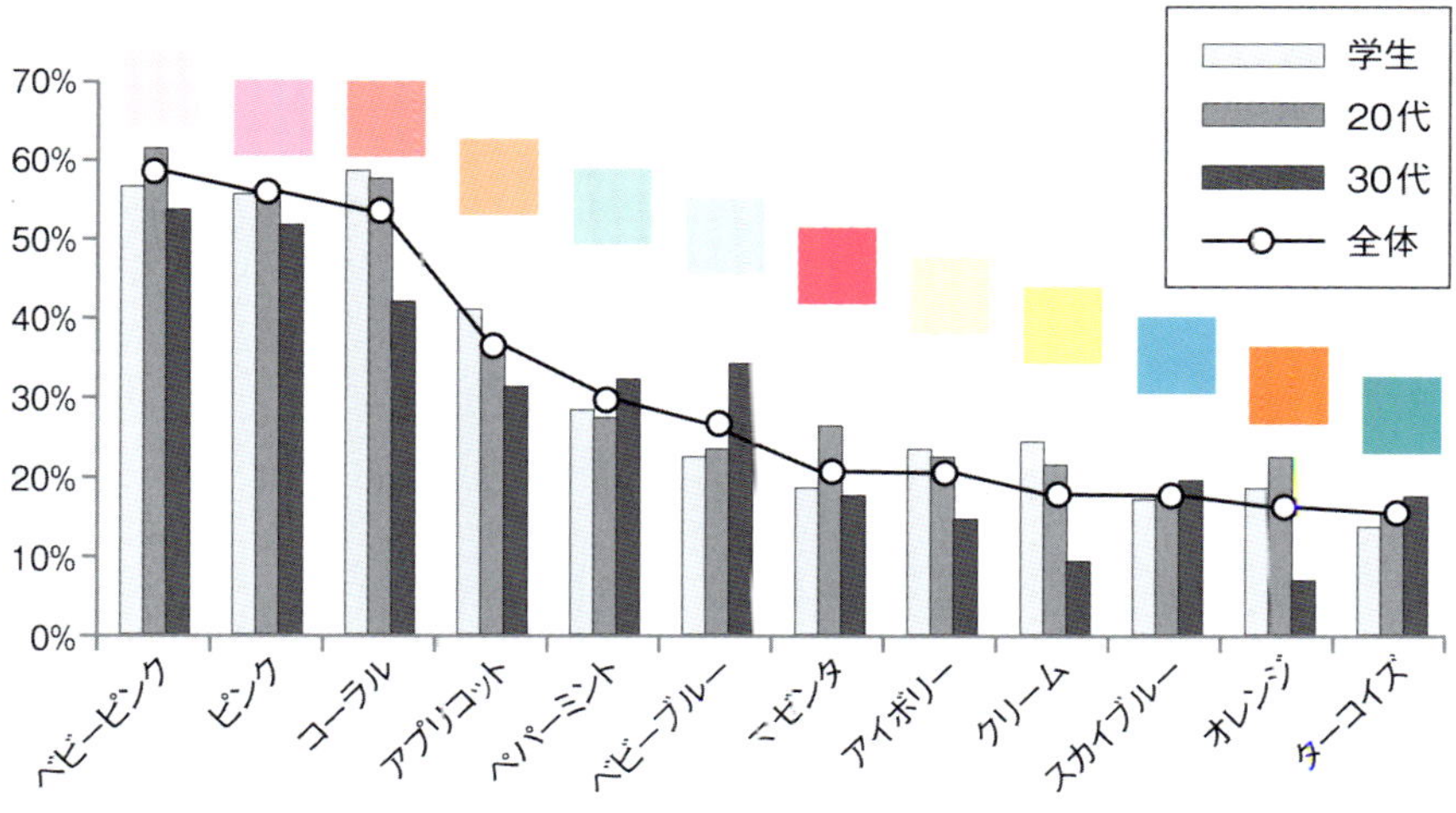

図1-3　女性が「かわいいと感じる色」の上位12色と各年代の選択率

ループに分類した報告もある[6][7]。

ロボットやアニメーションでは、動作や表情などがある動的な対象物もかわいさの評価の対象となる。

ロボット工学のかわいさ研究は、人間と共存するのにふさわしいロボットの開発を目的としている。そのために、ロボットに「擬似感性」（人間の感覚的なものを理解し、感情をつくり、それを表出する能力）を持たせることを目標としている研究もある。もし、人間が置かれた環境のなかでどのような感覚や感情を持つかということの情報処理のロジックが完成すれば、設計案の事前評価にも使えるのではないだろうか。

▼かわいいと感じることの影響や効果に関する研究

人間はかわいいと感じると、どんな変化が行動や生理反応として現れるのか。提示した対象物の選好や印象の言語による被験者の回答、状況を設定して被験者に実際に行動させる心理学的実験、心拍数などの生体計測などの方法を用いて、「かわいいもの」の影響や効果が調べられている。

建築の計画や心理生理の研究分野では、空間の構成や性能を構成する要素について、好ましい特性を探求する「特性把握」型の研究が多く、それが経済性や利便性などにどのような効果をもたらしたかを探求する「効果把握」型の研究は少ない。しかし、設計者が望ましい、あるいは好ましい設計解を提案しても、建築主の立場における効果を説明できないと、その設計解は採用されない。知見の蓄積が少ない「かわいい」の問題では、「効果把握」型の研究も必要性が高いと思われる。

入戸野教授は、行動科学の立場から、かわいいものに接すると集中力が強化されるなど、基本的な特性について報告している[8]。

かわいいWGでは、行動観察によって、かわいいものに出合った際の人や人の集団の反応を調べ、オフィスや研究室にかわいいものを登場させて人々への影響や効果を調べる、小規模な社会実験を実施した。

大倉教授は、高齢者にかわいいスプーンを与えると平均心拍数が高くなることから、かわいい食器は「わくわく・どきどき」させることを報告している[9]。

また、建築の分野では、千葉大学建築学科の宗方教授が、建物の「かわいい」印象と相関を持つ形容詞が存在すること、建物の外観の好ましさへの影響がその建物の使用目的により異なることを確認し、かわいい印象と相関を持つ形容詞は、柔らかさや質感などの物理的側面、威圧感のなさや親しみという情緒的な印象、癒しや微笑ましさという感情への効果に関する項目に三分されることを報告している[10]。

［注］学術情報ナビゲータ（ＣｉＮｉｉ）：学術情報ナビゲータは、既存の文献検索データベースシステムから収録データの提供を受け、それを統合したデータベースを構築している。提供を受けているデータベースは、人文科学や社会科学系のシステムは含まれておらず、主に自然科学、医学、理工学、農学などの分野のデータベースとなっている。

参考文献

[1] 大倉典子　「かわいい」という感性価値を持つ人工物の物理属性　「情報処理」57巻2号　２０１６年1月
[2] 入戸野宏　〝かわいい〟感情の心理学モデル　「情報処理」57巻2号　２０１６年1月
[3] 大倉典子 編著　『「かわいい」工学』　朝倉書店　２０１７年
[4] 宇治川正人　「かわいい」の原因系と結果系の分類―「かわいい」を類型化する―　「日本感性工学会論文誌」15巻1号　２０１６年
[5] 中川、森田、嶺野ほか　女性が選好するオフィス環境・アメニティ空間と家具に関する研究　「人間生活文化研究」26巻　２０１６年
[6] 大倉典子　バーチャルオブジェクトを利用した「かわいい」色の検討　「日本感性工学会論文誌」8巻3号　２００９年
[7] 清澤雄　かわいい色の調査結果に基づく評価者のクラスター分類とその嗜好特性　「日本感性工学会論文誌」13巻1号　２０１４年
[8] 入戸野宏　行動科学的アプローチによる可愛い人工物の研究　「感性工学」10巻2号　２０１１年3月
[9] 大倉、ソムチャノク、秋元　かわいいスプーンと高齢者の心拍数　「電子情報通信学会論文誌」97巻1号　２０１４年1月
[10] 宗方淳　「かわいい」という観点に着目した建築外観評価に関する研究　「学術講演梗概集２０１５（環境工学Ⅰ）」　日本建築学会　２０１５年9月

5 かわいい人工物に関する研究

◎かわいい人工物に関する系統的研究

▼経緯

コンピュータやインターネットなどの情報通信基盤が整備された21世紀の高度情報化社会において、日本生まれのゲームやマンガ、アニメーションなどのいわゆるデジタルコンテンツが世界中に広がっている。一方、従来のものつくりの価値観である性能・信頼性・価格に加え、感性を第4の価値として認識しようという国の取り組みも開始された[1]。感性工学を研究している筆者は、日本生まれのデジタルコンテンツの人気の大きな要因として、高度できめ細やかな技術力と共に、コンテンツに登場するキャラクターなどの「かわいさ」が挙げられると考え、人工物の感性価値としての「かわいい」に着目し、文化論的な先行研究を調査した上で、これを系統的に解析する研究を行った。その内容を以下に概説するが、詳細は拙著[2]やその参考文献を参照されたい。

▼かわいい色や形

「かわいい」という形容詞は、「女性や子供や小動物等に対して使用される場合が多く、人工物は形容される対象にはならない」という考え方がある。そこで色と形に着目し、色のみ・形のみでも「かわいい」と感じるかを確認するために実験を行った。

マンセルの基本色相10色（赤、黄赤、黄、黄緑、緑、青緑、青、青紫、紫、赤紫）に白と黒を加えた12色と、描画ソフトPhotoshopの基本図形12種類（円、丸い花形、星形、正方形、三角形、スペード形、クローバー形、ダイヤ形など）をそれぞれ白紙に印刷して提示し、それぞれから最もかわいいと思う色と形を選んでもらう調査を20代男女各20名に実施した。その結果、形で3名、色で2名が「なし」と回答した以外は、他の全員が「かわいい形」や「かわいい色」を回答し、以下の結論を得た。

- 「かわいい色」「かわいい形」という概念はありうる。
- 色については寒色系より暖色系、形は直線系より曲線系が「かわいい」と評価され、大きな男女差はない。

▼3次元物体のかわいい色や形

前項では2次元平面上の色と形に着目して実験を行ったが、人工物は通常3次元物体である。そして筆者はバーチャルリアリティ技術を20年以上前から活用していた。そこで、図1-4に示すような実験システムでバーチャル空間を利用して条件制御を行い、かわいい3次元物体の形や色の条件を明らかにする実験を数種類行った。オブジェクトの提示例を図1-5に示す。実験協力者を20代男女としたいずれの実験でも、かわいい形の傾向は前項と同様であった。

最後に実施したかわいい色の実験では、マンセルの基本10色相に対して、明度と彩度の異なる4種類の色を対象とした。46インチの3D液晶ディスプレイに4種類の円環体を同時に提示し、円偏光眼鏡を装着した実験協力者に立体視してもらい、それぞれのかわいい程度をVAS法で評価してもらった。ここでVASとは、Visual Analog Scale の略で、100㎜の線分の左端を「まったくかわいく

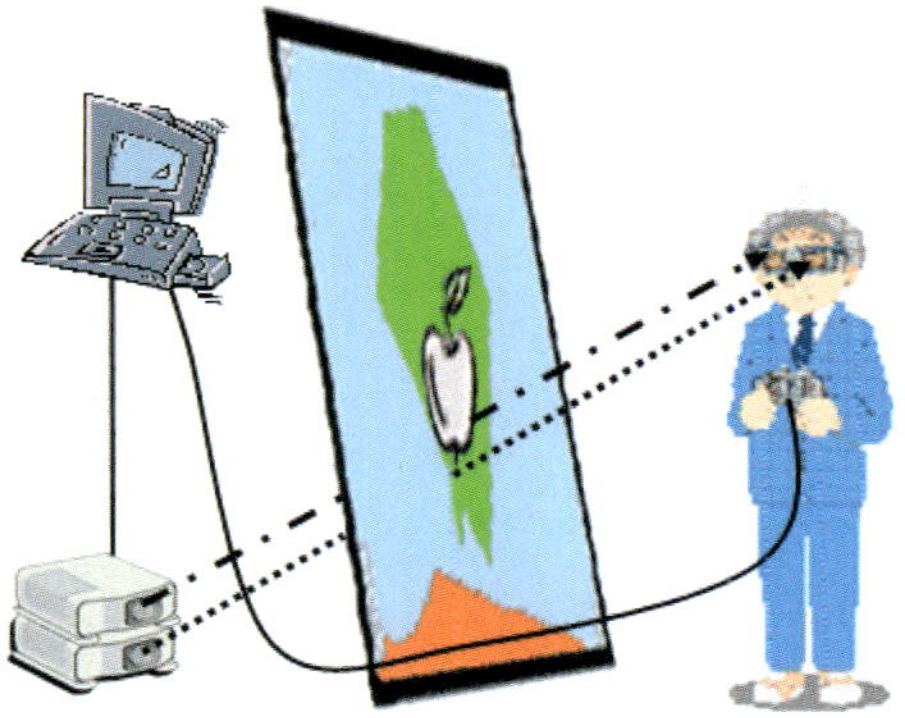

図 1-4　実験システム

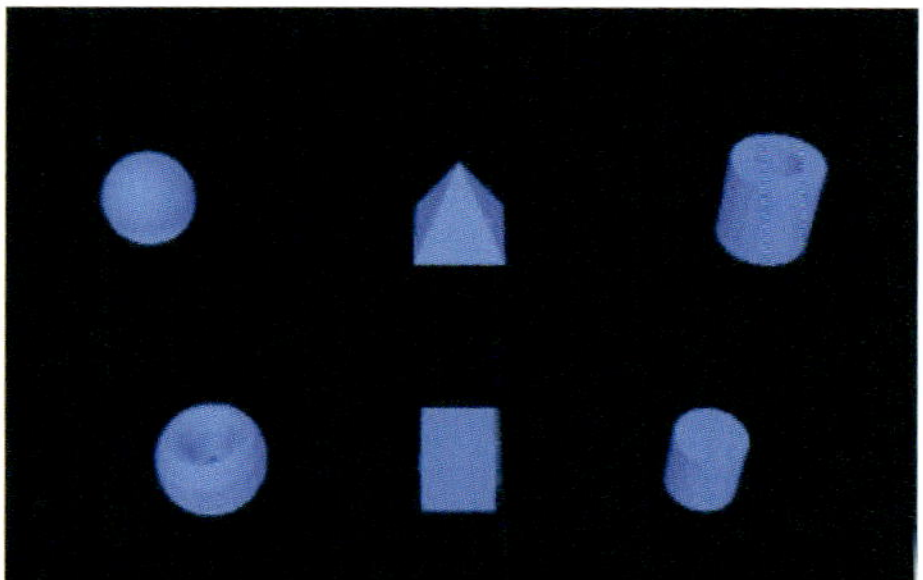

図 1-5　提示したオブジェクトの例

ない」、右端を「非常にかわいい」としたときに、その円環体のかわいさがその線分のどのあたりにあたるかを、線を引いて示してもらった（このVAS法は本来、患者に痛みの程度を示してもらう目的で用いられている方法である）。

その結果、以下がわかった。

- 男女ともに、黄赤（オレンジ）や青緑の純色が高評価であった。
- 男女の評価に有意差のある色があり、明度と彩度が共に高い赤紫や黄赤や黄緑などで、女性のほうが高評価であった。
- 明度と彩度が共に低い色（いわゆるくすんだあるいは濁った色）は、男女ともに低評価であった。

▼かわいいテクスチャ

ここでは、人工物の質感がもたらす「かわいい」感への影響を調べるために行った、画像テクスチャを用いた見かけの質感の実験を紹介する。

質感のテクスチャは、動物の毛のようなテクスチャやレンガのようなテクスチャなど、計9種類を選定して用いた。これまでの研究結果や予備実験の結果から、オブジェクトの形は円柱、色はピンクとし、かわいい色の実験でも使用した46インチの液晶ディスプレイに立体的に提示した。

実験では、上述したオブジェクトを順番に提示し、実験協力者にそれぞれのオブジェクトを「かわいい〜かわいくない」で7段階評価（+3〜-3）し、その理由も含め、口頭で回答してもらった。また、最後に再びすべてのオブジェクトを実験協力者に提示し、最もかわいいオブジェクトを選択し、その理由も含め回答してもらった。提示するオブジェクトの順番は実験協力者ごとにランダムとし、提示時間は各20秒とした。

実験は20代の男女各9名、計18名に対して行った。その結果、どのテクスチャのオブジェクトも、「かわいい」という正の評価と「かわいくない」という負の評価の両方があった。しかし、比較的正の評価が多かったものと、逆に負の評価が多かったものがあり、平均的に見ると質感によって「かわいい」という評価に大きな差があり、人工物のテクスチャは「かわいい」感に大きく影響することが推測された。

また、それぞれのテクスチャのオブジェクトに対して正の評価をした場合の理由の形態素解析から、「やわらかい」や「ふわふわする」「触りたくなる」といった触感に関する言葉が多く挙がり、動物の毛のようなテクスチャの選択者が最多だった点も鑑み、かわいい質感に触感の連想が関係する可能性も示唆された。

▼かわいい触感

前項の実験結果を受け、触覚による質感の認知すなわち「触感」を対象とした「かわいい触感」に対して基礎的な検討を行うため、触感のオノマトペ（擬音語や擬態語の総称で、ここでは「モコモコ」「ペタペタ」など2音節の繰り返し構造を持つもののみを対象としている）に対応して収集された触素材のうち109種類を実験対象とした。

実験は、基準となる触素材に対して、他の触素材を基準より「かわいい」「同じぐらい」「かわいくない」の3択で口頭で回答してもらい、それを繰り返して触素材を分類した。この手法は、情報工学で「クイックソート」と呼ばれている分類アルゴリズムを応用した手法である。

実験協力者4名で予備実験を行い、その結果から24種類の触素材を選択したのち、10名の20代男性、10名の20代女性、5名の40～50代男性、および5名の40～50代女性の4グループの実験協力者を対象として、本実験を実施した。各触素材のグループごとの平均順位には、グループ間で0.73～0.88の強い相関があったことから、性別・年代には差がないことがわかった。さらに以下がわかった。

- 平均として最もかわいい触素材は、性別や年代に関係なく、ムートン（対応するオノマトペは、フサフサ、モフモフ）やコットン（フカフカ、モサモサ）やシープボア（ポフポフ、モフモフ）だった。
- 平均として最もかわいくない触素材は、性別や年代に関係なく、人工芝（ザクザク、ジョギジョギ）や紙やすり（ジュサジュサ、ジョリジョリ）や小石（ゴロゴロ、ザグザグ）だった。
- 最もかわいい触素材に関連するオノマトペの第1音節の子音は/f/と/m/、最もかわいくない触素材のほうは/z/と/j/と/g/だった。

さらに、最もかわいい触素材は「もこもこ」「やわらかい」「動物の毛のよう」といった物理的特徴を有していた。この傾向はこれまでのテクスチャ（見かけの質感）の実験や触感の予備実験の結果と同様である。このように、かわいい触素材の物理的特徴がかわいいテクスチャから想起される特徴と同じで、またそれが性別や年代に依存しなかった点は、かわいい質感を持つ魅力的な工業製品を製造する上で役に立つ結果であり、とくに性別や年代に依存しない点は、好都合なことだと言える。

▼まとめ

人工物自体のかわいさ、すなわち人工物の形状や色・質感などの諸属性に起因するかわいさを系統的に解析し、その結果からかわいい人工物を構成する手法を明確化することを目的として、研究を行ってきた。

これまでの実験の結果、以下が明らかになった。

- 「かわいい」という感性価値は、女性や子どもや小動物などの生物のみでなく、人工物にもあてはまる。
- 形については、直線系より曲線系の形のほうがかわいいと評価される。
- 色については、同じ色相では純色（彩度の高い色）がかわいいと評価される。色相については、黄赤（オレンジ）や青緑が男女ともにかわいい、赤紫（ピンク）や黄緑は女性のみからかわいいと評価される。
- 質感については、画像テクスチャに対し、平均的にかわいいと評価されるものとそうでないものがあり、前者は「やわらかい」「ふわふわする」などの触感を想起する言葉で形容される。また触感についても、かわいいと評価される触素材とそうでないものがあり、前者に対応するオノマトペは「モコモコ」「フサフサ」などである。
- 大きさについては、ある程度までは小さいほうがかわいいと評価される。

またこれ以外に、生体信号（心拍や脳波）を用いた実験も行っており、その結果から以下が明らかになった。

- かわいい感と生体信号との関係について、「かわいい」を「わくわく系かわいい」と「癒し系かわいい」に分類すると、提示された刺激に対して前者を感じた場合は心拍数が上がり、後者を感じた場合は心拍数が下がり、「かわいい」と感じなかった場合は心拍数が上がりも下がりもしない。

これらの知見は、「かわいい」の傾向を示すと考えられるが、その多くが日本人の20代男女を協力者とした実験の結果であることから、人種・国籍、年代など、その適応範囲を規定する実験の実施は、現在行っているところである。

◉日本感性工学会かわいい人工物研究部会

筆者は、２００２年に横断型基幹技術研究団体連合（横幹連合）[3]の設立に先駆けて組織された委員会で日本感性工学会からの委員（当時信州大学教授の清水義雄先生）とご一緒し、同学会の価値観に共感して２００３年に同学会に入会した。筆者と同年代の女性の工学研究者は極めて少数で、筆者はずっと一人で研究を行ってきた。ところが２００６年に「かわいい人工物」の研究を開始して以降、当時の日本感性工学会会長の椎塚先生（当時工学院大学教授）から、「かわいい」に関する研究部会を設立するように繰り返し勧められた。「かわいい」という研究対象が複数の研究者の集合体である研究部会を組織するほどのものなのかどうかはわからなかったが、２００９年に「かわいい人工物研究部会」を設立した[4]。その後は、年に一度「かわいい人工物」についてシンポジウムを開催し、また日本感性工学会大会や著名な電子情報分野の国際会議でのオーガナイズドセッションの開催などを通じて、「かわいい人工物」に関する研究の進展や成果の共有に努めてきた。研究部会を設立し、学会でシンポジウムやＯＳの発表を募集したことで、他の研究者とのつながりもでき、研究の進展にもつながったので、設立を勧めてくださった椎塚先生には感謝している。さらに、この研究部会で開催したシンポジウムの懇親会で、企業からの参加者から、「かわいい」製品をオーソライズする仕組みが欲しいとの要望を受けた。すなわち、企業で「かっこいい」あるいは「クール」な製品開発企画は上司から承認されるが、「かわいい」製品開発企画は理解が得られないので、「かわいい」を価値とする顕彰システムがあると良いとのことであった。そこでこれをきっかけとして、後述する「かわいい感性デザイン賞」が設立された。また年1回のシンポジウムは、２０１３年にはカワイイ博in新潟とコラボし、２０１６年には東京電機大学出版局から出版された『カワイイ文化とテクノロジーの隠れた関係』[5]の出版記念、

２０１７年には朝倉書店から出版された『「かわいい」工学』[2]の出版記念として実施した。本書についても、ぜひ出版記念シンポジウムを実施したい。

◉日本感性工学会かわいい感性デザイン賞

▼設立の経緯

２００８年にＮＨＫで「東京カワイイＴＶ」というテレビ番組が開始され、２０１３年３月まで続いた。２００９年には外務省が通称「かわいい大使」（近年世界的に若者の間で人気の高い日本のポップカルチャーをさらに積極的に活用することを目的とした、ポップカルチャー発信使）を任命した。また２００９年には、モード（ファッション）の視点から「かわいい」に着目した著作[6]、建築家の視点から女子学生の「カワイイ」感性価値について分析を行った著作[7]、海外における「カワイイ」という感性価値の広がりに関する著作[8]が、いずれも日本語で相次いで刊行された。さらに「芸術新潮」２０１１年９月号では「ニッポンの「かわいい」」が特集され、２０１２年３月には日本カワイイ博in新潟が開催され、同年８月には世界初のバーチャルな行政区である福岡市カワイイ区が制定された（２０１５年３月まで）。また２０１３年３月９日〜５月６日には、「かわいい江戸絵画」という展示会が東京都府中市美術館で開催され、大好評を博した。このような流れのなかで、前述したように、筆者も２００９年に日本感性工学会に「かわいい人工物研究部会」を設立した。そのなかで、日本カワイイ博in新潟を開催しているカワラボ・ジャパンの政金一嘉氏や企業に所属する参加者からの強い要望を受け、２０１２年に日本感性工学会に「かわいい感性デザイン賞」の創設を申請し、翌２０１３年から募集を開始した。

２０１３年３月には、福岡県北九州市で開催された日本感性工学会春季大会で創設記念企画を実施し、また創設時から２年間は、直接応募以外に、福岡地区賞（福岡県福岡市カワイイ区が担当）と新潟地区賞（日本カワイイ博実行委員会が担当）も設けていた。

以来、毎年概ね以下のスケジュールで２０１７年の第５回まで行っている。

1. 募集開始：3月
2. 応募締切：6月
3. 第1次選考（書類）：7月
4. 本選考（現物）：8月
5. 表彰：9月（日本感性工学会大会中に開催される表彰式にて）

なお、賞の創設および第1回の選考結果についての詳細（たとえばハイヒール型プルタブオープナーの製作秘話など）は、文献[9]に詳しく記載している。また、以下に第1回から第5回までの概略を紹介するが、詳細はウェブサイト[10]に詳しい。

▼第1回選考結果（2013年）

最優秀賞：

- ハイヒール型プルタブオープナー（石田製作所）

精密な金属加工技術の粋を集めた「日本のものづくり技術のすばらしさ」とかわいさを融合した製品で、爪の長い女性にプルタブを開けやすくする機能性と、身につけたときのアクセサリーとしての魅力を兼ね備えている。

- Type G（筑波大学　岡田遥、内山俊朗）

サバンナ風のジオラマにいる、ばらばらな方向を向いていたキリン型の10体のロボットが、スマホを向けるといっせいにカメラ目線になって、スマホのほうに顔を向け続けるという、ロボットの自意識を実現した筑波大学の作品である（写真1-1）。ロボットのデザインへのこだわりやロボットの制御技術は奥に隠されていて、前面に出されているのはロボットの動きのかわいさである。

写真1-1　ロボットType G

・企画展示「かわいい江戸絵画」（東京都府中市美術館）
美術館の絵画展において初めて「かわいい」という観点で企画された2013年春の府中市美術館の展示。

以上の他に、8件の優秀賞、4件の福岡地区賞、3件の新潟地区賞、2件の新潟地区スポット賞も表彰した。

▼第2回選考結果（2014年）

最優秀賞：
・オーロライト（AUROLITE®）～しゃぼん玉から生まれたファスナー～（YKK）
・S＆Bおひさまキッチンブランドの商品パッケージとその世界観（エスビー食品）
・巣鴨信用金庫「かわいい信金シリーズ」
以上の他に、3件の優秀賞、1件の福岡地区賞、2件の新潟地区賞も表彰した。

▼第3回選考結果（2015年）

最優秀賞：ミラココア（ダイハツ工業）
以上の他に、1件の優秀賞、1件の企画賞、2件の奨励賞も表彰した。

▼第4回選考結果（2016年）

最優秀賞：
・カワイイにこだわった布製ボディの超小型電気自動車リモノ（rimOnO）（写真1-2）（リモノ（rimOnO））
・センターインコンパクト・センターインフレグランス（ユニ・チャーム）（世界一かわいいナプキン）

写真1-2　超小型電気自動車リモノ

以上の他に、３件の優秀賞、２件の企画賞も表彰した。

▼第5回選考結果（２０１７年）

最優秀賞：髪の毛で音を感じる新しいユーザインタフェース「オンテナ（Ontenna）」（富士通　本多達也）
優秀賞：クールピクスＷ１００（ニコン）
奨励賞：モノノメ（mononome）（ニューロウェア（neurowear））
企画賞：授乳チェアHugHug（パラマウントベッド）

参考文献

[1] 荒木潤一郎　感性価値創造イニシアティブ―第4の価値軸の提案―「感性工学」7巻3号　２００７年
[2] 大倉典子『「かわいい」工学』朝倉書店　２０１７年
[3] 横幹連合　http://www.trafst.jp/
[4] かわいい人工物研究部会　http://sigkawaii.jin.ise.shibaura-it.ac.jp/
[5] 横幹〈知の統合〉シリーズ編集委員会編『カワイイ文化とテクノロジーの隠れた関係』東京電機大学出版局　２０１６年
[6] 古賀令子『「かわいい」の帝国』青土社　２００９年
[7] 真壁智治・チームカワイイ『カワイイパラダイムデザイン研究』平凡社　２００９年
[8] 櫻井孝昌『世界カワイイ革命』ＰＨＰ研究所　２００９年
[9] 大倉典子　かわいい感性デザイン賞「感性工学」12巻3号　２０１４年
[10] 日本感性工学会かわいい感性デザイン賞　http://kawaii-award.org/

第2章　かわいさのメカニズム

「かわいい」と感じる心理現象の原因と結果に着目すると、主に「形態」を原因とし、見ていたい、触りたい、真似したい、会いたい・話したい、好き、などの感情を引き起こす「好感」系のタイプと、主に「動作・表情」を原因とし、和む・癒やされる、微笑ましい、幸せな気持ちになるなどの感情を引き起こす「幸福感」系のタイプ、主に「性格」を原因とし、世話したい、守ってあげたいなどの感情を引き起こす「養護感」系のタイプに分けられる。

したがって、「かわいい」の効果は、心理的レベルでは「幸福感」「好感」「養護感」などが得られることであり、生理学や脳科学の知見も含めて考えると、安心感や安堵感、快感が得られること、不安やストレスを緩和することまで広がる。

また、「かわいい」という感情は、生物が持つメカニズムである「種の保存（繁殖）」や「個体の存続（生存）」、さらには「社会性」に基づいた機能と考えられる。

1 心理現象としての「かわいい」

◎かわいいを分解する

▼感情・感覚形容詞

「かわいい」という言葉は「形容詞」である。形容詞は、その意味が物事の属性（性質）を表すもの（属性形容詞）と、感覚や感情を表すもの（感情・感覚形容詞）に大別される[1]。

「かわいい」の古語「うつくし」は、「親子や夫婦・恋人などの間の長上から目下の者に対する愛情を表す」言葉として使われていたが、それは「感情・感覚形容詞」の使いかたである。

現代では、話し手が自分の感覚や感情から、物体Aを「かわいい」と感じた場合に、「物体Aはかわいい」と、あたかも物体Aが「かわいい」という特性を持っているような表現をすることが多い。しかし、「物体Aは、私にかわいいという感情を起こさせる」という現象にすぎない。

この問題は古くから議論されてきた。古代ギリシャの哲学者アリストテレス（BC384～BC322）は「質」を論じている。彼は「質」には2つの意味があるとしており、1つの意味は実体が持つ「種差」で、たとえば人間と馬という異なる品種の違いを説明するには、「人間は足が2本だが、馬は4本である」というように、それが持っている客観的な性質で説明する。そして、「質」の2番目の意味は良し悪しの「価値判断」であるとしている。「かわいい」は、この「価値判断」の「質」である。

また、17世紀のイギリスの哲学者ジョン・ロック（1632～1704）は、物は経験によって理解するのだと述べ、「プライマリー・クオリティ（第一性質）」と「セカンダリー・クオリティ（第二性質）」という言葉を使った。たとえばガラスは、非常に脆く、壊れやすく、温度を伝えやすいものだと感じる。それは、触ったり、落とすとすぐ割れたなどという経験を通して認識した物体の持っている本来的な性質であるとし、これを「プライマリー・クオリティ」と呼ぶ。「かわいい」は物そのものに備わっている特性ではなく、それを見た人間が感じる特性であり、「セカンダリー・クオリティ」である。

「価値判断」や「評価」は、食べた料理や耳から聞いた言語への印象や評価と同様で、文化や経験が異なれば感じかたも異なる。育った環境や受けた教育、本人の経験、先入観、体調や居る空間の特性などが判断を左右する。

▼かわいいを分解する

かわいいWGの活動を始めて間もなく、かわいいという言葉がたいへん多義的に、さまざまなニュアンスで使われていることに気がついた。日常生活では問題がなくても、学術研究や建築設計など複数の人間が関与する場面では、話し手の意図やニュアンスが聞き手にうまく伝わらない、あるいは誤解を生じる可能性がある。

そこで、「かわいい」という心理現象をいくつかのタイプに分類できないかと考え、その心理現象を引き起こす原因となるもの（原因系）と、その結果として引き起こされる心理変化（結果系）を調べて、同じような原因系と同じような結果系を持つ複数のタイプ（類型）に分解可能か否かを調べる「かわいいを分解する」と題した被験者調査を、30名の学生を被験者として集団面接法で実施した[2]。

心理学の分野では、反応を調べるために被験者に提示するものを「刺激」と呼ぶが、この調査では、建築分野での「かわいい」ではなく、一般に日常語として使われている「かわいい」の性質を調べることを目的としたため、人物や動物、人工物などを刺激として選んだ（表2-2）。

表 2-1　調査概要

被験者	男性 17 名、女性 13 名 （学生 27 名、社会人 3 名）計 30 名
調査時期	2014 年 7 月～ 10 月

表 2-2　調査に用いた刺激

提示方法	刺　激
想起刺激 （被験者が想起）	自分が思うかわいいもの、異性で最もかわいいと思った人、同性で最もかわいいと思った人、女性タレントで最もかわいいと思った人
実物刺激 （実物を提示）	リラックマ（玩具）
画像刺激 （画像を提示）	仙厓義梵 指月布袋画、円山応挙 狗子図、プリンちゃん（ポケモン）、デコラティブなケーキ、ハート型のカラフルな樹木、車止め（けい船柱）
文字刺激 （文字のみを提示）	芽ばえたばかりの新芽、アイボ（ロボット犬）、巣で餌をねだるコスズメ、ふなっしー

リラックマ

仙厓義梵「指月布袋画」

円山応挙「狗子図」

プリンちゃん

車止め（けい船柱）

図 2-1　提示した刺激

集団面接の最初の設問は、「眼を閉じてあなたがかわいいと思うものを一つ思い浮かべてください」という設問だった。その回答は、人間を含む「動物」が全回答の3分の2を占め、猫や犬などの小動物および子どもや肉親などの人物が多く挙げられた。猫と犬では、猫派が多かった。

この調査では、提示した刺激に対して、「+3大変かわいい」から「−3大変かわいくない」まで7段階尺度でかわいさの程度を評価させた。その結果で、全被験者が「+3大変かわいい」または「+2かわいい」と評価した刺激は、「異性で最もかわいいと思った人」「女性タレントで最もかわいいと思った人」「同性で最もかわいいと思った人」および「円山応挙 狗子図」の4刺激であった。初めの3件は被験者に想起してもらった設問であり、想起された内容は被験者によって異なっている。また、「円山応挙 狗子図」も含め、これらは被験者間のばらつき（分散）が小さく、ほとんどの被験者に「かわいい」と思われた刺激である。一方、「プリンちゃん」と「ふなっしー」は+3から−3まで幅広く分布していた。これらは、「大変かわいい」と思う人もいれば、「大変かわいくない」と思う人もいる、かわいさの評価に広がりのある刺激であった。猫や犬、乳幼児のように自然界に存在するものに比べて、人工物は、被験者によって、刺激に接した体験の有無や頻度が異なり、その印象（イメージ）も個人差が少なくないのであろう。なお、この調査結果では、ロボット犬の「アイボ」の「かわいさ」の評価値が低かったが、被験者の学生たちはアイボを知らない人が多く、用いた刺激も文字刺激だったためだと思われる。

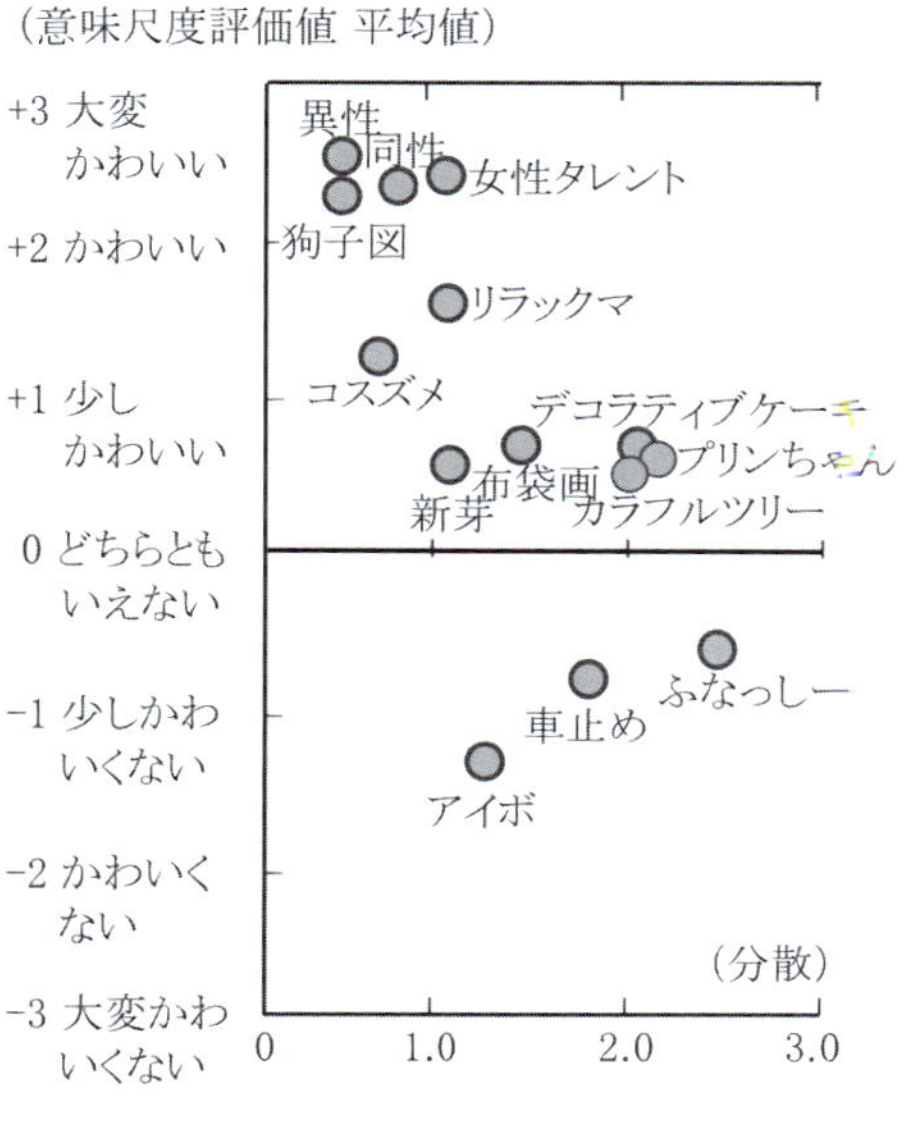

図 2-2　意味尺度による評価結果

▼形態、動作・表情、性格

各刺激に対する原因系を調べるためには、「それを「かわいいい」と思ったのは、どういうところから思ったか考えてください」という設問を用いた。その自由回答は、山種美術館特別研究員の三戸信恵氏の助言に基づいて、「形態」「動作・表情」「性格」を大項目として分類した。

全回答の原因系の大項目の構成比は、「形態」が約5割、「動作・表情」が3割、「性格」は2割であった。これまで、かわいいと感じる原因の項目として「性格」を用いた例はなかったのだが、決して少なくない値であった（図2-3）。

「形態」の内訳の比率（構成比）は「小さい」が最も大きく、「丸い」と「顔立ち」が同じ値で、それらの3項目で6割を占めている。以下、「色合い」「柔らかい」「声」と続いた。「動作・表情」の内訳の比率が最も高かったのは「幼児的仕草」、そして「笑顔が良い」「リラックス」「仕草が優しい」と続いた。「性格」の内訳の比率が最も高かったのは「無邪気」で、以下「健気」「弱々しい」と続いた。

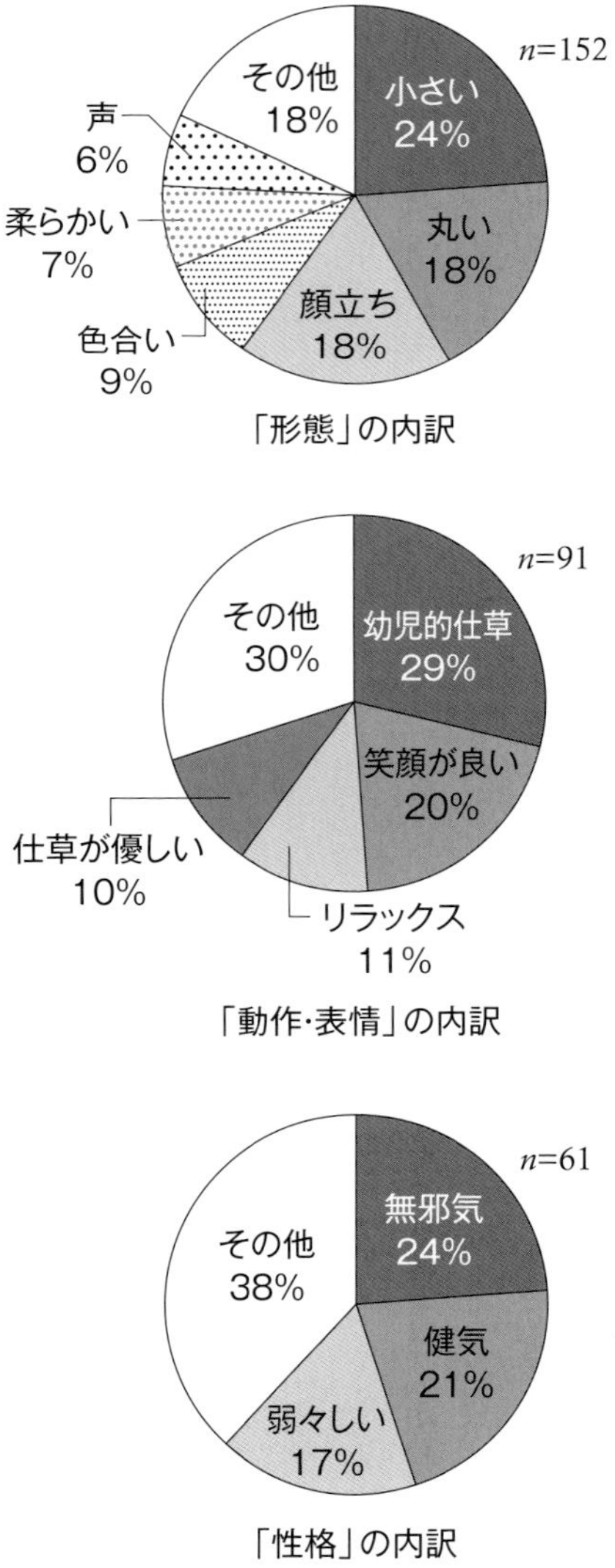

図 2-4　原因系大項目の内訳

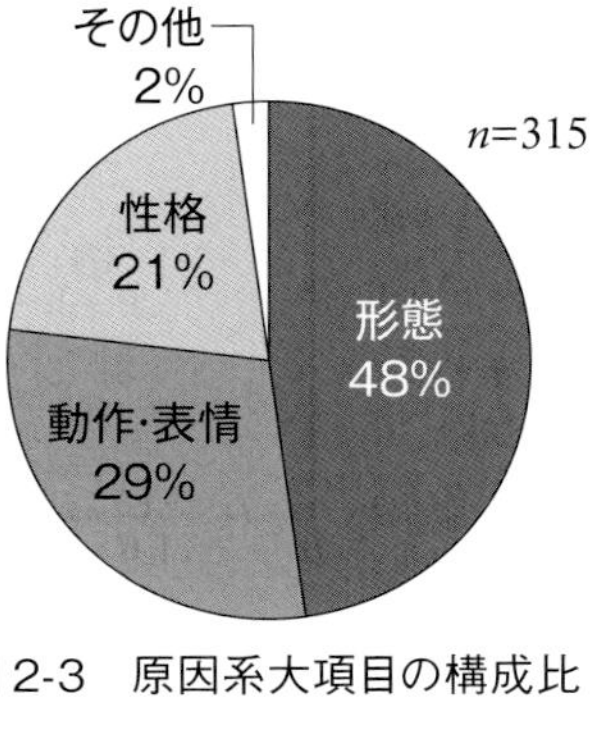

図 2-3　原因系大項目の構成比

▼幸福感、好感、養護感

結果系については、「それを「かわいい」と思って、どういう気持ちになりましたか？ あるいは、気持ちに変化が起きましたか？」という設問を用いた。その自由回答を一度グルーピングしてから、心的要求の分類方法である「マレーの社会的動機リスト」20項目、および感情の分類方法である「エクマンによる感情の分類」17項目に、「その他」を加えた38項目を大項目として集計した（表2-3）[3][4][5]。

回答が数多く分類された大項目は「幸福感」（和む・癒やされる、微笑ましい、幸せな気持ちになる、他）35％、以下、「好感」（見ていたい、触りたい、真似したい、会いたい・話したい、好き、他）26％、「養護感」（世話したい、守ってあげたい、他）15％と続いた（図2-5）。

表 2-3　結果系の分類枠組み

分野	分類項目（大項目）
マレーの社会的動機リスト	1. 屈従、2. 達成、3. 親和、4. 攻撃、5. 自律、6. 中和、7. 防衛、8. 恭順、9. 支配、10. 顕示、11. 傷害回避、12. 屈辱回避、13. 養護、14. 秩序、15. 遊戯、16. 拒絶、17. 感性、18. 性、19. 救援、20. 理解
エクマンによる感情の分類	21. 幸福感、22. 驚き、23. 恐れ、24. 悲しみ、25. 怒り、26. 嫌悪、27. 楽しさ、28. 軽蔑、29. 満足、30. 困惑、31. 興奮、32. 罪悪感、33. 功績に基づく自負心、34. 安心、35. 納得感、36. 喜び、37. 恥
その他	38. その他

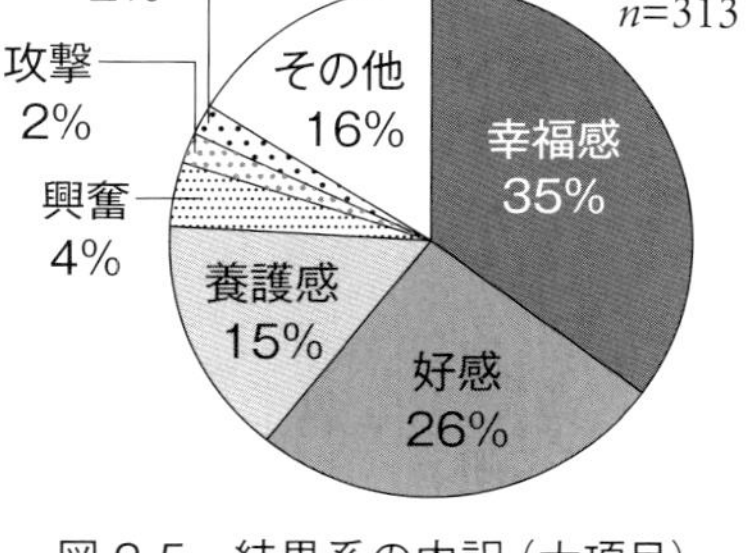

図 2-5　結果系の内訳（大項目）

その各大項目の内訳は、「幸福感」は「和む・癒やされる」が約7割、「微笑ましい」が約2割、「好感」は「見ていたい」と「触りたい」が35％前後、「養護感」では「世話したい」と「守ってあげたい」が45％前後であった（図2-6）。

なお、自由回答の記述は、被験者の言語感覚を通して表現されている。同じ内容が異なる表現で記述されたり、異なる内容が同じように表現される場合もある。集計結果の大きな傾向は尊重し、小さい差異は重視するべきでない。

さらに、各刺激ごとに、「幸福感」「好感」「養護感」に分類された回答の出現率を算出した。その出現率は刺激によって大きく異なり、出現率間の類似性（相関係数）はたいへん低かった（表2-4）。このような変数（項目）間の関係は「互いに独立な関係」、すなわち他の変数と似たような動きをしない関係である。

なお、提示する刺激によって「幸福感」「好感」「養護感」の出現率は異なるので、この結果は、あくまでも今回の調査で用いた刺激群を前提としたものである。

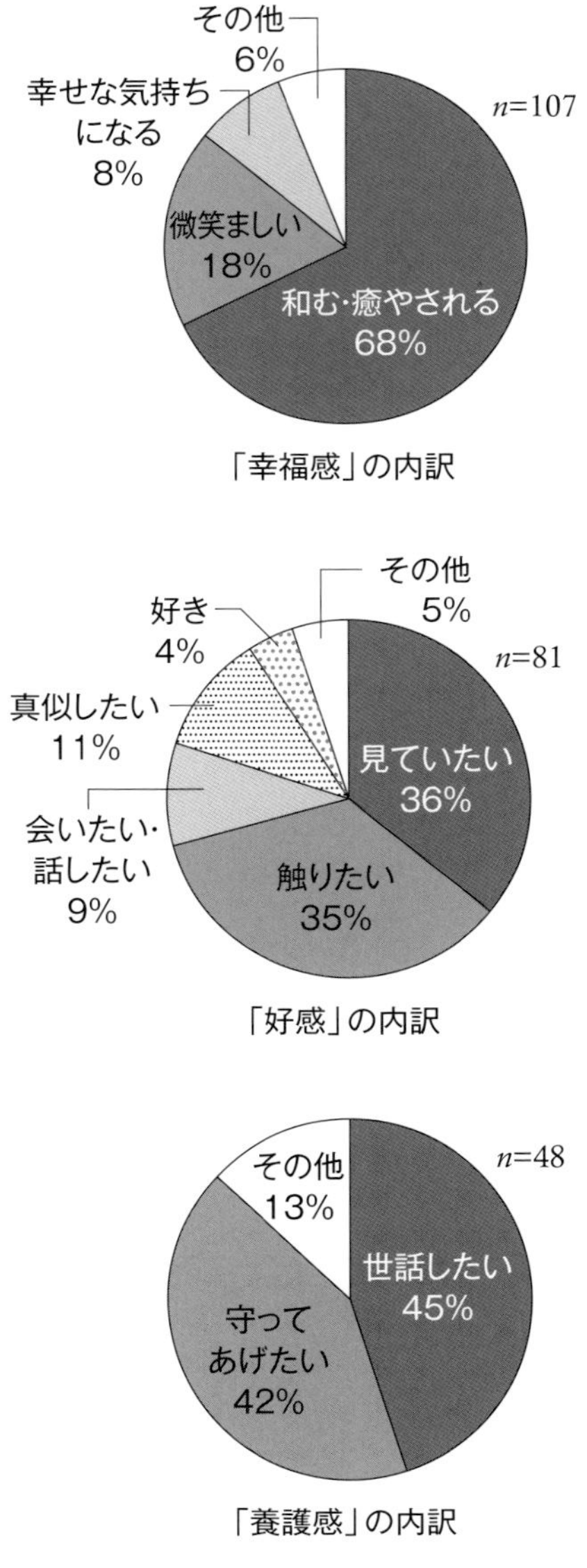

図2-6　結果系大項目の内訳

▼3つのタイプのかわいい

次に、結果系の大項目ごとに原因系大項目の回答数を比較した。「幸福感」は「動作・表情」の構成比（内訳）が最も高いが、「好感」は「形態」の構成比が最も高く、「養護感」は「性格」の構成比が最も高い。それぞれ特徴的な構成比になっていた（図2-7）。

「幸福感」「好感」「養護感」の出現率に類似性が低いこと、それらの原因系も特徴を有していることから、「かわいい」と感じる心理現象は、「幸福感」系、「好感」系、「養護感」系の3つのタイプに分けられると考えられる。

この調査は、「かわいい」と感じる現象をいくつかのタイプに分割できないかという視点で着手し、3つのタイプに分けられるという結論が得られたが、この知見は、設計や施工の際にも考慮しておく必要がある。発注者が「かわいい空間をつくってほしい」と望んだ場合の「かわいい」はどのタイプの「かわいい」かを確認しておかないと、受注者の考えた「かわいい」と齟齬が生じる恐れがある。

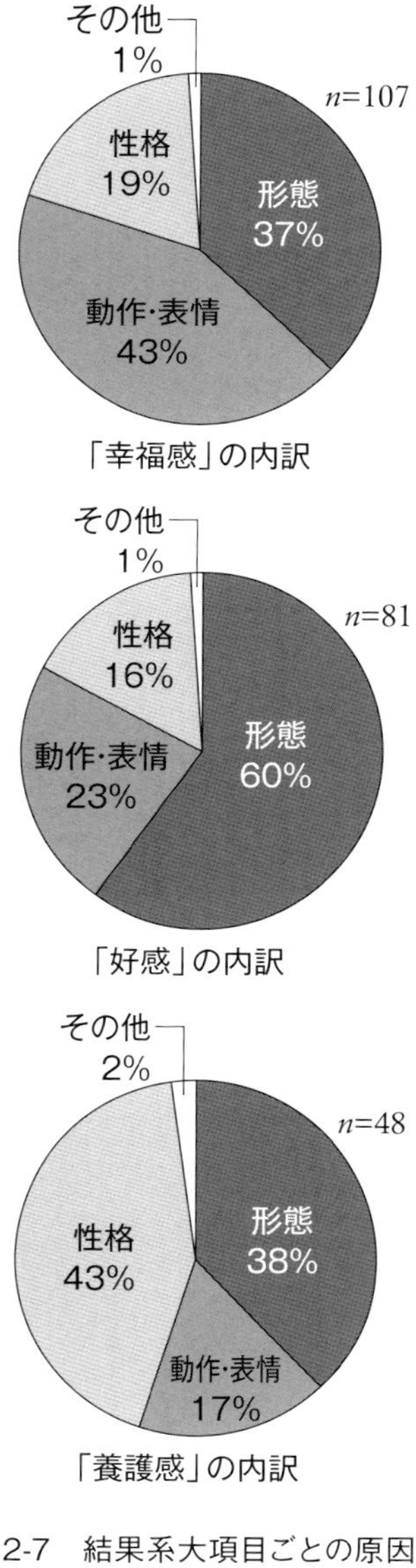

図 2-7　結果系大項目ごとの原因系大項目の内訳

表 2-4　結果系大項目の出現率間の相関係数

	幸福感	好感	養護感
幸福感	—	0.126	-0.018
好感	0.126	—	0.156
養護感	-0.018	0.156	—

⦿かわいい建物外観の印象

今日、奇抜で個性的な外観デザインの建築を多く見かける。このような現代の建築デザインに対して建築評論家の真壁は片仮名表記による「カワイイ」という評価語を提案し、「カワイイという感覚を通して、微笑んだり、癒されたり、和んだり、ゆったりしたりとモデレートな高揚感を生む」としている。一方、「かわいい」の本来の意味は、小さい・丸い・幼い・無垢などである。小さい、幼い、無垢という印象は建物の外観の表現にはあまり適当とは思えない。あえて片仮名のカワイイを使ったのは、今日の建物外観に従来の辞書的なかわいさを感じてはいないものの、従来的なかわいい事物と共通する印象があるからと思われる。そこで、最近の個性的な建物外観の印象と、かわいいあるいはカワイイとの関係を実験で検討してみた。

最近の個性的な建物外観写真を集めることは結構簡単である。建築の専門雑誌を2年分ほど探すと約100棟のデザインが集まったので、そこから20棟に絞り込む。ここでは、かわいいあるいはカワイイという観点は考慮せず、できるだけバリエーションが豊かになるようにさまざまな個性的なデザインを集めた。

選ばれた写真の印象をアンケート形式で多くの人に評価してもらった。アンケートの項目は「微笑ましい・微笑ましくない」というように2つの反対語の間を7段階で区切った形式の項目を使うこととし、「かわいい・かわいくない」だけではなく、辞書的なかわいい印象に関係する「柔らかい・固い」などや「派手・地味」「整然・雑然」など、さまざまな観点のものを合計15個用意した。また、単なる印象を聞く項目に加えて、「住宅」「オフィス」などの用途をいくつか示して、用途に対する外観の好ましさを問う項目も用意した。この実験には、一般の人々の素朴な印象を知るために、建築デザインを学んでいない18～25歳の男女30名に参加してもらった。

7段階の項目には1から7の値をつけて数値化し、対象ごとに30人の回答者の評価の平均値を求めた。「かわいい」の結果と、用途ごとの好ましさとして住宅・ホテル・オフィス・市役所・図書館の結果を選び、これらを同じグラフに重ねたものを図2-8に示す。

グラフの横軸は20の対象建物であり、「かわいい」の平均値の大きさの順番に並べてある。一見してわかるとおり、「かわいい」の最大評価は約5.5、最低は約2と幅広くなっており、「かわいい」という印象で最近の建築デザインを区別することはできるようである。一方、建物用途を想定した好ましさのグラフを見ると、いずれの線も「かわいい」の線とは異なる挙動となり、かわいいデザイン＝ある用途の建物外観として良い、とは単純には言えない。

次に、やりかたを変えて、もう少し掘り下げてみる。「かわいい」以外に14の項目で建物の印象を聞いているので、これらの項目を使う。14項目を個別に見るのはたいへんなので、「目立つ」と「派手」のように評価が似た傾向を持つ項目をグルーピングしたところ、3つのグループが見つかった。1つ目は、従来のかわいいの定義に関連する「柔らかい」「癒やされる」「微笑ましい」などに対応した項目である。そこで、この共通する傾向について、各写真に点数をつけた（やりかたは数学的な手法なので省略する）。この点数をカワイイ性得点とする。同様に、2つ目のグループは「目立つ」「派手」などとなったので、この点数を顕在性得点とする。3つ目は、「整然」「上品」などが集まったので秩序性得点とした。以上の手順で、20の写真それぞれに3つの得点がついたので、この点数と建物の用途を想定した際の好ましさとの関係を調べると、興味深い結果が得られた。まず、カワイイ性得点が高く、顕示性得点が低いほど、住宅としては好ましく感じる。つまり、柔らかい・微笑ましい・威圧感がないなど

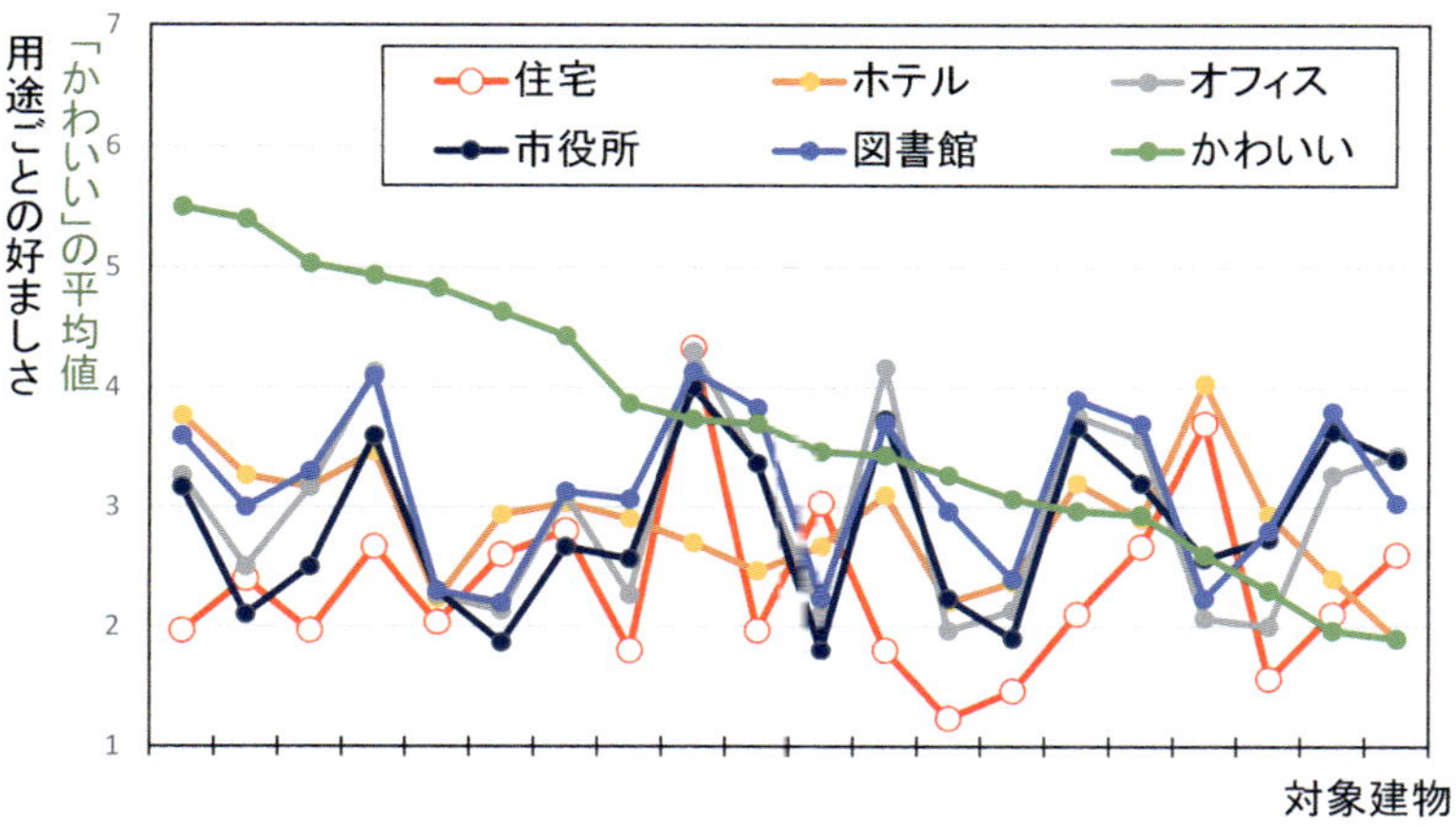

図 2-8　各対象建物の「かわいさ」と用途ごとの「好ましさ」

の「かわいい」に通じる印象を持ち、一方で目立たず派手でないといった控えめなデザインであれば、一見して奇抜な現代の建物でも住宅としてはあり、と感じる。これはホテルを想定した場合にも当てはまった。これに対して、市役所の場合、カワイイ性得点や顕示性得点は好ましさの判断には無関係であり、秩序性得点のみで好ましさが判断されていた。この違いは、その建物と評価者の暮らしとの関係で説明できるであろう。つまり、住宅やホテルのように住生活に密接な場では、真壁のいうカワイイに通じる柔らかな印象を感じることが重要であり、またあまり目立たないことも大切である。一方、市役所のような「お堅い」用途の場合は、カワイイは考慮に入らない。もしかしたら、カワイイを前面に出したデザインにすると、お役所に対して堅いイメージを持つ人には拒否反応が起こるかもしれない。

参考文献

[1] 佐藤武義・前田富祺編集代表『日本語大辞典（上・下）』朝倉書店　２０１４年
[2] 宇治川正人「「かわいい」の原因系と結果系の分類―「かわいい」を類型化する―」『日本感性工学会論文誌』15巻1号　２０１５年
[3] Murray, H. A., Explorations in Personality, Oxford Univ. Press, 1938
[4] 林保「社会的動機」前田嘉明編『講座心理学　第5巻　動機と情緒』東京大学出版会　１９６９年
[5] Ekman, P. Basic Emotions, in Dalgleish, T. and Power, M. J. Handbook of Cognition and Emotion, John Wiley & Sons, 45-60, 1999
[6] 宗方淳「「かわいい」という観点に着目した建築外観評価に関する研究」日本建築学会大会学術講演梗概集　２０１５年9月

2 「かわいさ」の行動的生理的影響

▼行動科学的研究

大阪大学人間行動学講座基礎心理学研究分野の入戸野宏教授は、２００７年に、ゼミの女子学生が卒論のテーマに取り上げたいと申し出たことをきっかけに、「かわいい」の研究に取り組みはじめた。「かわいい」と感じている人の心理状態には共通した特徴があり、それは脳活動や行動の変化として客観的に観察できると考え、さまざまな実験結果を発表している[1]。

たとえば、16名の被験者に対して、「かわいい」「快」「不快」と3つのグループに分けた写真を見せ、顔面の筋肉の反応を調べた。大頬骨《だいきょうこつ》筋《きん》（口を大きく開けて笑うときなどに使われる筋肉）、皺眉《すうび》筋《きん》（顔をしかめたり、眩しいときに使われる筋肉）が「かわいい」のグループの写真に対する反応と、「快」「不快」のグループの写真に対する反応とでは異なった結果が記録された。かわいいものを見ると人は笑顔になるということが実証的なデータとして確認された。

また、かわいさが作業成績に及ぼす影響を調べるために、かわいさの高い幼い動物の写真を並べ替える作業をするグループと、かわいさの低い成長した動物の写真を並べ替える作業をするグループに被験者を分け、両グループともその作業の前後に、ピンセットを使って小さなおもちゃをつまみ出す作業（実験1）、または、不規則な数列から指定された数字を目視で数え出す作業（実験2）を行ってもらい、実験1と実験2の作業成績を比較する実験を、男女大学生48名を被験者として行った。

その結果、実験1も実験2も、幼い動物の写真を並べ替えたグループの作業成績が大幅にアップした。成長した動物の写真を並べ替えたグループには、幼い動物の写真のグループほどの効果はみられなかった。このことから、かわいいものを見ると作業に集中できる傾向があることが確かめられた。

多くの実験を実施した入戸野教授は、「かっこいい」は優劣・上下関係と結びついているのに

表 2-5　作業成績実験結果（増加率）

	幼い動物の写真を並べ替えたグループ	成長した動物の写真を並べ替えたグループ
実験 1	+44%	+12%
実験 2	+16%	+1%

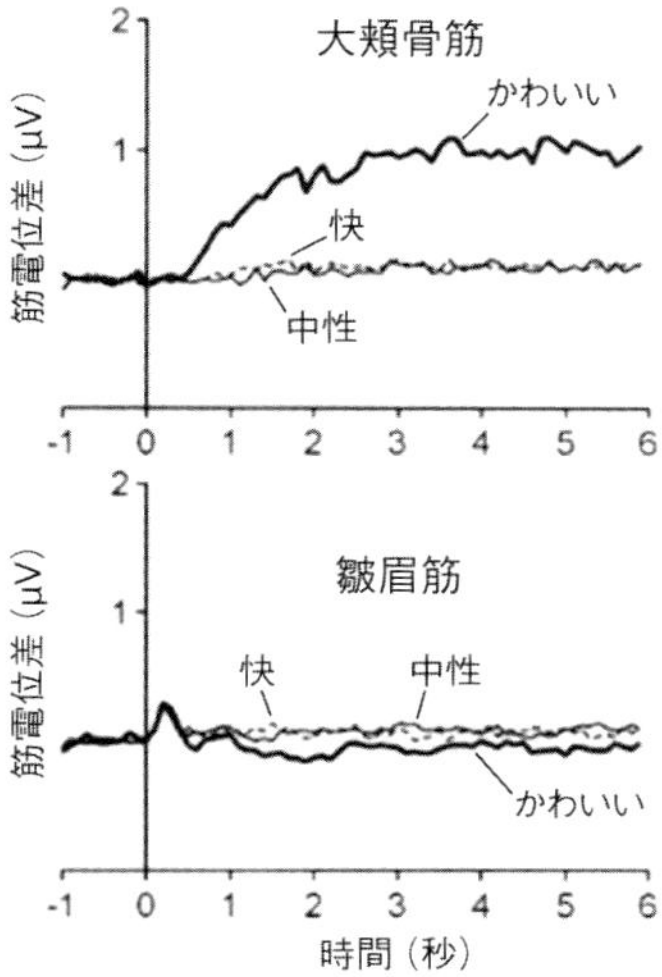

図 2-9　顔の表情と筋肉

対し、「かわいい」は横並び・水平指向と結びついており、相手を自分と同じ仲間として見ているように思う。それは、元々人間が持っている「共感性」に関係していると思うと述べている。

▼かわいいを聴きにいく

「かわいいもの」に出合うと人はどのような行動をするのだろうか。かわいいWGでは、都内の4施設（上野動物園、江戸川自然動物園、すみだ水族館、サンシャイン水族館）で、「かわいい」という声を発した人の行動を観察した[3]。

　これらの施設の入場客は、幼児を連れた家族、女性の2人連れ、男女のカップルなどが多い。そのなかで、最も頻繁に「かわいい」という言葉を発するのは家族連れの母親で、多くの場合、「かわいいもの」を発見すると、連れに聞こえるように「かわいーい！」と比較的大きな声で言いながら、連れを先導して「かわいいもの」に向かって突き進んで行く。そして、そのかわいいものに向き合うと、それを指さして子どもに示す。家族連れの父親は「かわいい」と発しないことはないが、それは稀で、いずれも子どもと話しているなかで発している。家族連れの子どもたちも「かわいい」と言うが、感想を述べる程度の小さな声の場合が多い。

写真 2-1　子どもと話す父親

写真 2-2　小動物をなでる児童

写真 2-3　指先をそっと伸ばす女子

　ティーンエイジの女の子も比較的多い利用者だが、彼女たちは2

人連れが多く、2人の間で話が通じればよいのか、大きな声では話さない。言葉に出さなくても「かわいい」ことは暗黙のうちに感じあえる友達と来て、「かわいさ」に浸ることが目的のようだ。男女のカップルの女の子は、「かわいいものを見つけたよ」というニュアンスで「かわいい！」と言うことが多い。

少数の施設の大雑把な観察ではあるが、それらの施設で、入場者たちの構成やかわいいものに出合った際の行動には大差がなかった。そして、かわいいものは人を引き付ける力が強いこと、かわいいものが会話だけでなく、人間同士の頭や肩をなでたりする肉体の触れあい（スキンシップ）も促進することが印象深かった。

▼赤象プロジェクト

調査や計測で被験者（個体）の心理的あるいは生理的反応を捉えることはできるが、集団的な反応は把握できない。個室の計画なら、利用者個人の反応を把握しておけばよいが、社会生活が行われる空間なら、集団の反応も把握しておきたい。しかし、温熱や光などに対する個体の反応を主としてきた従来の環境工学の学術研究では、集団の反応を調べることは行われてこなかった。したがって、その方法もなかった。

近年、従来にない新しい制度や技術を検証するために、期間や範囲を限定して、それを実際の社会のなかで適用する「社会実験」という方法が用いられている。かわいいWGでは、「赤象プロジェクト」と称して、オフィスや研究室に「かわいいもの」を1か月以上置いて、集団への影響や行動の変化を調べる小規模な社会実験を実施した。この実験には1つの民間企業、7大学の研究室が参加した[2]。

その「かわいいもの」として、イームズ夫妻という世界的デザイナーが1940年代に合板で制作した象のスツール（エレファントスツール）のプラスチックの復刻版（赤色）を選んだ。赤象は2体用意し、約1か月間、オフィスや研究室の目の届く場所に置いて、置いた様子を写真撮影し、スツールに気付いた人の反応、あるいはスツールが使われた様子などを記録してもらった。

現実の社会では、家具や備品などは、その場所の規則や方針、組織風土、部署に属する人間の行動や性格によってさまざまな扱われかたをするものである。それに準じて、赤象の扱いかたは実験場所の判断に任せた。飼育係と称する担当者を任命したところも、ただ放置しただけのところもあった。

実験の結果、赤象が出現して現れた現象として、無視、追放、移動などの「処遇の変化」、点検、帯同、装飾、話題化などの「行動の出現」、かわいい、（居なくなると）寂しいなどの「心理的影響」などが報告された。効果としては、癒やし感、気分転換、話題提供、心の拠り所、共感確認、雰囲気変化、見守られ感、愛着感などが生じたこと、逆に、負の効果としては反感や喪失感の懸念、波及効果として、会話促進、チーム力向上を挙げたところがあった。

赤象は、普段なら、オフィスや研究室という空間にとっては「異物」「許されないもの」である。話題になったり、関心を集めたという現象は、異物の闖入というインパクトがもたらしたもので、かわいいものだけがそのような影響を及ぼすの

写真 2-4　企業のオフィス

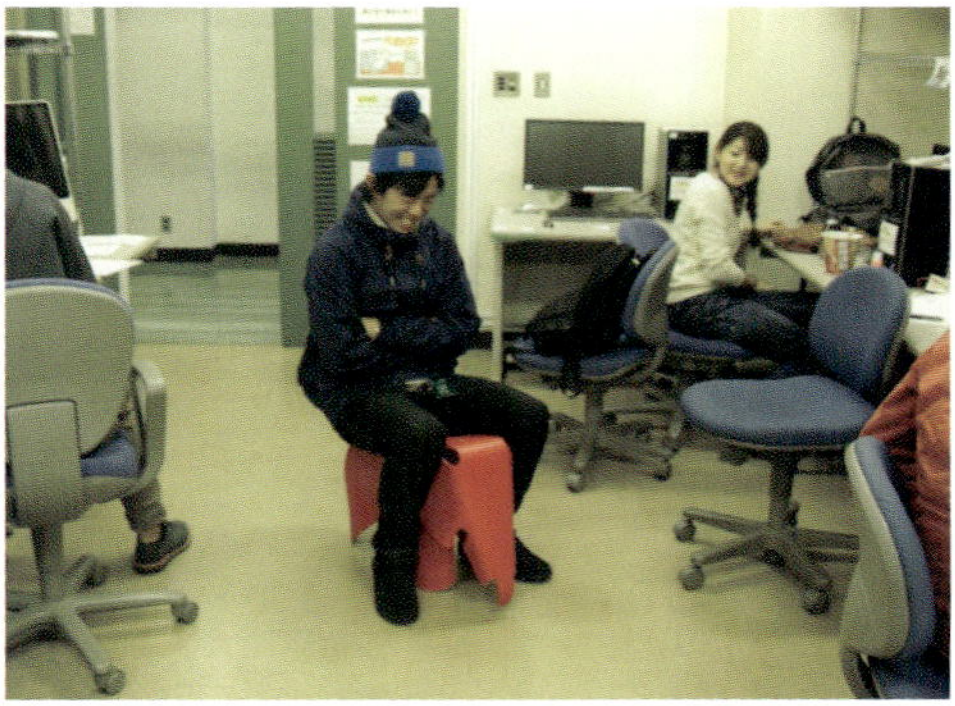

写真 2-5　大学の研究室

表 2-6　赤象の効果

大分類	小分類
効果	癒やし、気分転換、話題提供、心の拠り所、共感確認、雰囲気変化、見守られ感、愛着感醸成
負の効果	反感、喪失感の懸念
波及効果	会話促進 チーム力向上

ではない。赤象はトリックスター（秩序を破り、現状を引っかき回す存在）であった。それは、硬直した思考回路や、意義を失った儀式や慣習の意味を問い直す役割を担うことで、破壊者ではなく創造者であるという見解もある。もし、そういうインパクトやショックを職場に与えることを狙いとする場合、「怖いもの」や「不気味なもの」などに比べて、「かわいいもの」は比較的採用しやすい刺激ではないだろうか。

▼触感がかわいい椅子

かわいいWGでインタビュー取材した杉山朗子氏（日本カラーデザイン研究所）から、「日本は触覚文化であり、触って気持ちよくないとかわいいと思わない」という指摘があった。そこで、「触感がかわいい椅子」をつくったら、どんな椅子が出来上がるだろうかと、仮想の商品開発プロジェクトを始めた。女子学生7名の協力が得られ、「触感がかわいい椅子」を使いたい時や、その触感のオノマトペ（擬声語）を尋ね、その椅子を使うとした場合の一日のシナリオと椅子の略画などを書いてもらい、オノマトペの優劣比較などを行った[3]。

「触感がかわいい椅子」を使いたい時に対する回答は、「疲れている」「だらだらしたい」「ぐでーっとしたい」「ストレスを発散したい」「おしゃべりをしたい」などの時であった。ほとんどの学生は、日常生活で強いストレスを受けていると感じており、精神的な疲労の蓄積が「かわいい」ものに触れたくなる原因と推察される。また、普段、だらだらしたり、ぐでーっとするのは、周囲の視線が届かない、帰宅後の自室が多かった。

被験者が描いた略画に描かれた人物の姿勢は、椅子に体を預ける、または、もたれかかる姿が多く、椅子の形状は、椅子自体に弾力があり、体を預ける姿勢を

表 2-7　仮想商品開発プロジェクト「触感がかわいい椅子」の概要

工程	ニーズ把握： 触感がかわいい椅子を使いたい時・場所 商品像の具体化： 触感をオノマトペで表現，椅子の形状（略画作成），ふさわしい素材 触感の比較： オノマトペの優劣比較（一対比較法）
実施期間	2016 年 5 月～ 9 月
参加者	東京電機大学とお茶の水女子大学の女子学生 7 名

優しく支えてくれる形状が望まれており、椅子の種類としてはイージーチェアやイージーソファと呼ばれるジャンルのものが多かった。

触感のオノマトペとしては、「ふわふわ」「もふもふ」「もちもち」「もこもこ」「ぷにぷに」などが挙げられ、それらの優劣比較では、「もふもふ」「もちもち」「もこもこ」などが選ばれた。それを選んだ理由を尋ねたら、「柔らかさ」と「弾力あるいは反発力」「ぬくもり」などが挙げられた。

▼弛緩欲求

被験者たちには、疲労が蓄積されたり、ストレスを受けたときに、「だらだらしたい」「ぐでーっとしたい」などと積極的に脱力したい欲求が共通して生じている。そこで、この欲求を「弛緩欲求」と呼ぶことにする。

筆者は、ホテルの従業員の執務環境を調査するため、某ホテルでフロントやレストランの接客を担当する従業員の休憩室の見学を依頼したことがある。しかし、客の面前では笑顔で応対していた女性従業員たちが、ソファにもたれた

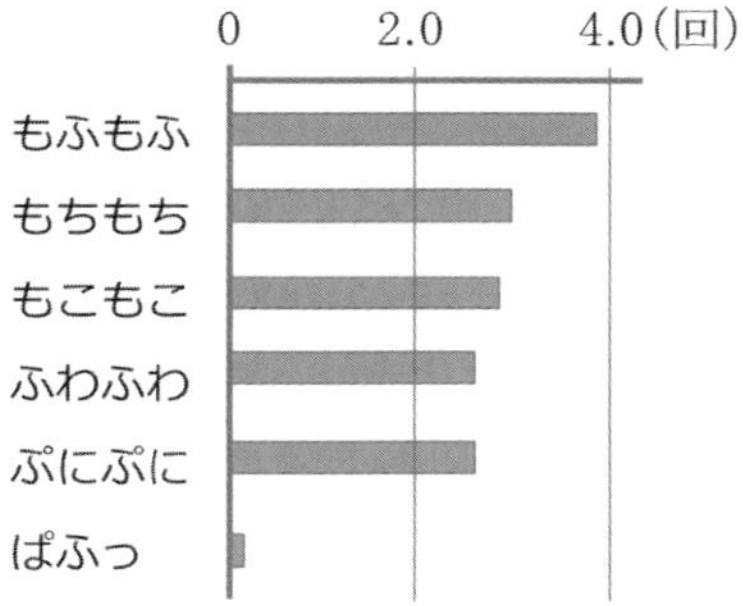

図 2-10　一対比較で各オノマトペが選ばれた平均回数

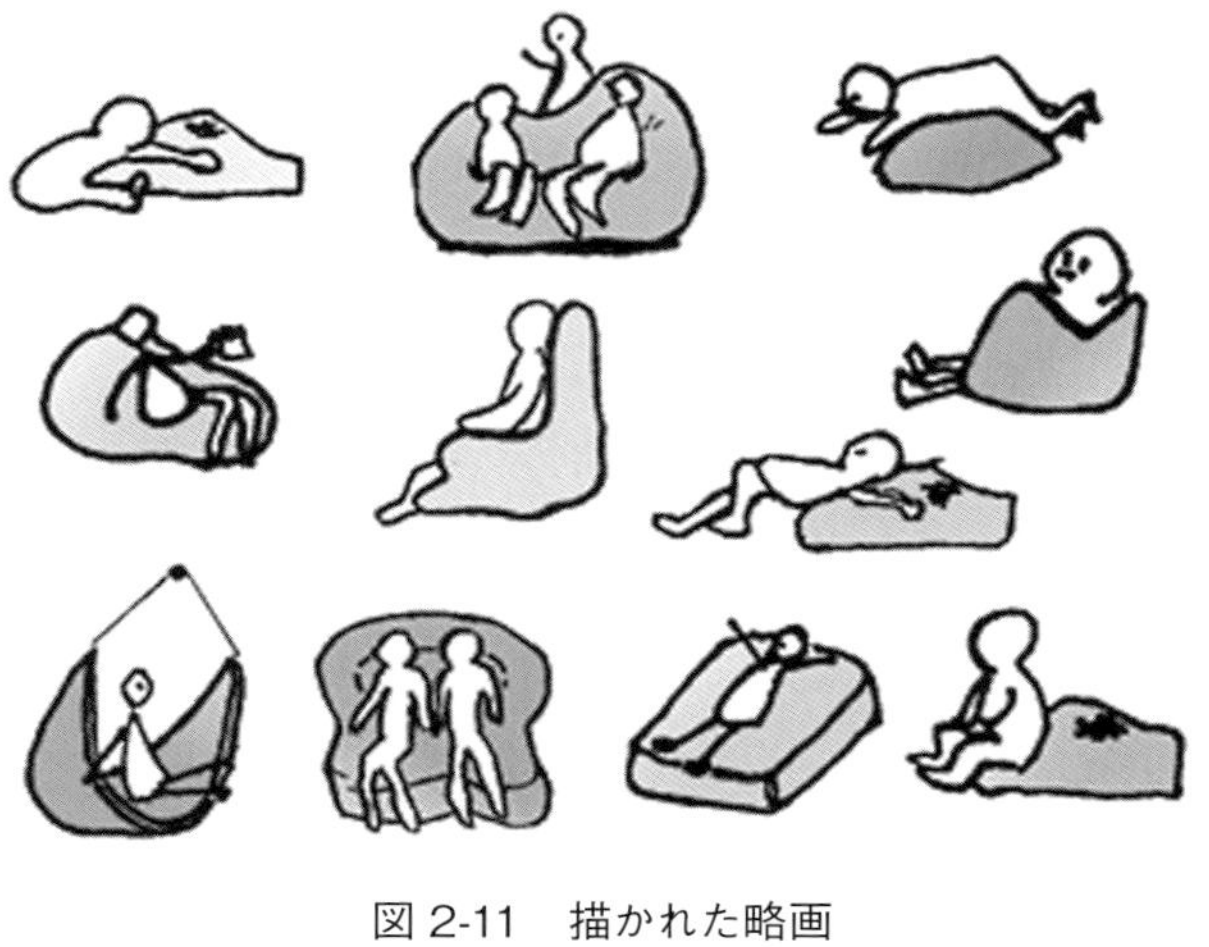

図 2-11　描かれた略画

り、テーブルに足をのせて喫煙したりしており、外部の方にはお見せできないと見学を拒絶されたことがある。彼女たちも「弛緩欲求」を満たしていたらしい。

「触感がかわいい椅子」の被験者たちも、周囲の視線が届かない場所で弛緩していたが、精神的疲労やストレスの対策として、弛緩できる空間を設けることは必要なのではないだろうか。

▼「かわいさ」の心理・生理・行動への影響の模式図

前項までに紹介した内容をもとに、「かわいさ」の心理・生理・行動への影響を模式図として作成した（図2-12）。

「かわいさ」の「原因系」として、「形態」「動作・表情」「性格」の3項目を示した。それらは、被験者調査「かわいいを分解する」の集計分析の際に大項目として設定したものである。

「原因系」と心理・生理的変化の間に「認知・評価」のブロックを設け、「視覚」「聴覚」「触覚」などの感覚と脳内の「記憶」などを、認知や評価をする際の要因として位置づけた。心理的変化と生理的変化は相互に影響を与え、行動への影響を及ぼしている。

また、それらが「評価・判断」にフィードバックされる回路を破線で示した。個人の評価・判断の意思決定はその結果がフィードバックされ、修正・改訂され続ける。

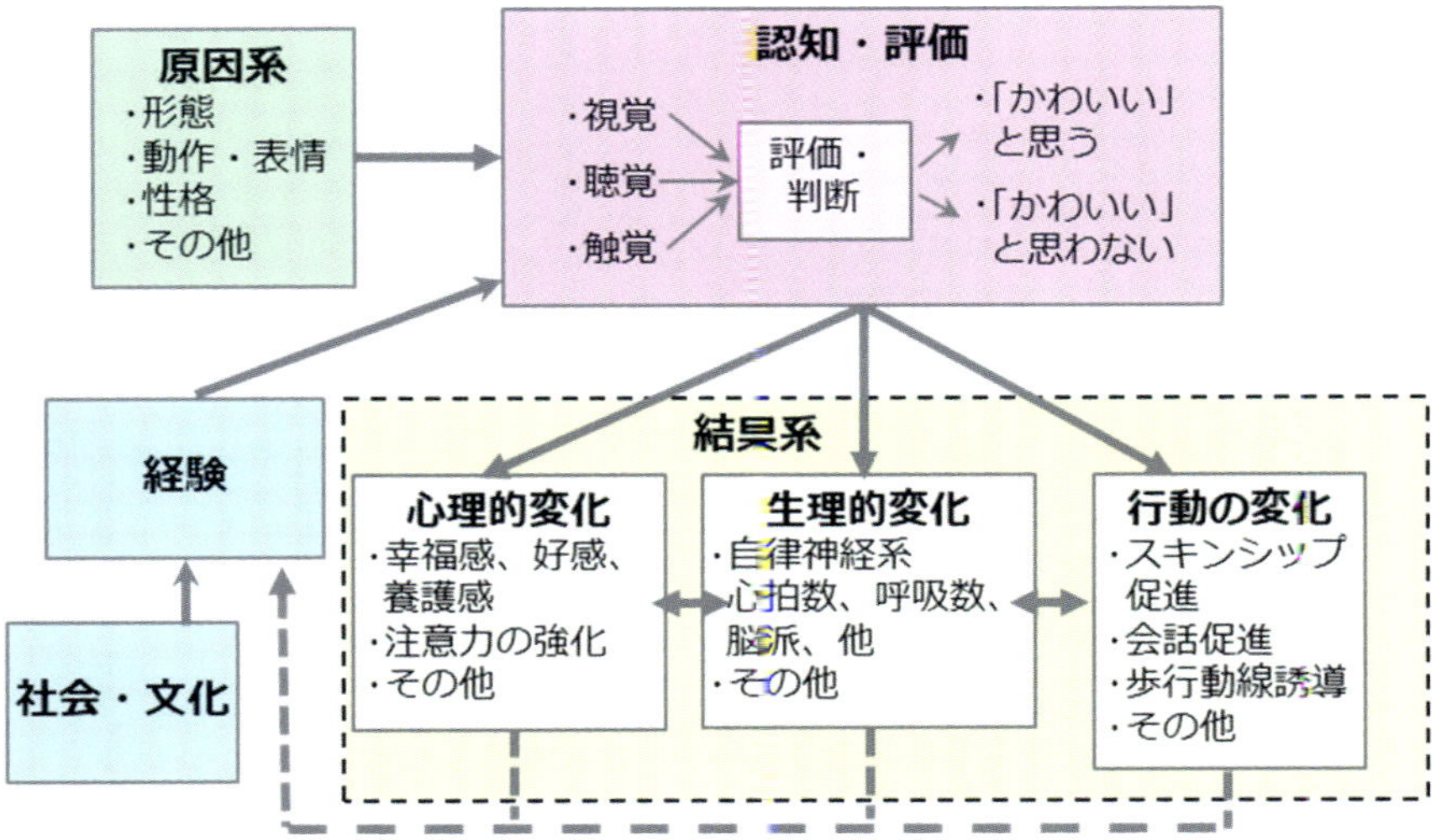

図 2-12　「かわいさ」の認知・評価と心理・生理・行動への影響の模式図

参考文献

[1] 入戸野宏　行動科学的アプローチによる可愛い人工物の研究　「感性工学」10巻2号　2011年3月
[2] 大倉典子　かわいい人工物の系統的研究　「感性工学」10巻2号　2011年3月
[3] 大倉典子編著　『「かわいい」工学』　朝倉書店　2017年

3 脳科学から見た「かわいい」

▼感覚脳・感情脳

脳の研究は視覚や聴覚の感覚機能から始まり、次に感情の機能が取り上げられた。それらを、「感覚脳」「感情脳」という[1]。

日本の脳科学の開拓者である生理学者時実利彦博士（1909～1973）は、「脳は大変複雑な構造をしているが、その機能で区分すると、中心の「脳幹」、その外側の「古い皮質」、一番外側の「新しい皮質」の3つの部分から構成され、脳幹は心臓や肺、胃や腸など臓器の活動を調節しており、身体の健康を保障する「いのちの座」、古い皮質は食欲と性欲、それに集団本能の3つの本能を司る「情動と本能の座」、新しい皮質は「知・情・意の座」で、前頭葉、頭頂葉、後頭葉と左右の側頭葉の5つの部分に大きく分けられる。」と述べている[2]。

「かわいい」という感情（情動）は「古い皮質」で扱われ、理性や知性は「新しい皮質」で処理されている。

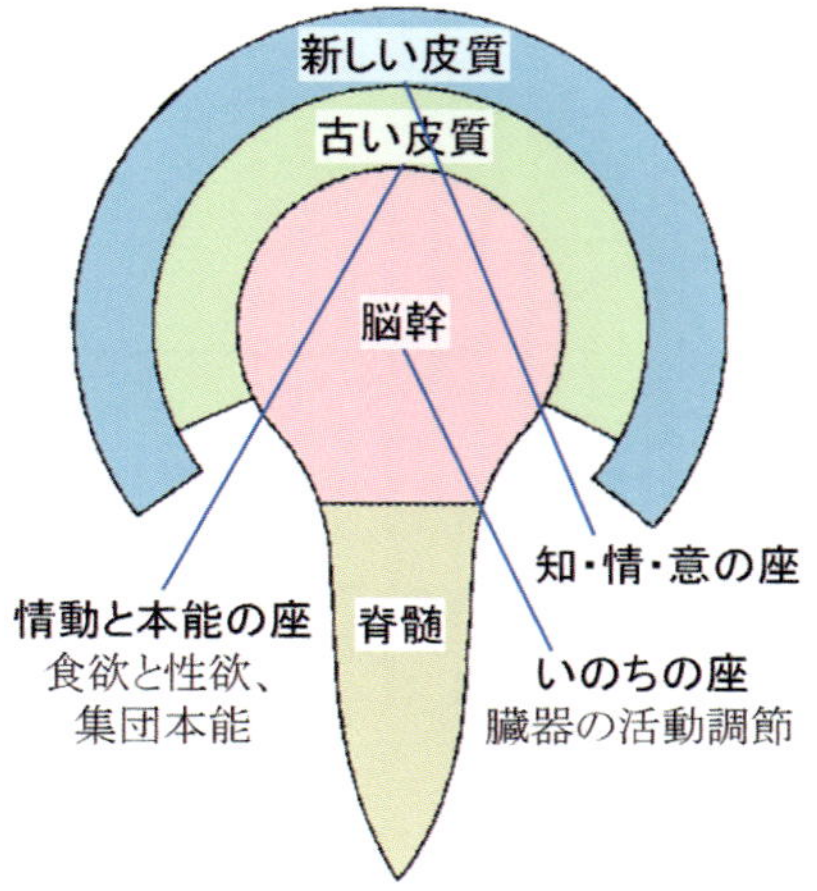

図 2-13　脳の構成と機能（[2] より作成）

▼生物学的価値の評価システム

１９２９年に米国の生理学者ウォルター・Ｂ・キャノンは、動物は恐怖に反応して、自身に戦うか逃げるかを迫るということを報告した。この動物の恐怖への反応は「闘争・逃走反応」と呼ばれている。動物にとっては、外部環境が自己にとって安全かあるいは危険かを素早く判断して行動を起こすことが、生命を守る（個体の維持）うえで最も優先順位の高い行動である。

現在の脳科学では、感情は、大脳皮質が外界の情報を時間をかけて分析的に処理するのに先立って、おおまかにではあるが素早く処理し、攻撃や逃避などすぐさまとるべき行動へと結びつける機能であり、「生物学的価値の評価システム」（受容した感覚刺激が自己の生存にとってどのような意味を持つかを評価するシステム）とも呼ばれている。言わば、「個体の維持」のリスク回避機能である[3]。

被験者調査「かわいいを分解する」で、類型化した３つのタイプのうち、幸福感系（和む・癒やされる、微笑ましい、幸せな気持ちになる、他）の感情は、生命存続のリスクがあるところでは生じ難い。そのリスクがないと判断された安心感・安堵感に基づく感情と思われる。

▼情動回路

さらに、キャノンとその説を動物実験で実証したフィリップ・バードは、古い皮質に属する視床下部という部位が情動表出の中枢であることを明らかにした。１９３７年にペーペッツは、帯状回や海馬体という部位が視床下部に連なる経路（情動回路）の概念を提唱し、以後もその経路の解明に多くの研究者が取り組んだ。帯状回や海馬体、視床下部などの部位は大脳の辺縁系と呼ばれ、とくに偏桃体と視床下部が重要な役割を果たしていることが明らかになっている[4]。情動回路

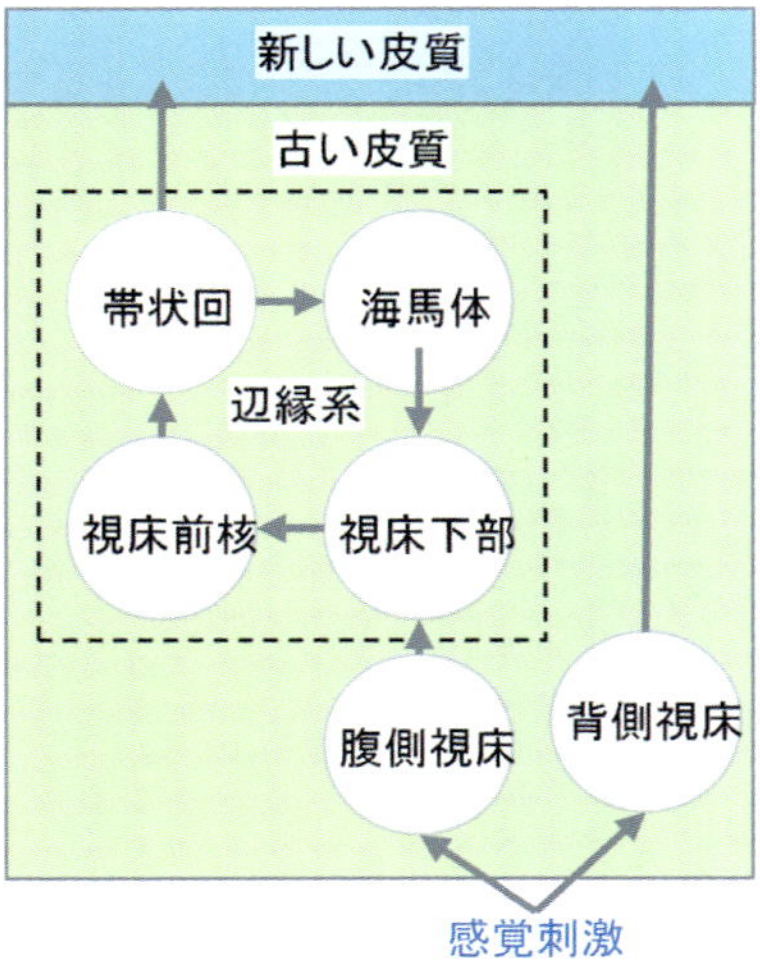

図 2-14　情動回路（[4]より作成）

にかかわる部位があるのは首と頭の接する付近で、情動（感情）の情報はそこで処理されている。

▼オキシトシン

また、時実博士は、古い皮質が扱う3つの本能のなかで最も重要なのは集団本能で、その本能を満たす最も基本的な方法は皮膚に触れること（スキンシップ）であると述べている[2]。

行動観察「かわいいを聴きにいく」では、「かわいいもの」に出合った親子の間でスキンシップが促進されている様子が観察されたが、スキンシップによって分泌が促進されるホルモンもある。それは、オキシトシンと呼ばれるホルモンで、「出産の経過を加速」し、「乳房からの射乳を促す」内分泌物として、20世紀初めに発見された。「幸せホルモン」「愛情ホルモン」とも呼ばれる。

１９９０年代に、オキシトシンに不安やストレスを軽減する作用があることが確認された。オキシトシンの分泌を促す神経組織をオキシトシン神経系と呼ぶが、それが活性化すると、ストレスを軽減したり、鎮痛効果のある物質の放出が促進され、「快」の感情を得る。その物質はオピオイド［注］と呼ばれ、このオピオイドを放出させる神経の仕組みは「報酬系」と呼ばれている[5]。

仮想商品開発プロジェクト「触感がかわいい椅子」で、かわいい椅子を使いたい時は、日常生活で強いストレスを受けている時や精神的な疲労が蓄積された時という回答が多かったのは、このストレスの軽減作用を求めたためと考えられる。

不安やストレスを取り除き、出産や育児に必要な行動をすると各個体（ヒト）を気持ちよくさせるこの作用は、各個体を「種の保存」（生殖）という営みに参加させやすくする仕組みである。

▼絆の形成（ボンディング）

21世紀に入って、学術研究に遺伝子工学の手法を取り入れることが進み、それを用いて、オキシトシンに反応する受容体の遺伝子が欠損したマウスが、個体の識別能力も欠損していることが報告された。オキシトシンは生殖機能だけでなく、個体識別という社会的認知機能にもかかわっていたのである。

生物の個体と個体とのつながりを、動物学や心理学などではボンディング、あるいは絆形成と言う。親子の絆形成とオキシトシンに関しては、母親が優しく触れたり、言葉をかけたり、父親が子の身体運動を促すような養育行動は、血漿中のオキシトシン濃度と相関があることが報告されている[6]。

また、永澤美保講師（麻布大学）は、飼われているイヌがその飼い主を注視することが、飼い主の尿オキシトシン濃度を増加させる可能性があることを報告している[7]。これは、スキンシップではなく、ヒト以外の個体に関する情報が、ヒトのオキシトシン神経系を活性化させることを示した報告である。

▼社会脳

社会脳は対人関係を扱う機能に関する脳の仕組みを解明しようとする学術領域で、1990年代後半から発達してきた。絆形成もそのなかに含まれる。

社会生活を営む上では、他者の心の状態や意図、関心を探ることも有益な能力であり、他者の表情や動作がその手掛かりとなることが多い。たとえば、自分の周囲に恐怖の表情の人間を見つけることは、その場所に危険が迫っている可能性を示すシグナルとなる。逆に、リラックスしている動作や表情を見つけることは、安心できる状態であることを示すシグナルになる。

幸福感系の感情の原因は、「動作・表情」（「幼児的仕草」「笑顔が良い」「リラックス」「仕草が優しい」など）の割合が最も高かったが、それらはシグナルとして捉えられると考えると説明がつく。

▼ミラー・ニューロン

イタリアの神経生理学者リゾラッティは、サルの前頭葉の神経細胞の活動を計測中、休み時間にジェラート（アイスクリーム）を食べはじめた。自分がジェラートを口に運ぶたびに、計測中のサルの神経細胞が活動する「バリバリバリ」という音が聞こえたことから、サルが他の個体の運動を観察しているときに、サル自身の運動の神経細胞も活動していることに気が付いた。後に、人間についても同様の脳活動が脳機能の画像研究によって確認された。この現象は、まるで鏡のような振る舞いをすることから「ミラー・ニューロン」と名づけられた[8]。

リゾラッティ著『ミラー・ニューロン』には、世界的な舞台演出家ピーター・ブルックが、「ミラー・ニューロンの発見によって神経科学は、演劇界では長らく常識だったことをようやく理解しはじめた。すなわち、演技者は、あらゆる文化的・言語的障害を乗り越え、自分の声や動きを観客と共有し、それによって観客が演劇に能動的に参加して舞台上の演技者と一体化できるようにしなければ、どれほど努力しようと無駄に終わる、ということだ。」と述べたことを紹介している。さらに、人間では、行為だけでなく、情動・感情表出についても自己と他者とを対応づける反応が知られていて、「感情ミラー・ニューロン」と呼ばれている。

「養護感」系の原因として「性格」の割合が最も高かったが、「性格」は直接見ることはできない。「形態」や「動作・表情」などから、「感情ミラー・ニューロン」によって推測された結果として、「性格」を原因と考えている可能性が考えられる。

▼個体の維持・種の保存・社会行動

このように、「かわいい」は生命維持や種の保存、社会行動と大きなかかわりを持っており、人類や生物の歴史のなかで形成されたメカニズムの影響を受けている。

前章の「「かわいい」の日本語史」で、「かわいい」の古語「うつくし」は、奈良時代には「親子や夫婦・恋人などの間の長上から目下の者に対する愛情を表す」という意であったことを紹介したが、その語釈は、長上から目下という社会的な関係や、愛情という生命維持や種の保存に関連のある感情であることを示している。

そして、これらのメカニズムも含めて考えると、「かわいい」という概念が新しい人工物に付与した価値には、安心感や安堵感が得られること、快感が得られること、不安やストレスを緩和することまで広がる可能性がある。

[注]　オピオイド：オピウム（アヘン）類縁物質

参考文献

[1] 福田正人「付録 脳の働きとこころ―脳科学の発展」『もう少し知りたい統合失調症の薬と脳』日本評論社　２００８年
[2] 時実利彦『人間であること』國民會館　１９９１年
[3] 西条寿夫、他2名　表情認知における扁桃体の神経機構「日本薬理学雑誌」１２５巻2号　２００５年
[4] 小野武年　情動の脳科学―動物・ヒトの遺伝子、分子、細胞、個体レベルの研究「神経研究の進歩」50巻1号　医学書院　２００６年
[5] 永澤美保、他３名　オキシトシン神経系を中心とした絆形成システム「動物心理学研究」63巻1号　２０１３年
[6] Gordon. I., Zagoory-Sharon. O., Leckman. J.F., & Feldman. R., 2010. Oxytocin and the development of parenting in humans. Biological Psychiatry, 68, 377-382
[7] Nagasawa. M., Mitsui. S., En. S., Ohtani. N., Ohta M., Sakuma Y., Onaka, T., Mogi. K., & Kikusui. T. 2015 Oxytocin-gaze positive loop and the coevolution of human-dog bonds. Science. 348 (6232), 333-336
[8] ジャコモ・リゾラッティ、コラド・シニガリア『ミラー・ニューロン』紀伊國屋書店　２００９年

第3章　人と建築との良好な関係

本章では、小児病院や金融機関の店舗、鉄道駅舎、予備校、交通バリケード、飛び石など、さまざまな事例を、「利用者に優しい」「利用者を集める」「都市を楽しく」「糖衣効果」の4テーマを設けて、「かわいい」と関連のある計画や設計上の目標や効果に焦点を当てて紹介する。

事例には、建築物だけでなく、都市環境を構成する要素である土木構造物も紹介する対象に含めた。

1 利用者に優しい

⊙九州大学病院小児医療センター

九州大学の新病院は1998年から建設が始まり、2002年に1期工事（南棟）、2006年に2期工事（北棟）、2009年に3期工事（外来診療棟）が完成した。その2期工事の北棟6階に設けられた小児医療センターは、小児科36床、小児外科・成育外科・小腸移植外科16床、共通病床23床の計75床の規模である。

水田祥代病院長（2期工事計画当時）は、医療従事者の専門サイト［注］のインタビューで「日本の小児病棟は従来、「病気の子どもたちを隔離する場所」とされ、入院中の生活環境が悪くなっても仕方がないとされ、その発想で、新病棟も設計されていた。けれども、留学中やその後、学会などで訪れるチャンスがあった欧米の小児病院を見るたびに、「小児病棟は病気と闘いながらも、普通の生活が送れるような場所であるべき」という思いを強くしていた。欧米の病院は、パステルカラーの外観で、樹木が生い茂る庭に囲まれ、内装も、子どもらしい壁紙を使い、角が無い曲線の構造になっており、子ども達や家族が

写真 3-1　九州大学病院小児医療センター 中待合室

心地よく過ごせる場になっていた。」と語っている。

▼患者に優しい病院

小児医療センターの設計主旨は、水田病院長が掲げた「患者さんに優しい病院、子供さんの負荷を軽減する」という発言に集約されている。小児医療センターでは、退院する人が7割で、3割の患者はここで生涯を終える。病院は、単に病気を治す場ではなく、ここで生きている時間を大切に過ごすための空間であることが明確に位置付けられた。

また、空間のあり方については、芸術工学研究院の佐藤優教授（2期工事計画当時）の指導のもとで、①空間の意味の明確化、②動線の単純化とフロア誘導、③色彩と素材の体系的な展開、④サインの形と色彩の序列化、⑤ファニチュアの色彩の指定、⑥エレベータや照明などの付帯要素の連続化を検討しながら進められた。

病院は複雑な機能が一つの建物に同居しているため、初めての患者が迷い、多少迷惑をかけるのはしょうがないとか、病院は医療環境が整っていることが大事なので、冷たいイメージになるのは当然とか、そんな病院らしさの既成概念を見事に払拭している。たとえば、照明は、照度の確保や伝えたいものをわかりやすく見やすくする効果だけでなく、病院を温かく包み込むことも考慮され、間接照明を主体としている。

▼絵本と一体化した病院

サイン計画は、佐藤教授のもとで、絵本作家との協業によって進められた。絵本作家を選定するコンペによって「森のお医者さん」というコンセプトを提案した駒形克己氏を選定し、病院長も交えて絵本の構想を練り、内容を具体化していった。たとえば、赤い犬はお医者さんで、そのお医者さんのお父さんは牧場を経営しているが、最近、認知症でヒツジの数を数えても数が合わなくなった、というようなストーリーが創作されている。絵本は看護師が持ち歩け、いつでも開いて見せられるように、コンパクトなCDサイズの大きさのものがつくられた。

サインの制作に関しては、駒形氏が原画を提供し、建築空間に実装する作業（空間化）は設計サイドで検討され、決定された。必要なサインの種類、その形態と色彩、サインの組み合わせかたや設置位置のルールなどがシステマティックに検討され、グラフィックエレメントが定められた（図3-1）。

図 3-1　サイン計画　グラフィックエレメント

▼中待合室

病院の入口に接した待合室を経た患者は、小児医療センター内の待合室（中待合室）に滞在する。子どもの患者は母親など保護者に付き添われて来るが、患者の兄弟などを自宅に残しておけずに連れてくる人もかなりいるため、家族も共に過ごせるコーナーがつくられた。全体が手で包み込まれるような柔らかな印象になるように、椅子の色彩もすべて指定された。壁に貼られた動物たちは、絵本によって、性格や置かれた状況、他の動物との交流関係などが語られているため、単なる装飾物ではなく、意思を持った生命体として子供たちの前に現れている。

「お子さんたちが遊んだりできるので、なかなか好評です。明るく、普通の病院のアルコール臭や圧迫感がないので、そういうことも良いです。」と看護師長は感想を述べた。

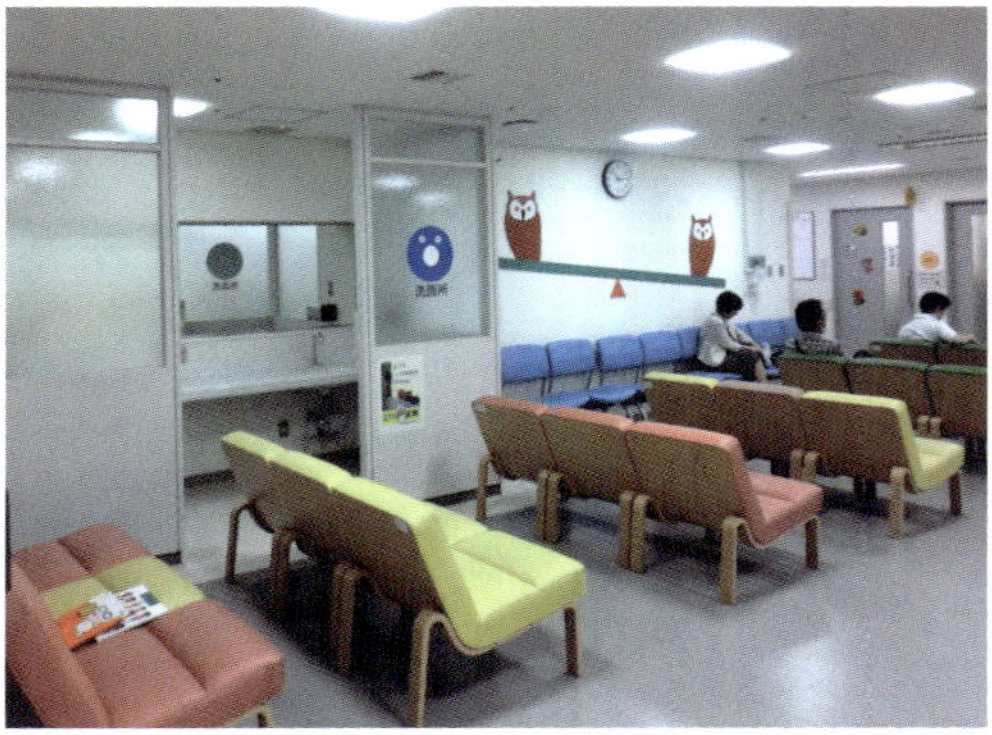

写真 3-2　中待合室

写真 3-3　プレイルーム

写真 3-4　診察室

▼診察室・廊下

診察室ごとに、スーパーグラフィックス的に、動物のキャラクターを用いた大きなピクトグラム（絵文字）が示されている。診察室はすべて個室で、「〇〇ちゃん、クマさんの部屋にお入りください」と呼ばれる。患者にも親しみやすく、わかりやすい。

廊下では、随所に絵本のなかの動物の装飾が貼られている。場所ごとに特徴を持たせることは、そこを他の場所と区別する大きな要素となる。各廊下は「おりーぶどおり」「いちごどおり」などと、ひらがなで果物の名前がつけられている。記号や数字、方角などで示すよりは、親近感や個性を感じさせる。

サインは、情報の種類によって表示する場所を定めており、行先案内に関する情報は天井の表示板にまとめられている。

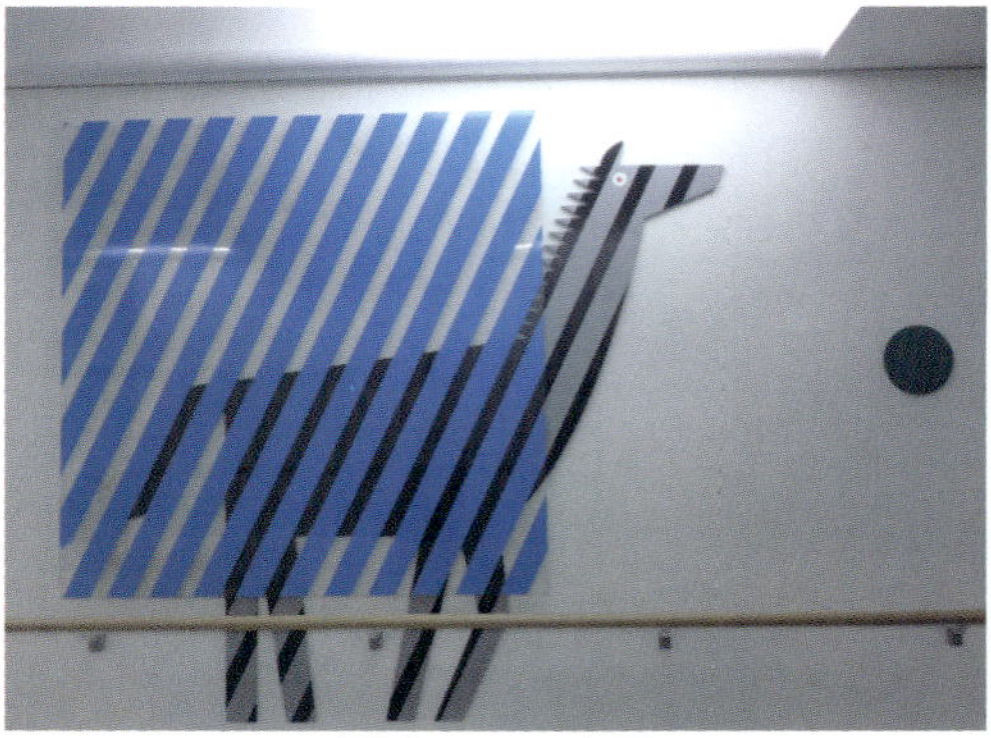

写真 3-5　廊下

写真 3-6　廊下

写真 3-7　廊下の天井

▼ボランティア活動

この病院には長期入院患者が多く、それまで暮らしていた環境や友人と離れ、病気の症状がかなり重い人も多い。母親のなかには、子供がかわいそうだ、それは自分の責任だと思う人もいて、強いストレスを感じる人も少なくないそうだ。そういう子供たちや患者の家族を元気づけようと、小児医療センターでは、「七夕会」「夏祭り」「ハロウィン」「クリスマス会」などの年中行事を開催しており、「本の読み聞かせ」「映写会」「カフェ」「お遊び会」などのボランティア活動も活発に行われている。

当初の設計案では、５階屋上に患者は出られなかったのだが、室内から出られるようにライトコート（光庭）に変更された。壁面には鳥たちが描かれていて、早く自宅に帰ろうという願いが込められている。ここもボランティア活動に使われている。

▼設計の前後の準備

医師や看護師は、自分が勤務している病院以外の施設はよく知らない人が多いため、佐藤教授は、病院の計画の準備段階として、看護師や職員を良いと言われている病院に案内し、こんな環境にすることもできるということを認識してもらったそうだ。また、完成してからは、医師や看護師たちに、デザインの考えかたの説明会を開催した。完成後には、勝手にいろんなキャラクターを置かれると、ゴミのようなものを置いてしまうことになると危惧して、運営管理にも携わった。

なお、「かわいさ」については、漫画や愛玩的なかわいらしさではなく、楽しく親しみやすいなかにも「確かな信頼を感じさせる完成度の高いもの」を求めたと語った。

国立大学の病院建設では、設計案は所管する官公庁の承認を受けねばならない。その

写真 3-8　ライトコート

写真 3-9　ベンチ

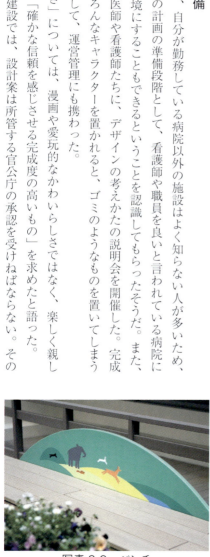

際に、前例のない新しい試みには厳しい目が向けられる。大学の病院と建築学科のメンバーの意思統一や粘り強い交渉力がなければ、新しい試みは日の目を見なかったのではないだろうか。高い目標とそれを実現させた熱意と努力に敬意を表したい。

▼設計解の目的・効果と手段のネットワーク図

九州大学病院小児医療センターに関する個々の設計解に関して、その目的と手段を一対の情報として捉え、上位の目的・手段から下位の目的・手段に至るネットワーク図の作成を試みた。なお、各設計解から生じる効果は、他のプロジェクトを設計する際には目的となりうると考え、目的・効果と手段の一対の情報とした。

最上位の目的は、水田病院長が掲げた「患者さんに優しい病院、子供さんの負荷を軽減する」であり、個々の設計解をその目的や効果から、「柔らかな温かい雰囲気の形成」「親近感と好奇心」「不安にならない」の3つのグループに大別した。なお、図で示した個々の設計解は、見学や関連資料から把握できた情報を用いているが、それらは、設計の際に実際に検討され、採用された設計解のごく一部にしか過ぎない。それでも、見学の際に説明されたということは比較的重要度の高い情報であると考えられる。

「柔らかな温かい雰囲気の形成」のグループには、設計された

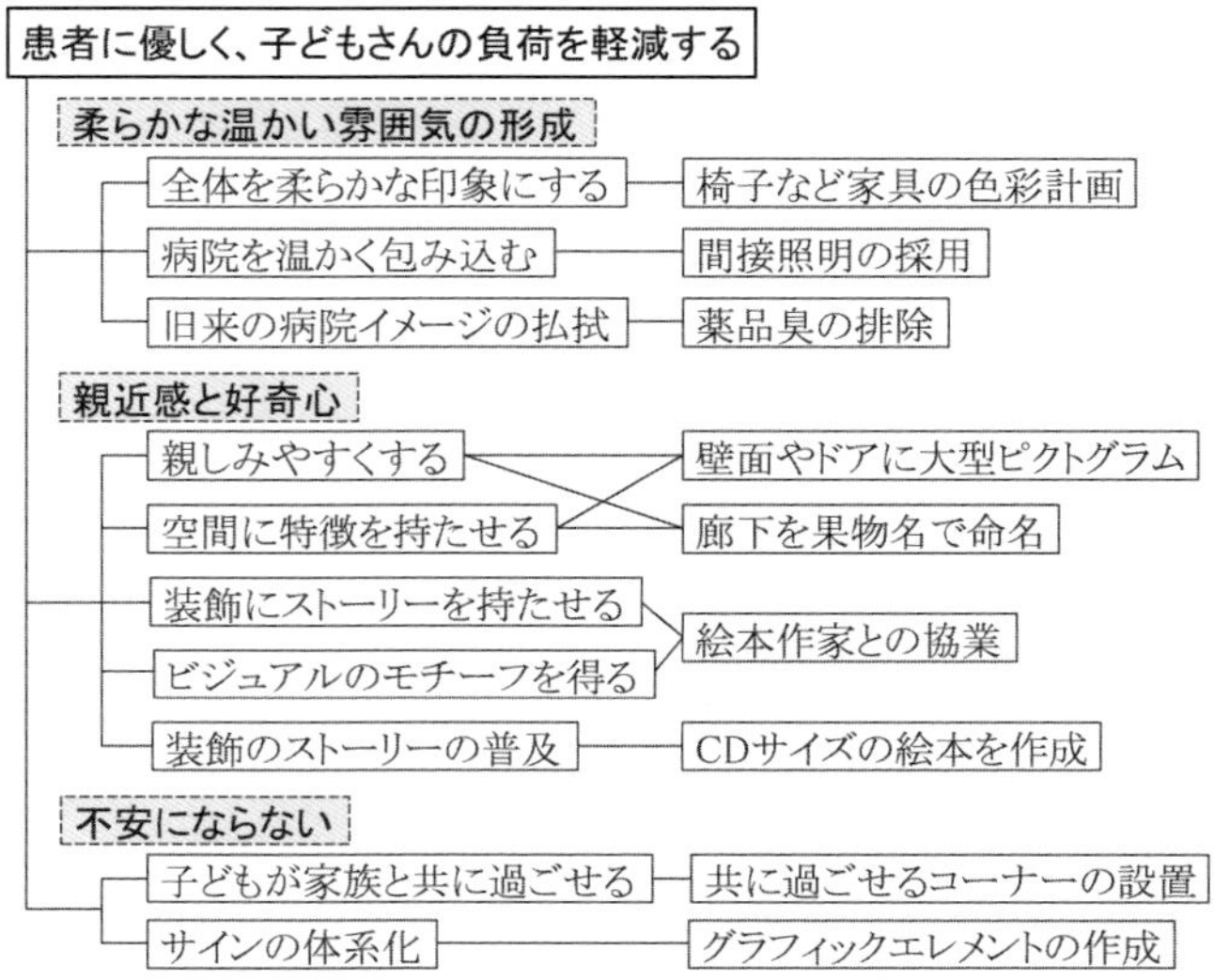

図 3-2　設計解の目的・効果と手段のネットワーク図

空間の視覚や嗅覚に関する技術が示されている。「柔らかい」「温かい」は、「かわいい」の3類型のなかでは、「幸福感」系（和む・癒やされる、微笑ましい、幸せな気持ちになる、他）の効果である。言い換えれば、「かわいい」が手段となりうる目的および効果である。

「親近感と好奇心」のグループは、絵本作成を経て築かれた「森のお医者さん」の世界にかかわる内容である。サイン計画で創作された動物のキャラクターは、親しみのある装飾の枠を超えて、入院期間が長期にわたる場合も多い患者の心のなかで生命を吹き込まれ、心を通わせることも起こりうる。このグループの効果は、「好感」系（見ていたい、触りたい、真似したい、会いたい・話したい、好き、他）の効果をもたらす。

「不安にならない」のグループには、患者に付き添う家族への配慮や、わかりやすい、迷いにくいサイン計画などを含めた。他にも、病院スタッフと患者との動線分離など、本書では紹介していない事項は数多い。

［注］医療従事者専用サイト m3.com　Vol.21 長年の夢、小児医療センターは「森のお医者さん」　２０１６年1月24日
https://www.m3.com/open/iryoIshin/article/392047/

九州大学病院２期病棟　計画諸元

所在地：福岡県福岡市東区
建築主：国立大学法人九州大学
設計：教育施設研究所
施工：病棟・中央診療棟　竹中・大林・九州特定建設工事共同企業体
　外来診療棟　竹中・九州特定建設工事共同企業体
竣工：２００９年9月
病床定員：１２００床
敷地面積：31万２５５７㎡　建築面積：1万７７８８㎡
延床面積：14万１０２９㎡

構造：ＳＲＣ造（免震構造）　階数：地上11階、地下１階他

受賞歴

２００６年度グッドデザイン賞　日本産業デザイン振興会
第40回ＳＤＡ賞　最優秀賞　日本サインデザイン協会

◉中野こども病院

中野こども病院は、１９６６年に全国初の民間小児病院として、中野博光医師が大阪市旭区に開設した小児内科の専門病院であり、２０００年に木野稔医師が院長を引き継いだ。民間の小児病院としては国内最大の79床を備えている。

同病院は、「いつも何が子どもにとって一番大切か」を考えて医療活動を提供することを理念に掲げ、「子どもの立場にたった小児救急医療の充実」「心身両面から専門的な診療を行い、フォローアップする」「子どもの人権を尊重し、みんなで子育てを支援する」を基本方針としている。

２００９年に小児救急や臨床研修を遂行する社会医療法人の認可を受け、２０１０年に病院の老朽化への対応と、施設環境の整備のため、建て替え（新築）に着手した。

写真 3-10　中野こども病院 外観

▼インタビュー調査とこども元気会議

初めに設計コンペ（施工も含む）が行われた。選ばれたのは、「お子様とそのご家族が心身ともに安心して過ごせる病院づくり」と「病院スタッフの方々が効率的かつ快適に働ける環境づくり」をコンセプトとした大成建設の案であった。同社は、実施設計の事前調査として、T－PALET［注］と呼ぶインタビュー調査を、院長以下合計23名を被験者として実施した。そして、病院づくりのありかた、外部環境、医療環境、病院内動線、安全、病室内環境、生活支援、職員の施設環境など10分野について、把握された要望やその具体的内容を81項目に整理して病院側に報告した。

また、「こども元気会議」と名付けた同社と病院のメンバーとのミーティングを2011年3月から約2年間に15回開催して、施設の全体イメージから病棟計画の詳細、設備やインテリアまで意見交換を図り、院長はその検討結果について、「この病院に入院してよかったと思われること」を判断基準とし、設計に反映されていった。

▼子どもの気持ちを明るくさせる病院

子どもが病院を怖がらず、逆に行きたくなるような工夫が設計段階で各所に組み込まれた。病院に近づくと、まず目に入るのは大きなガラス窓で覆われた隅の2階と3階の空間。そこはプレイルームで、子どもたちが元気に遊べる場所。子どもたちが生きる喜びを感じられる空間を外部に表出して、病院が怖い場所から、楽しさを取り戻せる場所、行きたい場所へのイメージチェンジを

写真 3-11　プレイルーム内部

写真 3-12　光の塔

狙った設計解である。

また、エントランスから内部に入ると広いスペースの中央に3層吹き抜けの空間「光の塔」があり、従来の待合廊下のように壁で仕切る方式に代えて、自然光による明るい「待合ひろば」をつくった。

2階と3階も同じように、「光の塔」を広い「待合ひろば」が取り囲んでいる。ひろばにはカラフルなソファを置き、図書コーナーを設けて、子どもと保護者の会話やスキンシップ、読み聞かせなどを誘発する仕掛けとしている。安全性の確保のために、壁や家具は角のない丸みを帯びた仕様としている。この方式は、病院側にとっても、「常に患児を看守る」ことを容易にしている。

子どもの付き添いは保護者一人の場合だけでなく、他の家族とともに来ることも多い。ソファは内側を向けてお互いに顔を見ながら座れることや、子どもを小上がりで遊ばせたり、体調が辛い子は横になれたりと、思いのままに、安らげ、くつろげるような家具の配置とした。

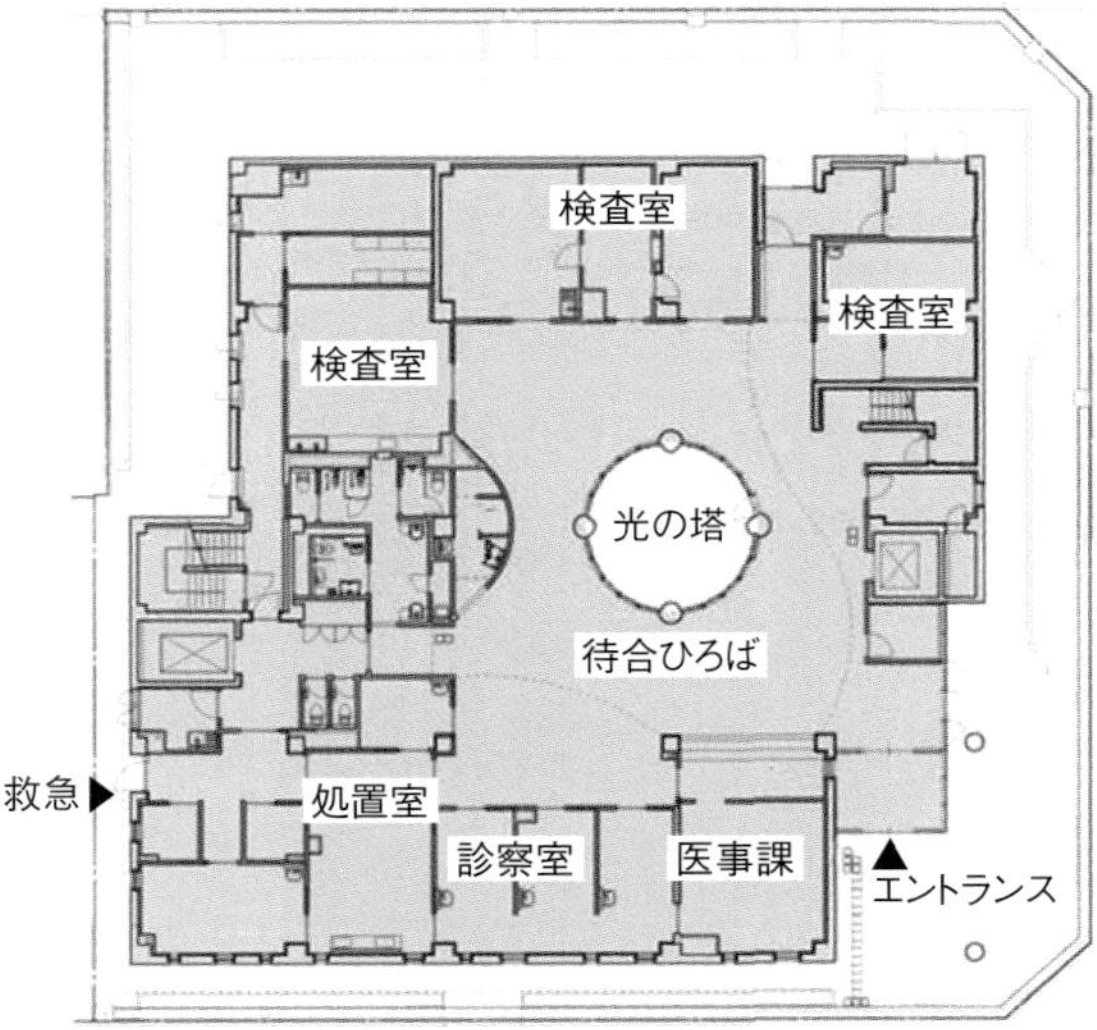

図 3-3　本館1階配置図（略図）

▼カラースキームとサイン計画

カラースキーム（色彩計画）のコンセプトは、中野こども病院の所在地「旭区新森」をヒントに、「新しい、森」とされた。そして基調色を、1階は地上で「木調」、2階は森のなかで葉の「緑」と木の「黄」、3階は森の上の空で「青」と太陽の「赤」とし、各種サインは、そこに棲む動物として、1階は「大きな動物」、2階は「小さな動物」、3階は「鳥」をモチーフとして作成された。

写真 3-13　1 階「待合ひろば」ソファ

写真 3-14　1 階 診療室

写真 3-15　「待合ひろば」図書コーナー

図 3-4　カラースキーム

図 3-5　検査室・診療室の展開図、病室の表札とフロアマップ

▼入りたくなる診察室・怖くない検査室

「待合ひろば」から見渡せる診察室や検査室の入り口の扉には、動物の前半身を隠した姿を描き、室内の壁には全身を描いて、子どもの好奇心と想像力を誘い、行く先を告げる際に、診療室とか部屋番号などの事務的な響きの表現でなく、「ゾウさんのお部屋に行ってください」と親しみが湧く工夫をしている。

検査室では子どもたちの気持ちを和らげるために、親近感や好奇心を感じさせる装飾を壁面に施している。また、部屋を暗くして検査を行うエコー室では、暗くなると発光する蓄光石のアートを壁面に取り付けた。

子どもたちのベッドを置く病室には、サイン計画の方針に基づいて動物の形をした表札を貼り、人型の札を掛ける方式を採用した。その札は退院時に名前を記入して子どもたちにプレゼントされる。

▼病院内の機能分担

現在の本館は、かつて病院があった敷地にあり、新館がある隣地は新たに入手したものである。建設に際して、医療行為が中断されることを避けるため、まず、隣地の新館を建設し（1期工事）、新館に旧病院の機能を移して仮病院として稼働させ、旧病院の建屋を解体して新病院本館を建設し（2期工事）、新館

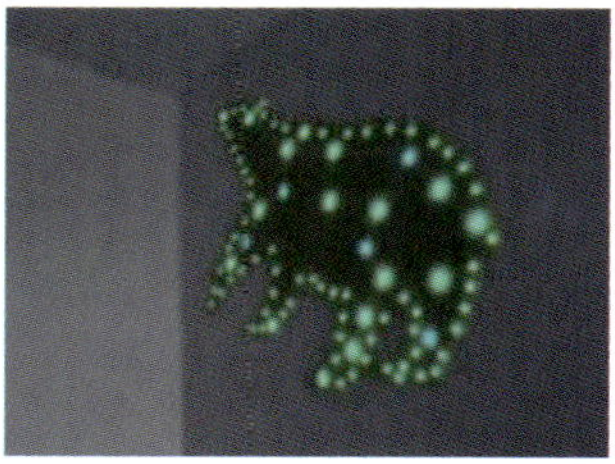
写真 3-16　蓄光石アート

図 3-6　エックス線室の壁面展開図

写真 3-17　病室の表札と名札

から病院機能を移し、仮病院の稼働を終えた新館の内部を改装・改修して、連絡通路でつないだ（3期工事）。

本館は病児の診察や検査、および病棟などの治療機能を受け持ち、新館は健児の予防注射など外来者用の機能を1階に、2階は管理部門など職員が利用する機能を分担し、屋外に出なくても移動できるように本館と新館を連絡通路でつないでいる。

▼この病院に入院してよかった

木野院長は、設計案を採用する際に、「この病院に入院してよかった」と思われることを判断基準とした。２０１５年10月に病院が実施した外来患者保護者３００名に対する患者満足度調査の結果では、「次も当院を受診されますか?」という設問に対して、「ぜひ受診したい」「受診したい」と答えた人が97％と非常に高い数値となっている。

▼見学を終えて

実際に病院内を歩いてみると、「光の塔」による明るさや、色彩計画・サイン計画による怖くない、楽しそうな空間がたいへん印象的であった。子どもが怖がりそうな病院の先入観を見事に変えていた。

筆者が予想していなかったことは、病院内の静けさや落ち着いた雰囲気、スタッフのみなさんの笑顔であった。

その大きな理由として院長は、耐震化整備補助を受ける際に病床数を9床減らしたこと、敷地を入手して病院面積が増えたことで、狭い、患者の人口密度の高い状態が改善され、スタッフ数も増員されて、野戦病院状態から脱却できたこと、少人数の病室が多くなり、遮音性も高くなったことを挙げた。

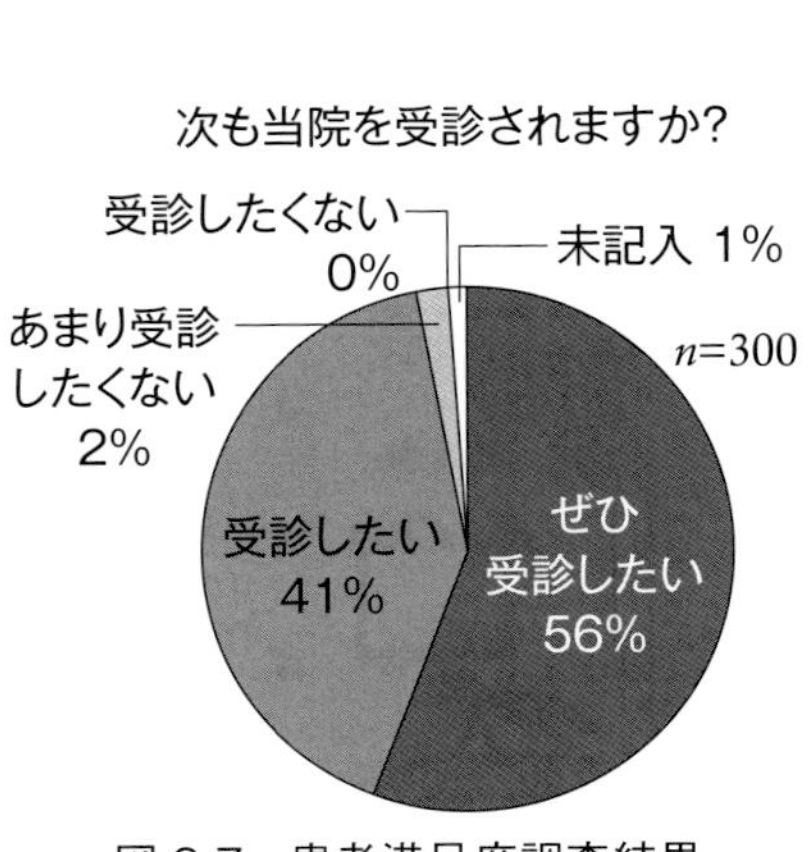

図 3-7　患者満足度調査結果

一方、看護部長は、職員の休憩室や食堂などバックヤードの面積や日照などの条件が良くなり、夜勤の人数も増えて、医療ニーズに応えられるようになったことを喜んでいた。スタッフのみなさんの笑顔はそれらの福利厚生面での水準の向上が背景にあると述べた。

設計面の工夫だけでなく、スタッフの落ち着いた対応や微笑みも、病児にとっては心地よい環境になっているのではないだろうか。

▼設計解の目的・効果と手段のネットワーク図

前の事例と同じように、個々の設計解に関して、その目的と手段を一対の情報として捉え、上位の目的・手段から下位の目的・手段に至るネットワーク図の作成を試みた。最上位の目的は、木野院長が設計案を採用する際の最終判断となった「この病院に入院してよかったと思われること」とした。なお、中野こども病院は、「子どものためならなんでもしよう」を創業の精神としている。設計解は、「的確な建築主・スタッフの要求把握」「他と違う病院」「くつろげる待合室」「変化と統一感、個性のある空間」の4グループに大別した。

「的確な建築主・スタッフの要求把握」は本事例の特筆されるべき部分で、病院の関係者に対するインタビュー調査で要求事項を体系的に把握し、設計の要求条件として位置付けたこと、「子ども元気会議」を通じて解決策を検討し、病院へのアプローチで外観が見えた瞬間に目に入る空中に浮かんだプレイルームの大胆な提案から、親子が向かい合って座れる待合ひろばのソファのような細やかな配慮まで、広範な設計解の実現に結びついた。これらは患者やスタッフの要求事項を包括的かつ体系的に把握し、整理したからこそ可能になったものである。

「他と違う病院」の設計解は、本病院の独自性を編み出し、「この病院に入院してよかったと思われること」の核心に触れる設計解、とくに胸をときめかせる設計解を多数つくり出すことに結びついている。一方、「くつろげる待合室」の設計解は、従来の運営のなかで重要と感じられた事項が主になっている。かわいいの3類型のなかでは、「他と違う病院」の設計解は「好感」系（見ていたい、触りたい、真似したい、会いたい・話したい、好き、他）の効果、「くつろげる待合室」

の設計解は「幸福感」系（和む・癒やされる、微笑ましい、幸せな気持ちになる、他）の効果を及ぼす設計解である。

そして、「変化と統一感、個性のある空間」は色彩計画に関する事項であるが、「他と違う病院」と「くつろげる待合室」に含まれる事項にも密接に関係している。

［注］ T-PALET：臨床心理学によるインタビュー手法である評価グリッド法を、大成建設独自の技術として改良した手法。被験者の真のニーズ（本音）を把握し、設計の際に考慮すべき要件として、体系的な整理結果が出力される。

計画諸元

所在地：大阪市旭区

建築主：社会医療法人真美会中野こども病院

設計：大成建設一級建築士事務所

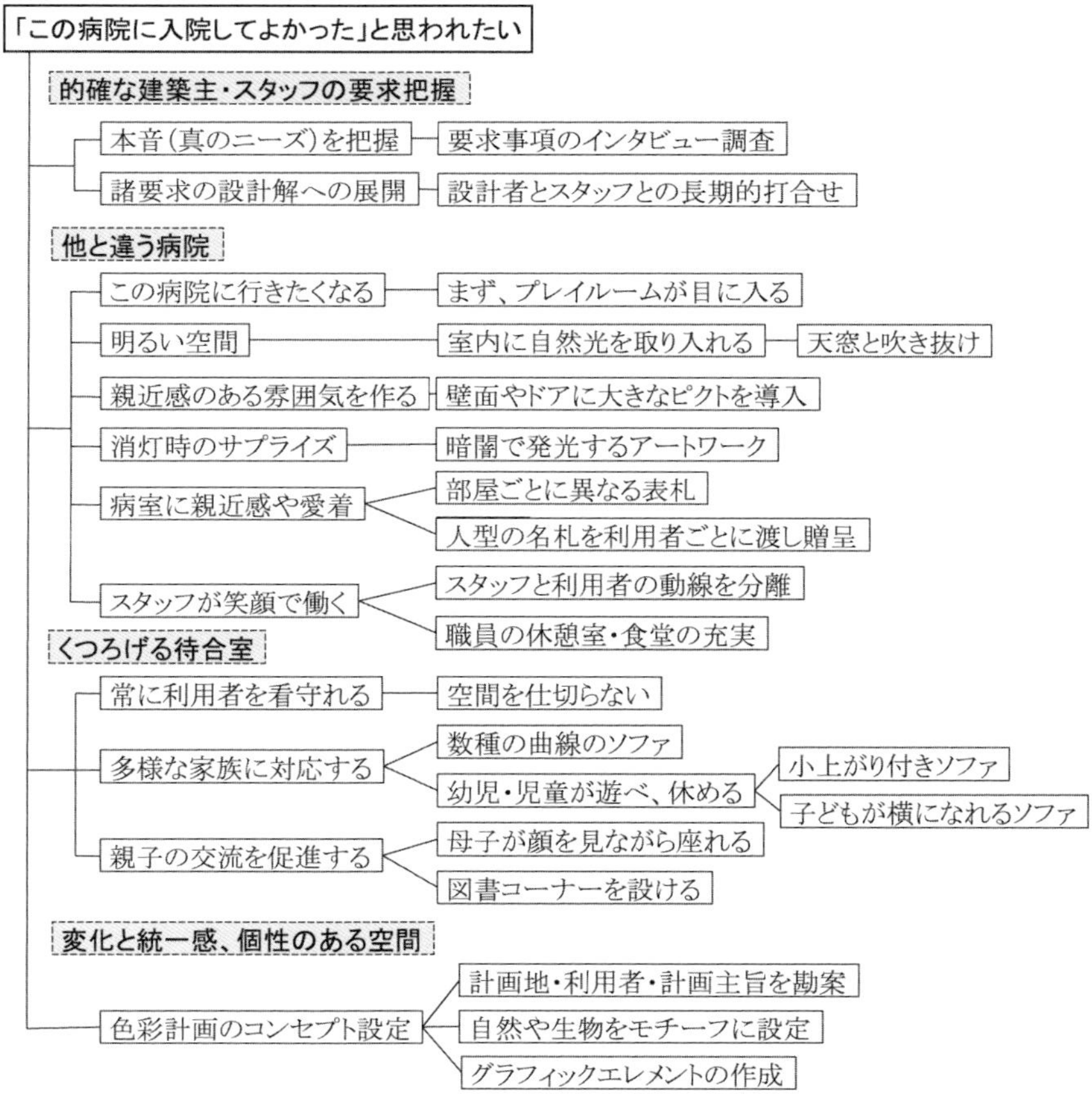

図 3-8　設計解の目的・効果と手段のネットワーク図

施工：大成建設
竣工：２０１５年６月
構造：鉄筋コンクリート造（本館・新館）
規模：地下１階、地上３階（本館・新館）
敷地面積：１２４２.84㎡（本館）／１０８７.97㎡（新館）
延床面積：２５１９.11㎡（本館）／２１６１.48㎡（新館）

受賞歴
第10回ファシリティマネジメント大賞　優秀ファシリティマネジメント賞　２０１６年
第６回かわいい感性デザイン賞　最優秀賞　日本感性工学会　２０１８年

２ 利用者を集める

◎巣鴨信用金庫志村支店

▼巣鴨信用金庫のホスピタリティ

巣鴨信用金庫は大正11年に地域の協同組織として創業された長い歴史を持つ金融機関である。２００９年以降、既存店舗の改築に際し、色彩感覚に優れたかわいい外観・内装の店舗を開設し続け、地域のランドマークとなり、人々の交流や児童の安全確保の拠点ともなっている。

近年のグローバル経済の進展は、地域型金融機関の存続を難しくしている。同金庫は、「ホスピタリティ溢れる店舗」に活路を求め、職員のホスピタリティの向上と店舗づくりに取り組んでいる。

店舗づくりでは、地域の人々が集える空間を提供する「コミュニティスペース」として、「1分1秒でも長く居たい、また来たいと思われる空間」を目指している。

具体的には、カラフルでデザイン性の高い外観、ロビーとカウンターを分離した「くつろげるレイアウト」、大きな窓による「開放的なロビー」など、従来の重厚で威圧感を感じさせるような空間とは大きく異なる店舗に改装している。

これらの一連の店舗は、フランス人女性建築家エマニュエル・ムホー氏が設計した。各支店のデザインコンセプトは、新座支店：カラフルなスクエア、常盤台支店：リーフ（葉っぱ）、江古田支店：レインボーシャワー、志村支店：虹のミルフィーユ、中青木支店：24色のメロディなどである。（写真3-18、19）。

▼虹のミルフィーユ（志村支店）

ムホー氏は志村支店について、「室内にも吹き抜けがあり、天井には綿毛をモチーフとしたデザインを実施した。空を眺めて自然を感じてほしい。

写真 3-18　巣鴨信用金庫志村支店（2011 年竣工）外観

そのために自然と見上げる数々の工夫をした。それらを見上げ、深呼吸して、ゆっくり休んでいただきたい。」と語っている。

ミルフィーユ（パイ生地を何層も重ねたフランス菓子）のように積み重ねた12層の屋根の下側はカラフルで、上層は寒色系、下層は暖色系の色が塗装されている。実際に建物に近づいてみると、このカラフルな屋根は、頭部を上に傾かせ、空を見上げさせる仕掛けであることがわかる。

志村支店の南西側を通る国道17号中山道側から見ると、街路樹や植栽の奥に位置していて、市街地景観との違和感はない。エントランスの中山道側は広場と駐車場で、広場には木製ベンチが置かれ、24時間開放されている。

エントランスから入ると左手にATMコーナーがある。壁やATMの機械にたくさんの綿毛のデザインが施されている。これはムホー氏によってデザインされたもの。ヨーロッパでは、タンポポの綿毛に願いを込めてそっと吹く習慣があるそうだ。

接客・業務空間であるカウンター側の天井にも綿毛のデザインが施されている。天井には最上階

新座支店（2009年竣工）

常盤台支店（2010年竣工）

江古田支店（2012年竣工）

中青木支店（2014年竣工）

写真3-19　巣鴨信用金庫かわいい信金シリーズ

の3階の天窓とつながる断面が楕円形の吹き抜けが3か所設けられている。この吹き抜けは2階では大きな斜めの光の柱のように見える。

ロビーのチェアはカラフルで、お年寄りが立ち上がりやすい高さに調整された。

そのチェアのわきにはキッズスペースと給茶機が設けられている。キッズスペースには巣鴨信用金庫の職員が自宅から持ち寄った玩具や絵本が活用されている。

▼評判

巣鴨信用金庫の広報担当者によると、改築された直後は、重厚感のある従来の店舗と比べ、違和感を感じるお客もいたが、しだいに居心地の良さを感じてもらえ、用事がなくても立ち寄ったり、店舗が憩いのスペースとして利用されており、外のベンチは待ち合わせ場所として活用している人も多いそうだ。

キッズスペースは、小さな子ども連れのお客に好評を博しており、地域の子どもたちも、学校帰りにランドセルを背負って訪れ、のどを潤したり、雨宿

外観（中山道側）

エントランス周辺

ATM コーナー

1階カウンター

写真 3-20　志村支店内外観

りをしたりと、子どもたちの安全地帯となっている。

従業員は、きれいな空間で仕事をすることでモチベーションが向上し、お客が喜ぶ様子に接すると、もっと喜んでもらえるにはどうしたらいいかと、好循環が生まれているそうだ。職員間の挨拶などコミュニケーションも向上し、笑顔で「行ってきます」「お帰りなさい」と、まるで家族のような温かい関係が生まれたとも聞いた。

巣鴨信用金庫の新しい店舗は「かわいさ」を目指して設計されたものではない。「一分一秒でも長く居たい、また来たい空間」を目指して設計されたのだが、それを見た多くの人々が「かわいい」と感じ、メディアにも「かわいい建築」として取り上げられた。そして、顧客の満足度はもちろん、職員のモチベーションや業績の向上など、素晴らしい、幅広い効果をもたらし、お堅く重厚という金融機関の店舗の固定概念を覆す大きな挑戦に成功している。

金融機関のみならず、多くの利用者に対応する公共施設、図書館や博物館など多くの社会教育施設の計画にも、学ぶところは多いのではないだろ

ロビー天井

吹き抜け（2階社員食堂）

1階ロビーのチェア

キッズスペース

写真 3-21　志村支店内観

うか。

▼設計解の目的・効果と手段のネットワーク図

最上位の目的は、「一分一秒でも長く居たい、また来たいと思われる空間」とした。本書で紹介した設計解を、「重厚で威圧的から軽快で親近感へ」「くつろげるレイアウト」「地域の交流の拠点となる」の3つのグループに分けた。かわいいの3類型との関連では、「重厚で威圧的から軽快で親近感へ」は「好感」系の効果、「くつろげるレイアウト」は「幸福感」系の効果、「地域の交流の拠点となる」は「幸福感」系と「好感」系の効果をもたらしている。

巣鴨信用金庫志村支店　計画諸元

所在地：東京都板橋区
建築主：巣鴨信用金庫
設計：エマニュエル・ムホー／エマニュエル・ムホー アーキテクチャー＋デザイン
竣工：２０１１年３月
敷地面積：７６３㎡　建築面積：３９９㎡　延床面積：７００.93㎡
構造階数：鉄骨造３階建て

受賞歴

International Architecture Awards（アメリカ）
常盤台支店　２０１１年／志村支店　２０１２年

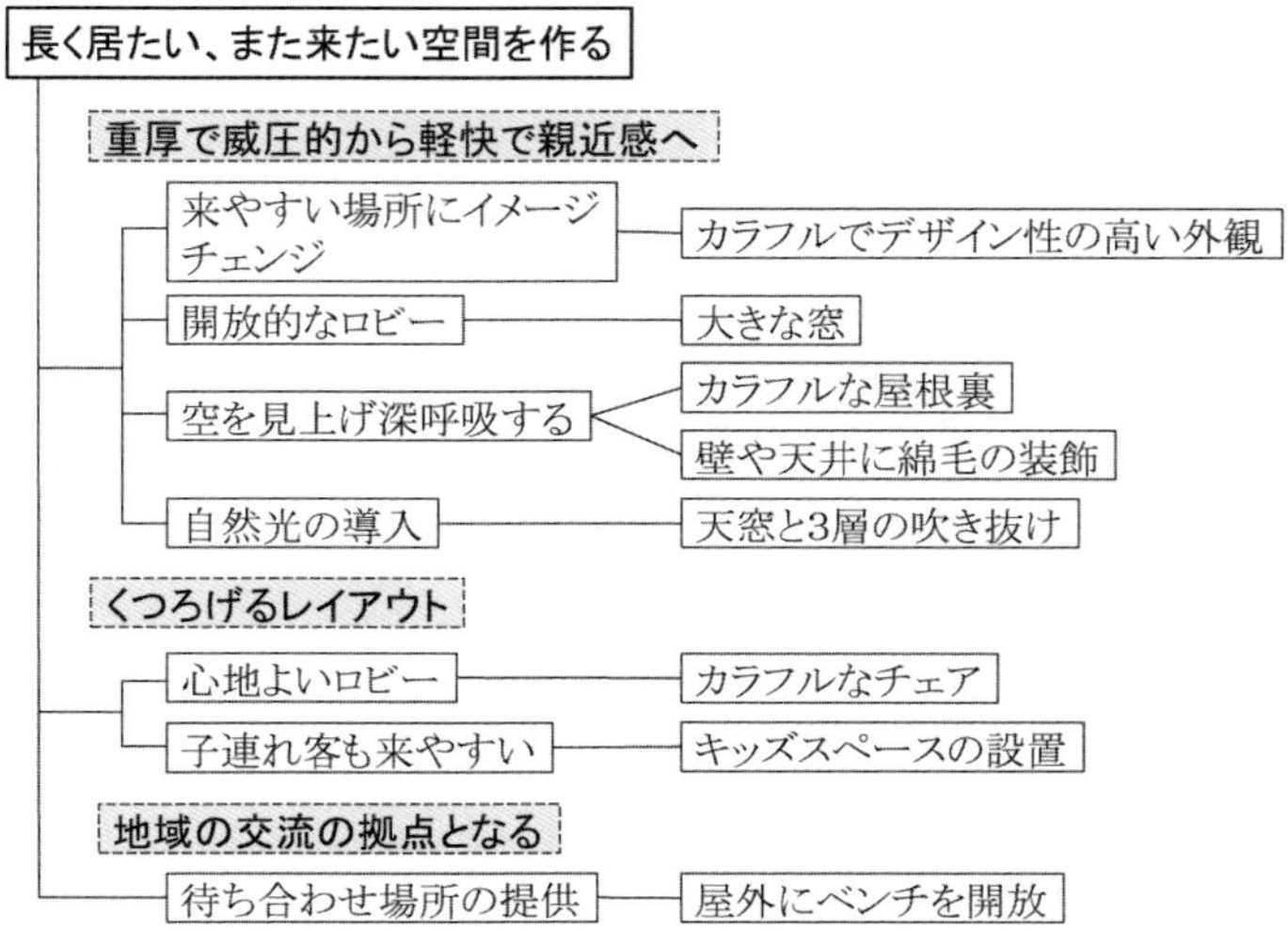

図 3-9　設計解の目的・効果と手段のネットワーク図

ICONIC AWARDS Architecture Best of Best（ドイツ）
　巣鴨信用金庫シリーズ　２０１３年
DEDALO MINOSSE INTERNATIONAL PRIZE Under 40（イタリア）
　巣鴨信用金庫シリーズ　２０１４年
第２回かわいい感性デザイン賞　最優秀賞　日本感性工学会
　かわいい信金シリーズ　２０１４年
他多数

コラム２

店舗作りはハードとソフトで

（「感性工学」２０１５年５月号より転載、著者肩書は発行当時）

巣鴨信用金庫　常務理事　伊藤芳之

この度は、当金庫の４つの営業店が、感性工学会より「かわいい感性デザイン賞」をいただくことが出来ました。あらためて心から感謝申し上げます。

大倉先生が審査講評で、「デザイン的に可愛いだけでなく、店舗の雰囲気がとても温かくて居心地が良い」とおっしゃっていただきました。店舗という「ハード」に温もりと輝きを与えるのは職員一人ひとりの心です。「ホスピタリティ溢れる店舗」を目指して職員が日々ホスピタリティの向上に努力してきただけに、私たちにとりまして大変嬉しく大きな励ましをいただきました。

昭和40年代の高度成長期に出店した店舗は、今建替えの時期を迎えています。かつて、金融機関の店舗というと、「信用と安全」を主張するかのように、重厚な石造りに堅牢な鉄格子やシャッターで身をまとい、中の様子はうかがい知ることも出来ないほど威風堂々とし威圧感さえも感じるような店舗が多く存在していました。高度成長期に入ると、特に信用金庫の店舗はお客様が気軽に足を運んでいただける身近な店舗づくりを目指し、大きなショーウィンドウに全面ガラスの自動ドアという明るいイメージを打ち出す店舗が主流となりました。

そしてこれからの店舗は、地域の「コミュニティスペース」として地域の方々が集える空間を提供していきたいと思っています。お客様が金融機関に求めるニーズで常に上位を占めていたのが、「早い事務処理」と「お待たせしない窓口」でした。このお客様の気持ちを一転、「せっかく来たのだからお茶でも飲みながら雑誌でも読んでゆっくりしていこう」と思っていただける空間にしていきたいと考えています。

都会の喧騒の中で、日々頑張っているお客様がほっとくつろげる場所が当金庫の店舗でありたいと思います。

金融機関店舗の既成概念を覆して好奇心を誘うカラフルでデザインチックな外観。従来の合理的な動線をあえて捨て、ロビーとカウンター（窓口）を分離することによって得られる「くつろげるレイアウト」。一枚ガラスの大きな窓を配し、ファミリーレストランのように中を見通せる「開放的なロビー」。これらによって、従来の店舗では望めなかったお客様のための空間、パブリックスペースを作り出すことができます。

袖看板や屋上看板がないということも特徴のひとつです。デザイン店舗に従来の看板は似合わないということもありますが、地域の金融機関としては広域への認知は必要としません。個性的なデザインで「地域の皆様に知っていただき、ランドマーク的な存在になれれば」という思いが込められています。これらの店舗で働く職員は、ゆとりのある職場環境にモチベーションが上がり、誇りをもって仕事に取り組んでいます。それが、お客様への心のこもったおもてなしにも繋がっていると感じています。

冒頭でも申し上げた通り、「金融ホスピタリティ」を目指している当金庫にとって、このようなデザイン店舗はハード面から〝ホスピタリティ〟を感じ取っていただくものです。その前提にはソフト面、すなわち職員一人ひとりのホスピタリティの向上が必要不可欠です。それがあればこそ、はじめてこのデザイン店舗が活きてきます。何よりも職員一人ひとりの思いやりのある対応、人としての優しい心根が大切と考えています。

これからも私たち巣鴨信用金庫は、「1秒でも長く居たい」そして、職員の温かさに触れて「また、来たい」と言っていただける店舗、用事が無くてもなんとなく入ってみたくなる店舗づくりを目指してまいります。

◉和歌山電鐵貴志川線

▼貴志川線

和歌山電鐵貴志川線は和歌山駅と貴志駅間14．3km を結ぶローカル線。沿線には日前宮（日前神宮・國懸神宮）、竈山神社、伊太祁曽神社の3つの神社があり、その「西国三社巡り」のために1916年に山東軽便鉄道として誕生した。

貴志川線の利用客数は、最も多かった1974年には360万人、その後、マイカーの普及や三社巡り客の減少に伴い、2002年度は199万人まで落ち込み、事業者の南海電鉄は5億円の赤字を計上して廃線を発表した。廃線に反対する沿線住民たちによって「貴志川線の未来をつくる会」が結成され、活動を始めた。そして、用地や施設は公共が負担し、運営は民間が行う「公設民営」の方式で再生することになり、鉄道用地は南海電鉄から和歌山市と紀の川市が購入し、公募を経て、2006年度から岡山の両備グループが運営することになった。

▼たま駅長の誕生

終点の貴志駅の隣にあった売店（小山商店）では、ミーコとその子猫のたま、ちびという3匹の猫を駅舎の脇に小屋を設けて飼っていたが、鉄道用地の所有権移転のため小屋を置けなくなった。困り果てた店主は、貴志川線の開業式が行われた2006年4月1日に、式を終えた一瞬を

写真 3-22　和歌山電鐵貴志川線たまミュージアム貴志駅

狙って和歌山電鐵小嶋光信社長に、駅舎に小屋を置かせてほしいと懇願した。小嶋社長は、たまと目が合った瞬間、たまの駅長姿が頭にひらめいたと述懐している。そして、小屋を置かせてもらう代わりに、たまが駅長を務めることになった[1]。

翌年１月、たまの駅長就任式が行われた。就任式の開催を知ったマスコミが取材に集まり、あるテレビ局のキャスターから、「猫の駅長がどんな駅長業務をするのでしょうか?」と質問された小嶋社長は咄嗟に、「たま駅長の仕事は客招きです。」と答えて、招き猫の仕草をした。そのシーンが全国に放映され、たま駅長は一躍有名になった。

▼利用客数の増加

貴志駅の利用客は、開業前は１日あたり約７００人だったが、たま駅長就任直後の２００７年１月に約17%増加し、その年のゴールデンウイーク期間中には前年同期比40%増収となった。

貴志川線全体の開業前の２００５年度の乗客数（輸送人員）は１９２・６万人であったが、２００６年度は２０４万人、２００７年度は２１１・８万人、２００８年度は２１９・２万人と、開業前に比べて26・6万人（13・8%）増加した。

貴志川線の収入の経緯をたどると、近年は、それまで皆無であったグッズ売上が増加しており、まさに、たま駅長は招き猫の役割を果たし、貴志川線の救世主となっている。

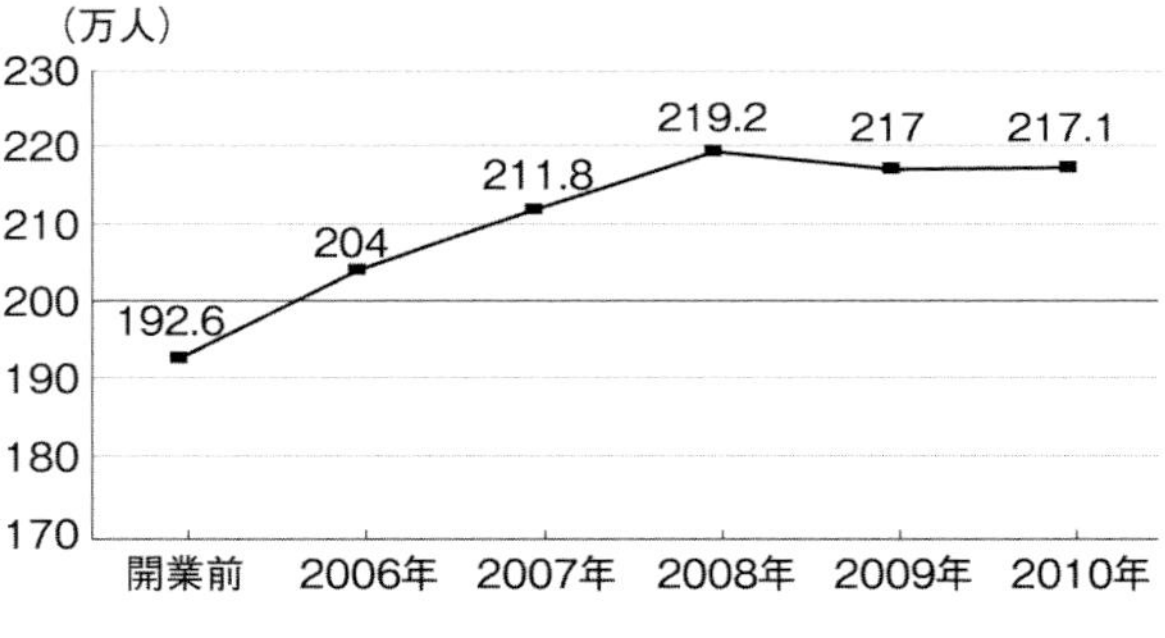

図 3-10　貴志川線の輸送人員の推移

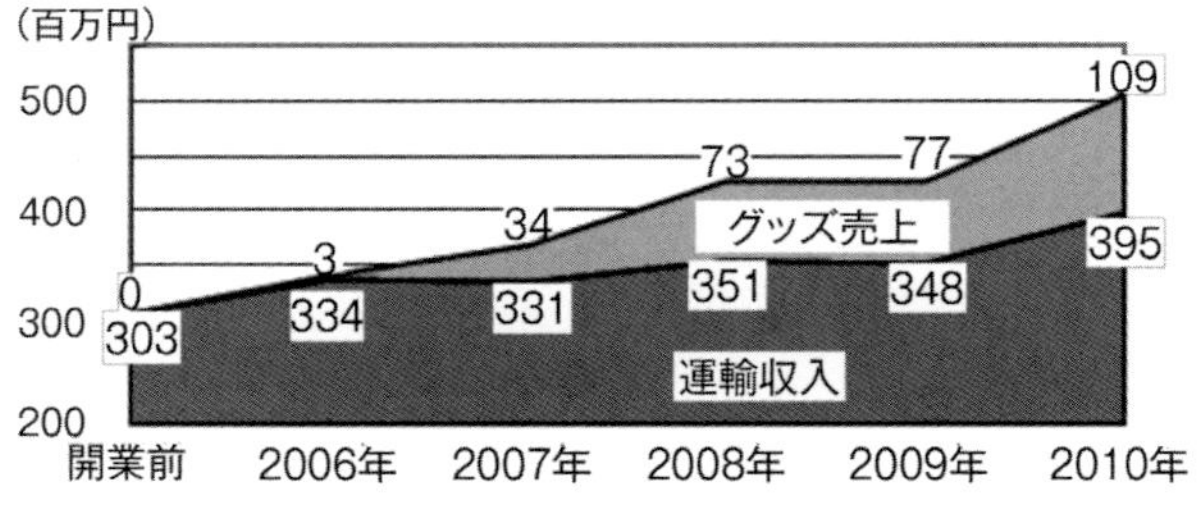

図 3-11　貴志川線の収入の推移

▼改築された貴志駅

貴志駅は増加した利用客のために２０１０年に改築された。デザインを担当したのは水戸岡鋭治氏であった。屋根は紀州材の檜皮葺で、猫耳が付いている。内部には、ホームと出入口を結ぶ通路に面して「駅長室」、その両脇に売店「小山商店」と、「たまカフェ」がある待合室がある。駅長室は、出札窓口の跡を利用したものである。また、ホームには、「いちご神社」「おもちゃ神社」「ねこ神社」の３社が設けられた。

水戸岡氏は、和歌山電鐵の社員の制服、駅長室、グッズなどもデザインしている。

▼利用客

筆者は２０１４年6月に貴志駅を訪問した。和歌山駅で乗車した車両に乗客はまばらだったが、伊太祈曽駅で大勢の団体客が乗り込み、座席は6～7割が埋まった。その団体客は、東南アジアもしくは中国系の人たちと見受けられた。乳児や幼児を連れている人、若いカップルも含まれていて、まるで近郊までちょっと家族旅行に出かけるような雰囲気だった。

貴志駅に到着し、ホームから階段を下りると、右手にガラス張りの駅長室がある。団体客が押し寄せて内部はよく見えなかったが、たま駅長は昼寝中であった。

駅舎内の待合室は、ホーム側の壁に陳列棚を置き、たま駅長の辞令、スーパー駅長の辞令などが飾られている。その脇に「たまカフェ」のカウンターが置かれ、特産の果物のジュースやジェラート、たま駅長をモチーフとしたケーキなどを販売している。カウンターの反対側の壁には、たま駅長の絵が飾られている。椅子は、猫耳や猫足のついたものやベンチなど、木製の特注品であった。

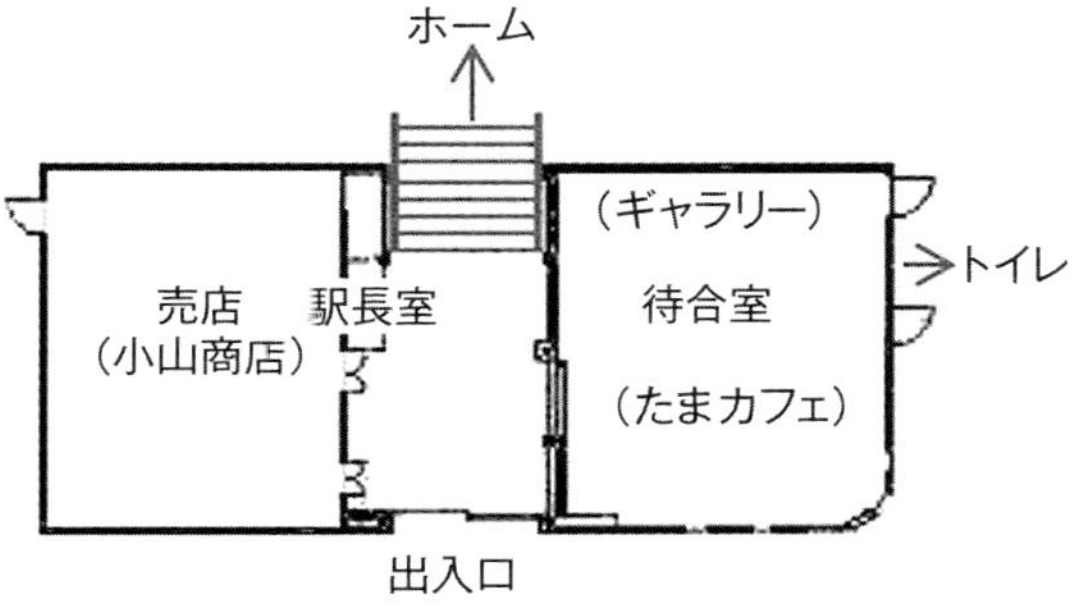

図 3-12　たまミュージアム貴志駅略図

売店には、数多くの土産物が並べられている。最も売れるのは、缶入りのドロップだそうだ。売店に居た小山さんから話を聞いた。いま来ているのは台湾の団体で、今日は3組目。台湾の人は猫好きが多いそうだ。午後にも2組来る予定で、昨年、台湾や香港から来た訪問者は2万人を超えたそうである。貴志駅には大型バスを停める駐車場がないため、伊太祈曽駅近くの駐車場に観光バスを停め、「いちご電車」や「たま電車」[注]などに乗り、また引き返すという。台湾からの団体客は前年の秋から増えたそうで、台湾の2大旅行雑誌にたま駅長が紹介されたためらしい。そして、たま駅長を見た後は、バスで白浜町アドベンチャーワールドのパンダ見物に向かうそうだ。

駅舎の外に出ると、乗務員の帽子や制服が置いてあり、それを着用して記念撮影をしている人たちが居た。

写真 3-23　昼寝中のたま駅長

写真 3-24　たま駅長を見る利用客

写真 3-25　たま駅長を見るための行列

写真 3-26　いちご電車

写真 3-27　いちご電車内部

写真 3-28　待合室（ホーム側）

写真 3-29　待合室壁面

写真 3-30　売店

写真 3-31　制服制帽で記念撮影

▼利用者像

では、国内から訪れる客はどのような人たちなのだろうか。西松宏著『猫のたま駅長』では、売店の小山さんから、訪問客の様子を聞いている[1]。

「本物のたまちゃんに会えば、元気をもらえるかなと思った若い女性」「奥さんへの誕生日プレゼントとして、たまに会いに来た夫婦」「先日死んでしまった飼い猫がたまにとてもよく似ていたと、うれしそうにたまの頭をなでた女性」「近くの老人ホームから、介護員に付き添われた車いすに乗ったお年寄り」など、さまざまな例が挙げられた。それ以外にも、大学受験生、ひきこもりの高校生の息子を連れてきた母親、目の不自由な人、がん患者なども来て、たまと触れ合った人のほとんどは、満たされたような、やさしい笑顔を浮かべ、帰っていくそうだ。老人ホームから来たお年寄りは、小山さんが、たまを膝の上に乗せてあげると、それまで無表情だった顔が急にほころび、介護員さんにも長らく見せたことのない微笑みを浮かべながら、ゆっくりとたまの体をなでたそうだ。

たま駅長の出勤日は火・水・木・金曜日で、日曜日には「着ぐるみたま」が出迎える。伊太祈曽駅には、ニタマ駅長が居る。この猫は、岡山市内で保護され、駅長見習いに抜擢された。ニタマという名前は「たまに似た2番目の駅長猫」という意味で、たまが貴志駅の出勤日でない日は「貴志駅長代理」も務める。伊太祈曽駅にも猫用駅長室がある。

▼貴志川線の成功要因

小嶋社長は著書で貴志川線の成功要因を3項目挙げている。それは、①住民、県と2市の応援・支援、年間80ものイベントが開催されている、②いちご電車、おもちゃ電車など魅力ある車両の投入、③たま駅長の存在、である[2]。

たま駅長は、就任1年後に「スーパー駅長」に昇格、さらに２０１０年には執行役員への昇進が決まり、貴志駅で就任式が開かれた。２０１１年1月には常務執行役員に昇進し、２０１３年の駅長就任6周年記念式典で、和歌山電鐵ナンバー2の社長代理に出世した。ほぼ毎年のように昇進させているのは、実績もさることながら、集客のための話題づくりだったのではないだろうか。

私鉄経営にとって、利用客の創造は経営の根幹を支える重要課題である。阪急電鉄の創業者小林一三（１８７３～１９５７年）が動物園や温泉、宝塚少女歌劇団、沿線の住宅地開発、百貨店などを始めた例が知られているが、公設民営のため新規投資ができない和歌山電鐵には、それはできない方策であった。

海外から団体客が押し寄せる経済のグローバル化と、インターネットなどの進展による情報発信も、たま駅長の成功に貢献しているであろう。

▼たま神社

すでに高齢だったたまは、２０１５年６月に急性心不全で亡くなった。和歌山電鐵による社葬が貴志駅構内で営まれ、貴志駅に鎮座する神社の一つが「たま神社」と命名され、「たま」の銅像２体が設置された。また、同年８月にはニタマが「たま２世駅長」を襲名することが発表された。

「西国三社巡り」から始まった貴志川線を救った「たま駅長」は現代の神様で、貴志駅はその神殿なのかもしれない。

▼設計解の目的・効果と手段のネットワーク図

ネットワーク図の最上位の目的は、たまの駅長就任式で小嶋社長が答えた「客招き」とした。設計解は、「駅に来る価値を作る」「グッズ

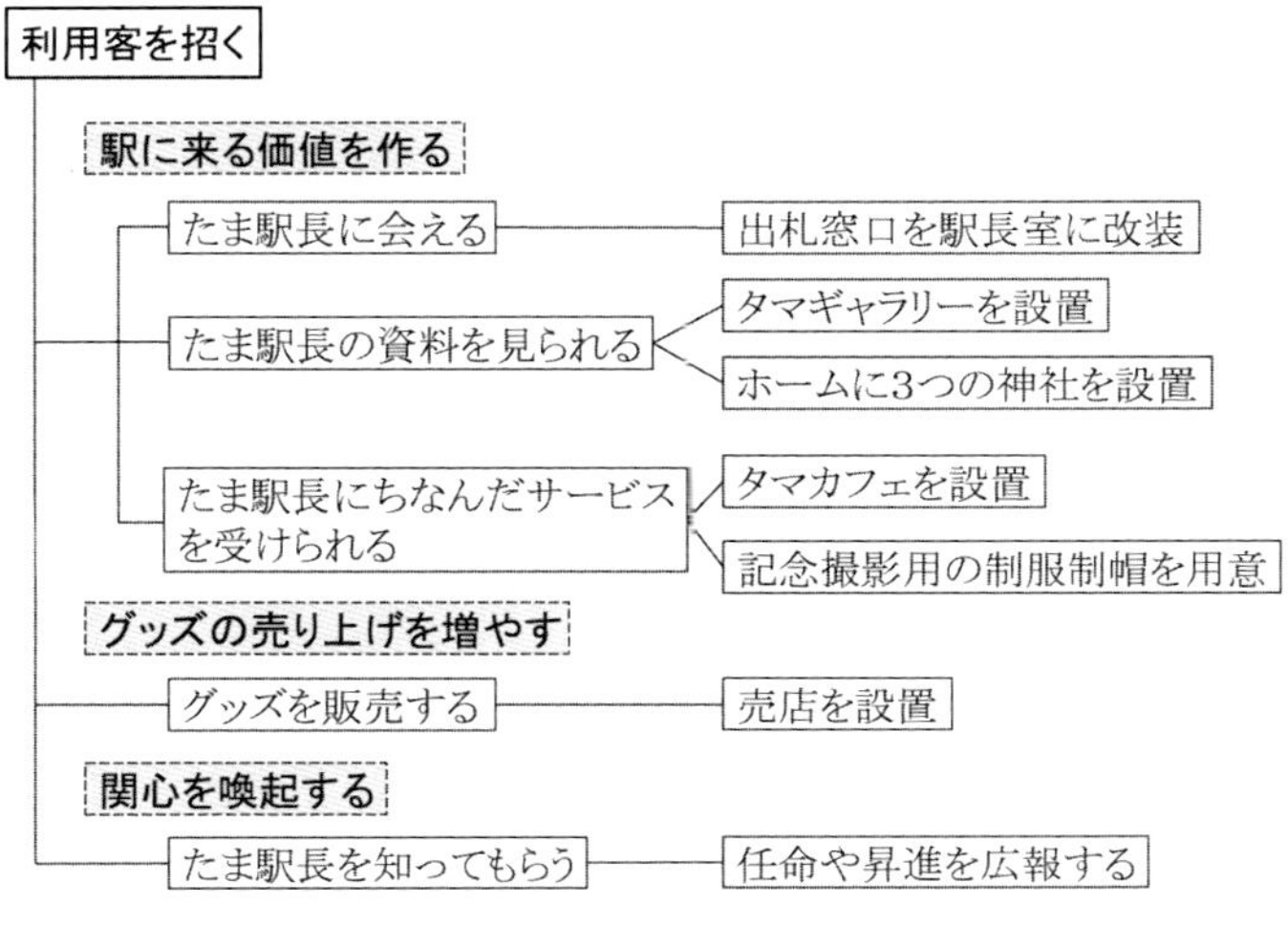

図 3-13　設計解の目的・効果と手段のネットワーク図

の売り上げを増やす」「関心を喚起する」の3グループに分けた。「関心を喚起する」は設計解ではないが、最上位の目的を達成するためには重要度の高い手段と考えられるので、敢えて示した。

「駅に来る価値を作る」は「好感」系（見ていたい、触りたい、真似したい、会いたい・話したい、好き、他）の効果をもたらす手段である。

［注］いちご電車・たま電車：いちご電車は、貴志駅周辺の特産品であるイチゴをモチーフにした、真っ白なボディーに赤いドアやロゴマークがアクセントの電車。たま電車も白いボディーにたくさんの猫のイラストが描かれ、社内には多数の猫がいる。両車両とも内部は木材が多く使われており、いずれも水戸岡鋭治氏がデザインを担当。

参考文献

［1］西松宏『猫のたま駅長』ハート出版　2009年

［2］小嶋光信『日本一のローカル線をつくる たま駅長に学ぶ公共交通再生』学芸出版社　2012年

和歌山電鐵貴志川線貴志駅　計画諸元

所在地：和歌山県紀の川市
建築主：和歌山電鐵
設計：水戸岡鋭治・ドーンデザイン研究所
施工：南海辰村建設
改築：2010年8月
構造：木造・檜皮葺　1階

◉東進衛星予備校神戸岡本校

神戸市に「かわいい」をキーコンセプトとして設計された予備校が2014年に誕生した。なぜ、「かわいい」をキーコンセプトにしたのか。どのような空間が設計されたのか。その東進衛星予備校神戸岡本校の設計を担当した松本哲哉氏（マツヤアートワークス 設計部長）にインタビューし、施設を見学した。

まずインタビューの概要を紹介する。

松本哲哉氏　略歴
1976年生まれ
1999年　大阪芸術大学建築学科卒
2001年　大阪芸術大学大学院デザイン研究科修了、大阪芸術大学大学院研究員、マツヤアートワークス一級建築士事務所勤務
2006年　同社設計部長
2016年　インテリアデザイナー世界ランキング35位（イタリアDAC認定）

▼なぜ、「かわいい」をキーコンセプトにしたのか？

Q：東進衛星予備校神戸岡本校の計画では、なぜ「かわいい」というコンセプトが取り上げられたのですか。

松本（以下、Mと略）：我々は商業施設専門の設計事務所です。商業施設では、クライアントにしてみれば、建築としての存在意義よりも、ビジネスツールとしての存在意義の

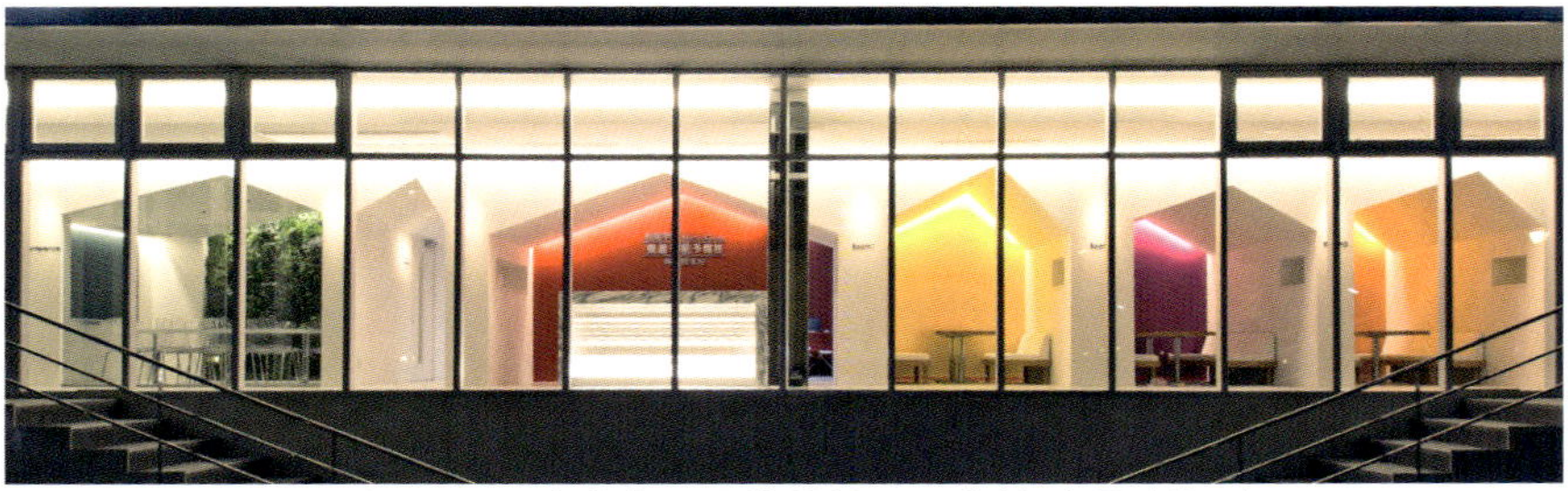

写真 3-32　東進衛星予備校神戸岡本校 夜景（北面）

ほうが強いわけです。我々は、ビジネスツールとしてどう機能させるか、どうやって投資に見合う利益を還元させるのかというところをいちばん大事にして設計を進めます。

東進衛星予備校はフランチャイズ方式（親企業が加盟店に商号・商標の使用権、自己の開発した商品やサービスを提供する権利を提供する方式）の予備校でして、各地でフランチャイズ契約を結んで校舎をつくります。昨今、少子化の流れのなかで、生徒の争奪戦がものすごくシビアになっており、どういうところでアドバンテージ（優位性）をとって生徒を獲得するかということをクライアントと考えていくことになりますが、今回の計画地は女子校が密集している地域で、敷地の前面道路が商店街とつながっていて、そこが通学路になっています。普段、女子高生が歩いている場所で、彼女たちが外から見て、「ああここの予備校に行きたい」と思わさないといけない。日本の女子高生が好きなキーワードは「かわいい」だ。それをコンセプトにしようという結論に達しました。

Q：設計事務所サイドから提案されたのですか？

M：このクライアントさんとは、これまで10校以上お付き合いさせていただいています。その流れのなかで、結構、任せていただけるような状態にありました。今度ここに出店予定があるということを伺うと、周囲にどういう高校があるのかとか、いろんなことをヒアリングした上で、デザインは毎回自分たちで考え、プレゼンテーションしてきました。

Q：すでにクライアントと信頼関係が醸成されていたのですね。

M：この校舎までは、どちらかと言うと男性的なイメージのものが多かったのです。一般的には予備校は男子生徒のほうが多いのですが、今回のように女子校の密集地域というのは特殊例と言えます。

▼どのような空間が設計されたのか？

Q：では、「かわいい」というコンセプトがどのように設計に反映されたのですか？

M：衛星予備校というのは、どこの校舎でも通信衛星を使って流される授業を、ヘッドホンをつけて、画面で見るんです。

どこの校舎に行っても同じ授業、受けるサービスは変わりません。ですから、校舎の面白さとか、何かしらアドバンテージで引っ張ってこないといけないわけなんです。

この予備校の敷地は、前が商店街で大きなガラス張りの建物があったんですね。神戸の岡本というのは女子校の密集地域でして、女子高生が通学にいきあう道路に面していました。

女子高生に受け入れられやすいデザインを意識しなければいけないということから、キーワードをかわいいに設定しました。で、かわいいということを空間にどのように変換するかということですが、かわいい空間、かわいい建物を考えると、絵本のなかに出てくるのは三角屋根ですね。ドールハウス（人形の家）でも最近の四角い形でなくて三角屋根ですね。

私はここ姫路市で育ちました。姫路市のシンボルと言えば姫路城ですが、真っ白い壁がたくさんあります。その白壁には丸型、四角型のくりぬいたような穴がたくさん開いています。「狭間《さま》」というものです。鉄砲を構えたりとか、戦のためにつくられた仕掛けですが、かわいらしいというか、特徴的なデザインで、シンプルな美しさを持っています。４００年以上前につくられた建物ですが、機能と美しさが見事にマッチしています。これをモチーフとしました。

自分がこの空間に包まれたときにどうなるんだろう、入ってみたらどうかなと考え、この五角形のシェイプをつくり出すことで、絵本のなか、おとぎ話の世界と実社会の接点をつくりたいと考えました。

神戸岡本校の入口を入ると、前面道路に並行して通路があり、左端に会議室、次に受付があって、ここに３つのカラフルなブースが並んでいます。この３つのブースは、生徒が休憩に使ったり、新しいお客さんに説明して、クロージング（契約を結ぶ行為）に使う空間ですね。ブースは、４人用、４人用、６人用とあります。その通路につながる廊下の先も同じシェイプでくり抜かれています。

Q：そのブースは頻繁に使われる場所なのですか？

M：そうです。結構、頻繁に使われますね。クロージングに使われるところですから、ビジネス的には、ここがいちばん大事なんですね。生徒さんと親御さんが来て、予備校側がプレゼンテーションをして、そこで、ここに来たいと思わせるための空間なんです。

Q：この建物の配色はどのように構成されたのですか？

M：配色に関しては、バランスをとるため、まず12色相環からひとつとばしに、赤・黄・緑・水色・青・ピンクの6色を選択しました。しかし、水色とピンクが周囲の白とのコントラストが弱かったため、オレンジと紫に変更し、現在の6色を決めました。また、緑は壁面の人工植栽に置き換えました。

Q：クライアントや予備校生などの反応はいかがでしたか？

M：生徒さんの反応というのは僕は聞いていないですね。クライアントの社長には、狙いどおりの結果になったとご満足いただいています。

▼不完全だからかわいい

Q：「かわいい」ということに関して難しい問題はありましたか？

M：難しいという問題ではないのですが、先ほどのブースの五角形のシェイプは、すべてきれいな五角形ではなくて、わざとゆがめています。中心もずれているし、頂点の高さも変えています。少しずつ崩しています。

「かわいい」という言葉を考えたときに、日本語の「かわいい」という言葉は、キュートとかプリティではなくて、赤ちゃんにも、老人に対しても使うことがある、しかも、どちらかというと醜いとか気持ち悪いものにもかわいいという表現を敢えて使ったりする。おそらく、「かわいい」という言葉自体が日本人の心のなかにある不完全なものに対するいつくしみの心であるとか、そういうものから喚起されてくる感情なんだろうと思います。ビューティフル寄りの美しさに対す

写真 3-33　3つのブース

る表現ではなく、不完全なものへの愛というか、その辺がおそらく含まれた言葉なんだろうなと分析をしたわけなんですね。
　それで、完全な美しさを敢えて見せない、不完全であることで「かわいい」という気持ちを喚起できるのではないかと考えて、崩しているんですね。そこが我々がこだわった部分というか、限られた空間のなかでどう崩したらいいのか、微調整に苦心しました。

▼商業施設と「かわいい」

Q：商業施設の設計がご専門の方にお聞きしたいのですが、「かわいい」というコンセプトは、他の用途の建物にも広がっていくでしょうか？

M：それはもちろん用途によってはありうると思います。商業施設であれば何を対象としているかによって変わります。女性が顧客のビジネスはそうなってくるでしょうし、さらに、最近、男性も女性化しているようですから、そういう意味でも受け入れられやすくなっていくのかもしれませんけど。

Q：どうもありがとうございました。

▼インタビューを終えて

　インタビューの後で、実際にこの予備校を見学した。阪急電鉄岡本駅の周辺は、若者向けの飲食店や雑貨店が多い。なかでも、ケーキやチョコレートの洋菓子店が多く、メルヘンチックな外観や色彩を取り入れたものも少なくない。東進衛星予備校神戸岡本校は、駅から徒歩5分ほどの位置にあり、北側に面した道路は駅からの通学路で、南側は幹線道路、西側は河川に接している。南側の幹線道路は、北側の通学路とは約半層分低く、予備校は2階部分にテナントとして入っている。そのレベル差のため、カラフルなブースは少し離れた位置からのほうがよく見える。また、夜景のほうがきれいに見えると思われる。

教室のなかで最も面積が広い衛星授業用教室は、生徒一人一人の席が白い間仕切りで区切られ、約16人が並ぶ列が6列設けられている。生徒は各ブースで、タブレット端末を使用する。一般教室はテーブルと椅子だけが配置されたシンプルな教室である。

通路に面したカラフルなブースでは、一人の生徒がノートパソコンに向き合っていた。配色がモノトーンに近い教室と比べると、温かなくつろげる雰囲気の空間であった。

さて、「かわいい」が設計のキーコンセプトとなったのは、周辺に女子高校が多いという地域的特性、敷地が女子高生の

写真 3-34　東進衛星予備校神戸岡本校外観

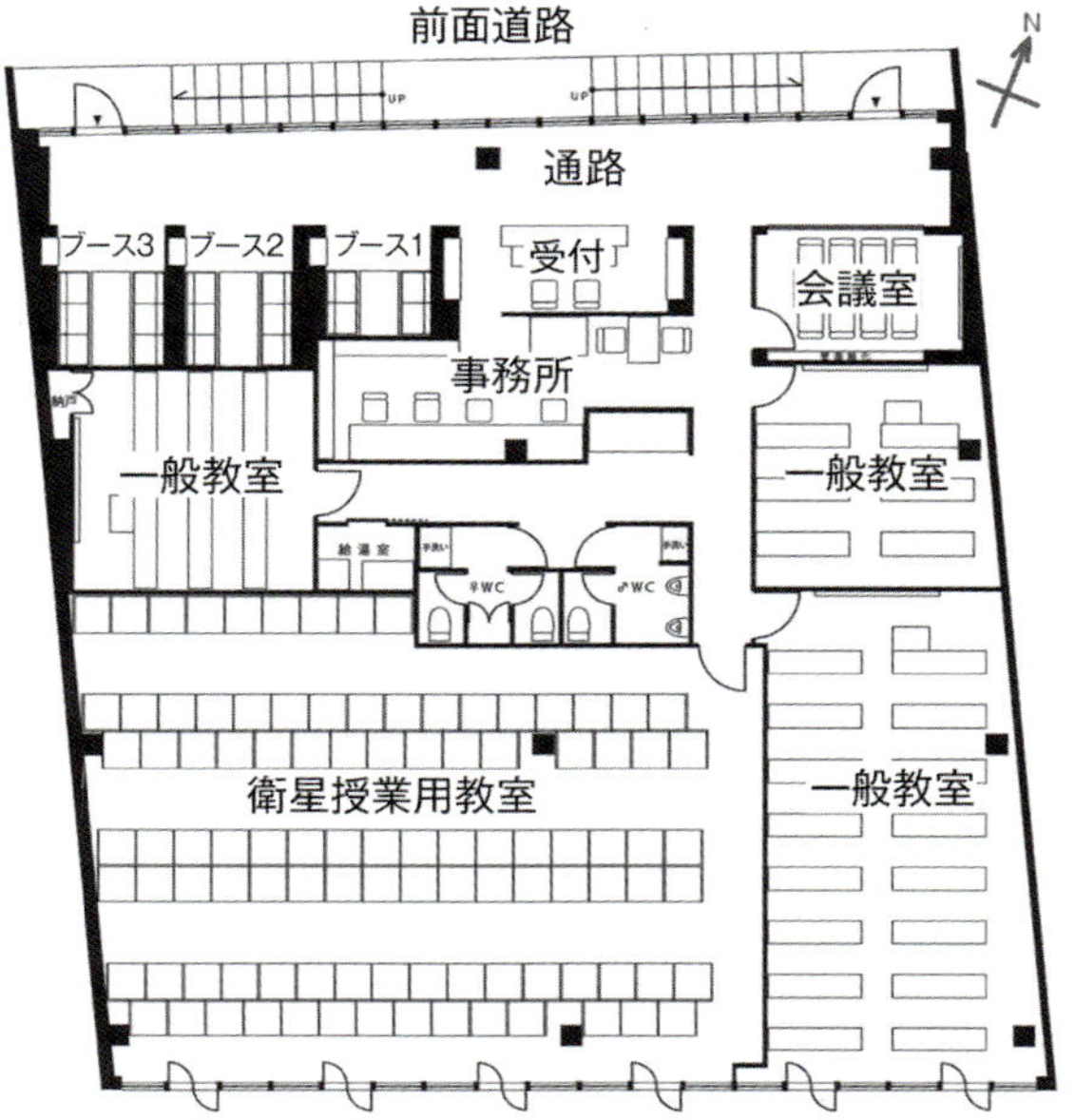

写真 3-14　東進衛星予備校神戸岡本校平面図

通学路に面しているという敷地条件、何か特色を出さねばならないという衛星予備校という用途などの条件が重なったためだった。

その結果、歩行者にも訴求力のあるかわいい形態として、松本氏は姫路城の狭間をモチーフとした。何をモチーフとするかはさまざまな選択があろう。そして、配色計画も設計のなかで優先度が高い項目として扱われた。それは、「かわいい」ものをつくるうえでは、共通的な事項であろう。

写真 3-35　衛星授業用教室

写真 3-36　一般教室

写真 3-37　教室への廊下

▼設計解の目的・効果と手段のネットワーク図

ネットワーク図の最上位の目的は、「女子高生に行きたいと思われる」とした。その目的のために「かわいい予備校」をつくることが設計の主題となり、最大の訴求要素として、形態がかわいいブースが発想された。この主題は、「好感」系の目的や効果と関連が深い。

なお、本事例には他にもさまざまなオリジナリティあふれる創作が込められているが、本書の主旨に鑑み省略した。

参考資料

[1] "INSIDE world festival of interiors (UK) 2014" shortlist presentation
https://www.youtube.com/watch?v=6WNBN2316tA

[2] マツヤアートワークス：http://matsuya-art-works.co.jp/

松尾学院 東進衛星予備校 神戸岡本校　計画諸元

所在地：兵庫県神戸市
建築主：松尾学院
設計：マツヤアートワークス一級建築事務所
業種：予備校
工事種別：内装工事
工期：約1か月半
延べ床面積：342.00㎡

受賞歴

イタリアA′デザインアワード金賞　2016年
他13の国際デザイン賞

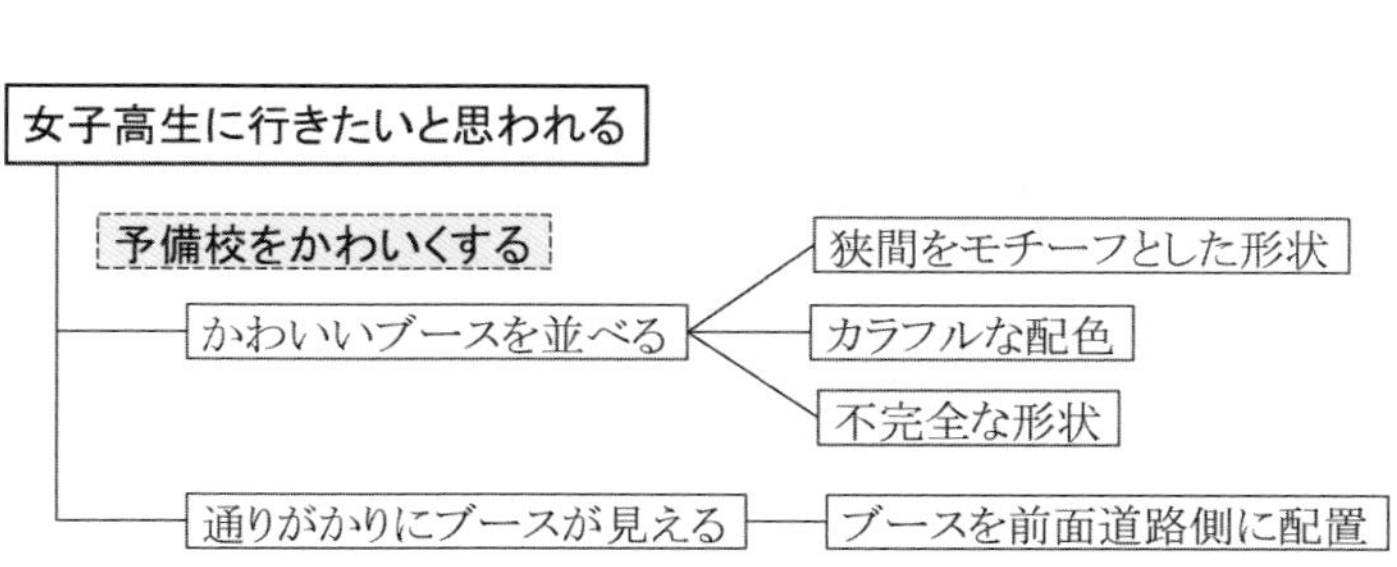

図 3-15　設計解の目的・効果と手段のネットワーク図

3 都市を楽しく

◉ヘルシンキのカメ

筆者は２０１１年にフィンランドのヘルシンキ市都市計画局の協力を得て、市内ヴィーッキ地区のエコロジカルな実験住宅プロジェクトの現地調査をしたのだが、その際、緑地にコンクリート製のカメのオブジェがあることに気付いた。また、旅行客が大勢訪れる観光拠点のマーケット広場にも同じオブジェが置かれていたので、都市計画局に尋ねたら、公園設計や管理業務を委託している企業の造園家が提案し、都市計画局でプロジェクトとして認めたものであるという返事が返ってきた。

　市の観光局のホームページで、その企業はスターラ社であることが確認できた。スターラ社は１８７８年に都市計画局の業務を受託することで創業した長い歴史を持ち、現在の社員数は１５００名、ヘルシンキ市内の道路や公園、他の公共事業の建設（設計・施工）や維持管理業務、輸送や高度な専門技術のサービスを

写真 3-38　ヴィーッキ実験住宅団地

写真 3-39　ハカニエミ市場広場

写真 3-40　マーケット広場

写真 3-41　マーケット広場

行っている。カメの発案者は、造園家ユッカ・トイヴォネン氏で、彼はカメのブロックのほうが都市景観を面白くすると考え、また、遊び場にも容易に使えるものを望んだ。カメを選んだのは、動きがのろい動物なので自動車の運転者に速度を落とさせるにはぴったりで、姿も愛らしく、また、積み重ねるにも適した形であり、容易に動かせないなどの長所があると紹介されていた。

▼ユッカ・トイヴォネン氏

筆者は翌々年にもヘルシンキを訪れる機会があり、トイヴォネン氏に会って、話を聞いた。

待ち合わせ場所としたコンクリートのカメが多く置かれているハカニエミ市場広場に、コンクリートのカメの模型を持って現れたトイヴォネン氏は、屋外の活動が多い造園家らしく日焼けした、たくましい体躯のエネルギッシュさを感じさせる人物だった。

写真 3-42　ユッカ・トイヴォネン氏

▼トイヴォネン氏の発想と結果

Q：簡単に経歴を紹介してください。

トイヴォネン氏（以下、Tと略）：私は１９７０年代にヘルシンキ市で、ランドスケープガーデナー（景観造園家）として働きはじめ、監督の役割で市内のさまざまな公園の改善計画に携わっていました。

１９９０年に、公園や庭園のために主に木材でつくられたさまざまな種類の構造物をデザインし、制作する役割を担うワークショップを始めました。これには、遊具、装飾的なモニュメント、コンクリートのカメのような交通を制御するための実用的なオブジェクトが含まれていました。私は新しい公園の計画にも携わっていました。たとえば、ロイフブオリ地区で日本庭園風の公園を設計しました。

１９９０年代後半以来、私はナチュラルガーデナー（自然造園家）として働いています。私は自然環境の損失を相殺するために、環境が変化したり破壊されたりした都市部で自然生息地をつくり出す責任があると考えています。

Q：では、いつ頃、なぜ、カメがつくられたのですか？

T：カメがつくられたのは１９９０年から２００８年の間です。それまで使われていたベトニポルサスと呼ばれる美しくなく退屈な交通整理用のコンクリートブロックに、少し味わいと楽しみを付加するためでした。

カメを選んだのは、かわいく、ゆっくり動くので、自動車のスピードを遅くさせることに対して適切と思われたからです。カメの形は低く、広いので、製造と貯蔵の際に非常に堅実で、安定性が良く、たいへん実用的でもありました。カメは型枠にコンクリートを充填してつくるので、強度と信頼性が高いものをつくれます。カメの形状は型枠で生産

写真 3-43　ベトニポルサス

写真 3-44　グラスファイバー製型枠

写真 3-45　鉄筋とポール用のスリーブ

するのに適しており、大量生産も可能でした。また、このカメは積み重ねられるので、収蔵するスペースも少なくてすみます。カメの大きさは、長さ1m、幅65cm、高さ45cmで、グラスファイバーの型枠に鉄筋を入れてつくります。

それから、設置場所に合わせて、塗装しました。たとえばストロベリーパークに置くのなら、イチゴのように見えるように。塗料は船舶や鉄橋などに使われるアルキド樹脂を用い、プラスチックでコーティングを施したものもありました。

Q：ヘルシンキ市内でいくつのカメがつくられ、配置されたのですか？

T：およそ400体でした。ほとんどはヘルシンキの都市圏に置かれました。若干数が他の市と民間企業に買われました。

Q：人々の評判はいかがでしたか？

T：全体的に市民にはたいへん喜ばれました。とくに子供たちには愛されました。カメの人気が高いことが新聞にも取り上げられました。このカメのTシャツやバッジも販売されました。カメがかわいいからと、ご自宅で使うため、あるいは贈り物として、購入した人もいました。

市内ではプランターとしても使われています。甲羅の部分に窪みを設けて鉢を置き、市内を飾ります。カメは、海岸や公園、遊び場では、交通制御のためでなく、装飾物として使われています。

一方、動物愛護団体から、カメの甲羅にポールを挿すのは、動物に対して残酷であるという意見もありました。

写真 3-46　塗装されたカメ

写真 3-47　プランター用カメ

カメの他にも、カタツムリが横断歩道の近くで自動車の速度低減の警告用に使われています。

▼インタビューを終えて

筆者が住宅団地で見かけたのは、遊び場に装飾用に置かれていたものだった。その時点でカメがつくられはじめてから四半世紀以上、つくられなくなってから7年が経過していた。そのために、数も少なくなり、筆者が出合ったカメたちは、茶色と灰色、または、すっかり塗装が剥げ落ちたものばかりだった。そして、公共駐車場などの片隅に追いやられているものが多い。その経緯を知ると哀愁さえ感じられる。

このカメは、市内の公園の改善計画やワークショップ活動を通じて、公園の現状や市民の声、可能な資源と技術を、知識と体験で知ったトイヴォネン氏個人の熱意と創造力が生みだしたものだった。規則や前例に埋没しがちな公共事業の枠を、彼はあっさりと飛び越えている。

トイヴォネン氏が設置場所に合わせてカメを塗装したという件は初耳だった。公共的な物体に自分で好きなようにペイントするとは思ってもみなかった。彼はヘルシンキの街をキャンバスとしたアーティストでもあったようだ。

もし、コンクリートのカメがつくられていなかったら、そこにはベトニポルサスが置かれていただろう。その光景を想像して比べてみると、カメのほうが微笑ましく、和やかな気持ちにさせてくれるように思える。そして、それはこの街の印象や記憶を良いもの、得難いものにしていく効果があるのではないだろうか。

▼写真映りの良さ

インターネットでカメ（turtle）とヘルシンキ（Helsinki）をキーワードに検索すると、多くのページが紹介される。ヘルシンキ市の観光局のように、経緯や歴史的事実を紹介するサイトもある。いろんな情報を集め、それをとりまとめて編集している人も見受けられる。

Flickrという写真投稿サイトには、ヘルシンキのカメ（Turtles of Helsinki）というギャラリーが設けられている。「こんなところにこんなものがある！」という驚きがカメラのシャッターを押させ、「珍しい光景を他人にも知らせたい」という衝動が投稿させるのだろうか。

さまざまな体験や記録が、さまざまな人によってネット上に提出され、それらが再編集されていく。「建築は都市という織物を紡ぐ要素」という説があるが、「体験や記録は頭のなかの都市像を紡ぐ要素」なのかもしれない。しかも、情報通信技術によって「頭のなかの都市像」は拡散・増殖していき、人々の行動に大きな影響を与える。機械翻訳技術の進展によって、言語の壁を越えたコミュニケーションが可能になり、多様な文化の視点から「頭のなかの都市像」は変貌を遂げていく。

通信技術の革新は、大量のデータを要する画像や動画の流通も促進している。国内外の旅行客は、それらを見ながら、目的地を検討し、体験をフィードバックさせる。写真映りが良いという特性が経済的にも意味や価値を持つようになってきているようだ。

▼設計解の目的・効果と手段のネットワーク図

他の事例と同じように、ネットワーク図の作成を試みた。最上位の目的は、トイヴォネン氏が語った「都市に味わいと楽しみを付加する」とした。そして、無機的な交通バリケードを愛らしい形のものに変え、設置場所のニーズに合わせていった。「交通バリケードを愛らしい形にする」の設計解は、「好感」系の効果をもたらしている。

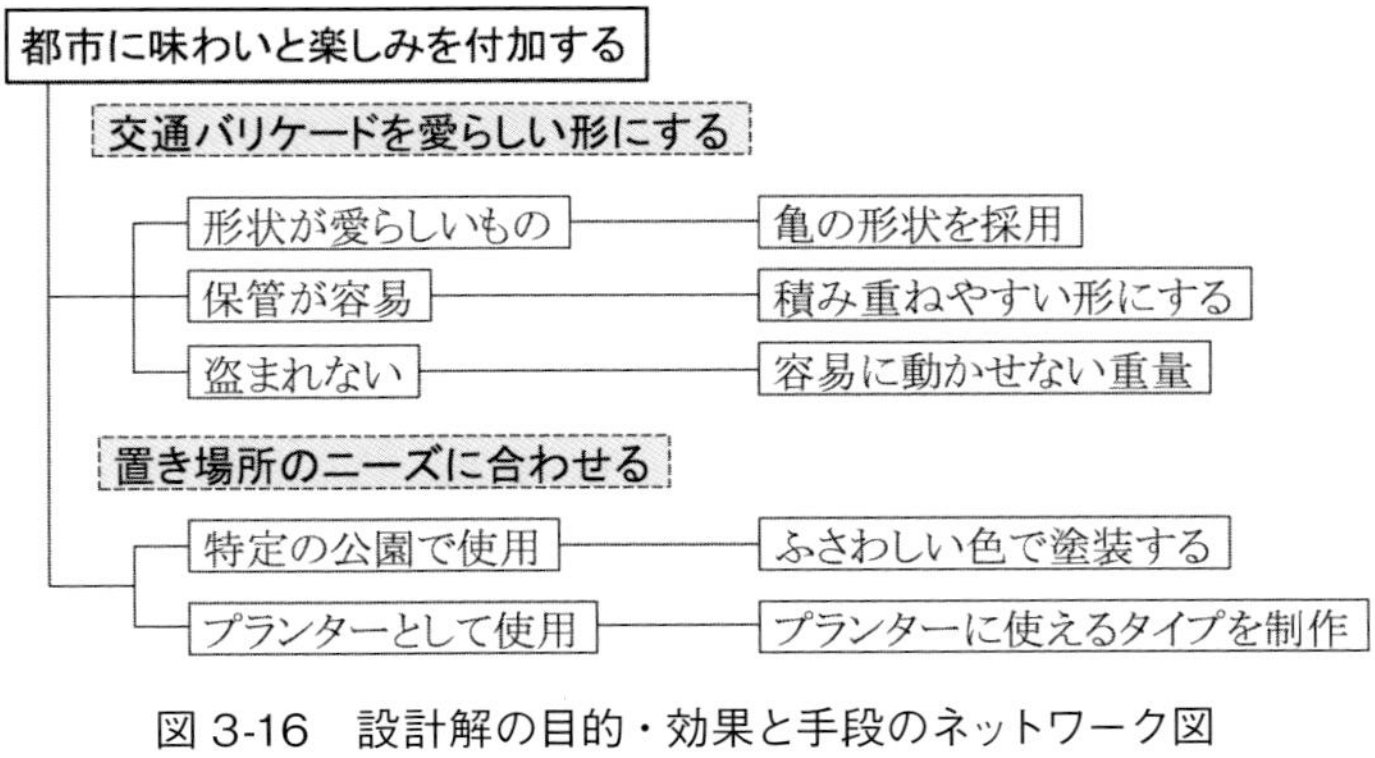

図 3-16　設計解の目的・効果と手段のネットワーク図

⦿鴨川の飛び石

京都市の東部を流れる鴨川には、1992年から翌年にかけて、水面の近くを歩いて渡れる飛び石が6か所設けられた。飛び石は、それ以前にもあったが、水流で川底が掘られて低下した箇所の保護と、水や川に親しむ「親水空間」を形成する目的で、京都府京都土木事務所が設けたもので、川底の保護のために設ける横断構造物（帯工）の上にコンクリートブロック（飛び石）を配置したものである。

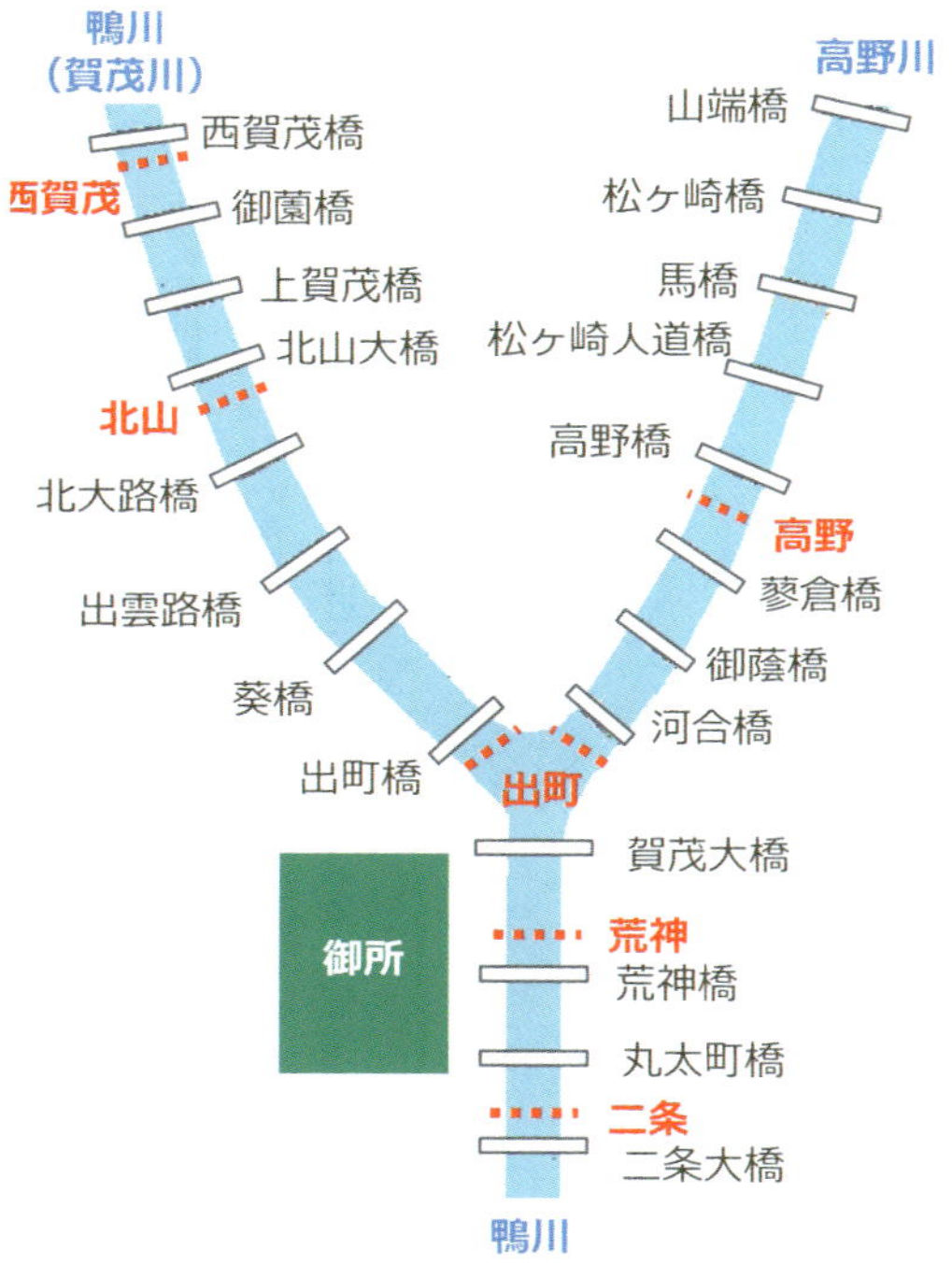

図 3-17　飛び石の設置位置

写真 3-48　鴨川の飛び石（出町：高野川側）

飛び石の設置場所は、川底の保護の必要性が高く、また、周辺に学校や商業施設などがあり利用者が多数見込めるという観点から、賀茂川上流の西賀茂橋付近（西賀茂）と北山大橋付近（北山）、高野川の上流の高野橋付近（高野）、賀茂川と高野川が合流する地点（出町）、その下流の荒神橋付近（荒神）と二条大橋付近（二条）が選ばれた。

設計は京都土木事務所で行われ、四角い「矩形」だけでなく、「三角形」「菱型」「亀型」「千鳥型」「舟型」のものもつくられた。なお、千鳥は鴨川に接する先斗町の紋章である。「矩形」の飛び石は、およそ畳1枚分の大型、それよりやや小さめの中型、さらに小型のものもある。

設置箇所には、川底を掘り下げて厚さ50cmのコンクリート製の護床ブロックを並べ、その上に高さ50cmの飛び石を70～80cm間隔で並べ、ダボ筋と呼ばれる鉄筋で護床ブロックの上に固定している。

飛び石の間隔を狭くすると、人間は飛び移りやすいが、流木やゴミなどが飛び石の間に引っかかりやすくなり、流れを遮る可能性が高くなる。

飛び石の配置は、「矩形」だけを並べた箇所、「三角形」を主とした箇所、「矩形」に「千鳥型」「亀型」「舟型」などを混ぜた箇所などがある。なお、西賀茂の飛び石は、当初は、直径25cm、高

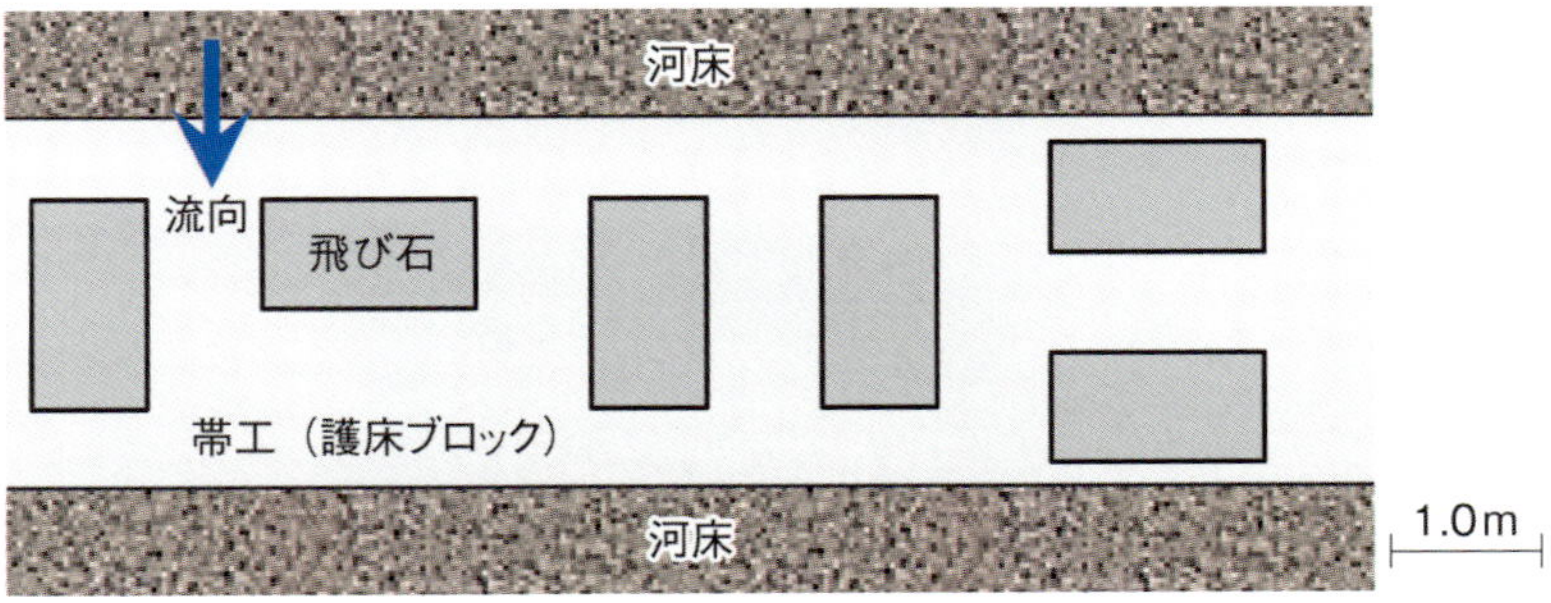

図 3-18　飛び石の平面図（概念図）

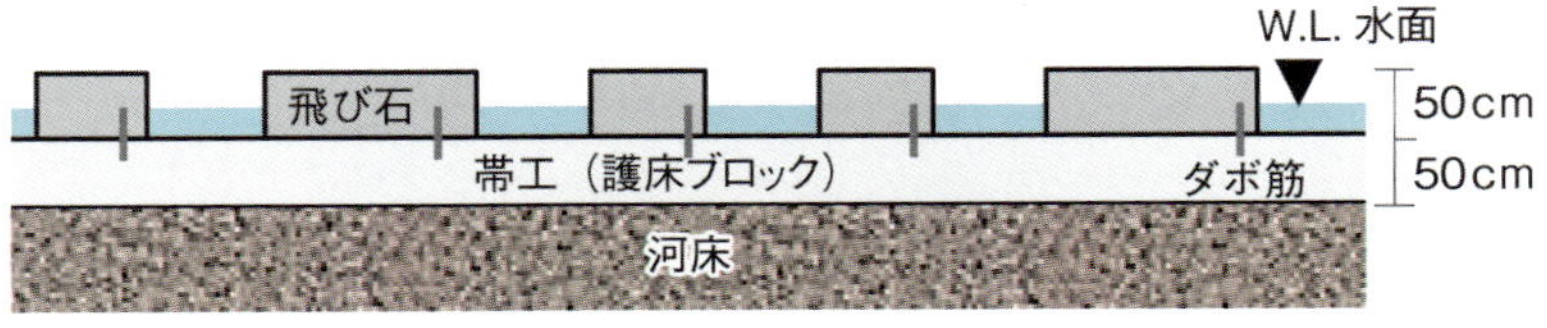

図 3-19　飛び石の断面図（概念図）

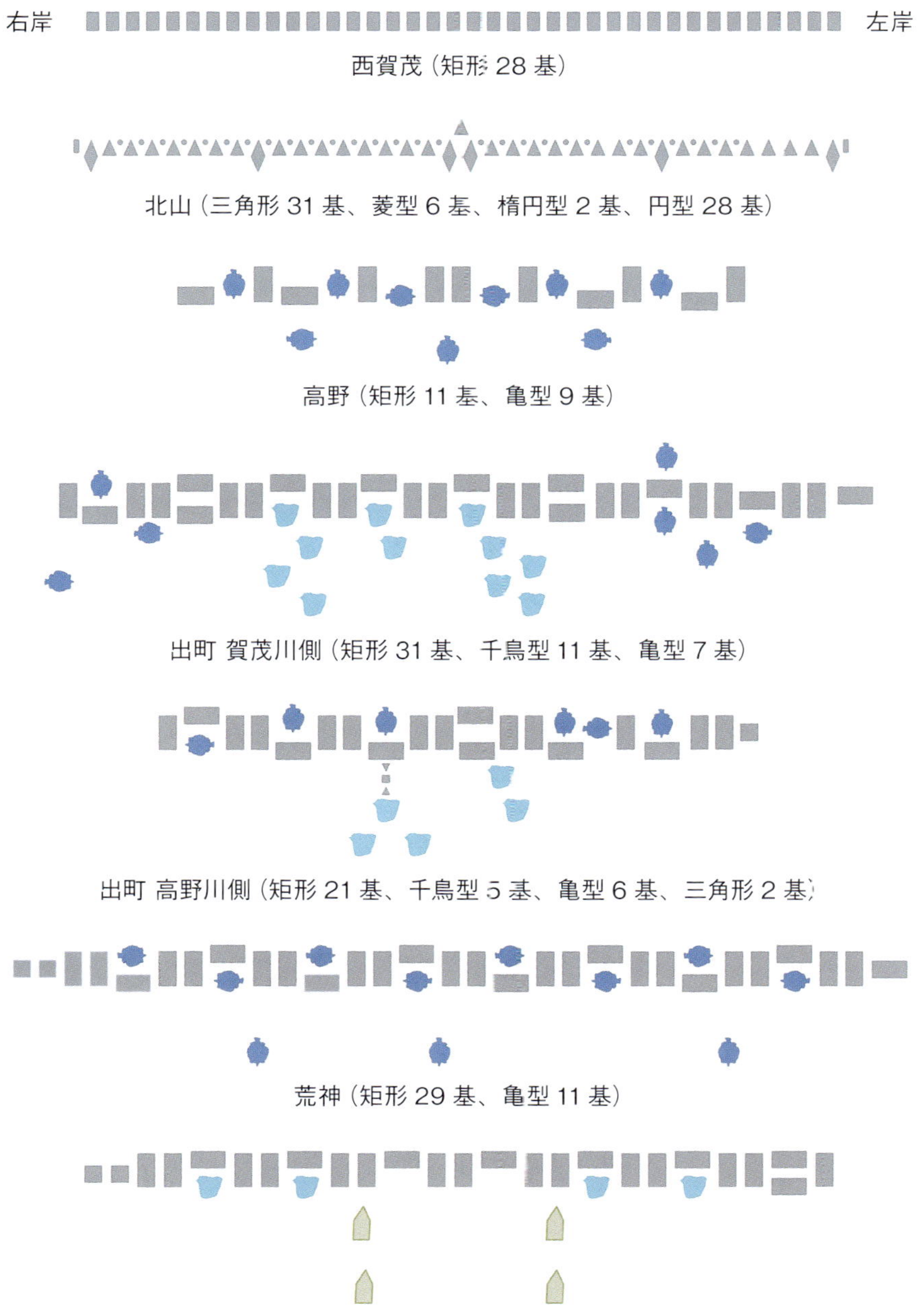

図 3-20　飛び石の配置パターン

さ30㎝の円柱のブロックを2列並べていたが、堆砂で埋もれてしまい、２０１５年に、矩形で高さが50㎝のブロックに改修した。また、高齢者や女性、子どもも歩行しやすいよう、飛び石の間隔を53㎝に狭めた。

筆者は２０１７年11月に設置箇所を観察したが、「西賀茂」は、西賀茂橋に近いためか、歩行者を観察することができなかった。

「北山」の飛び石は、流向方向（縦幅）は80㎝、横幅70㎝の「三角形」の飛び石を一列に並べ、途中ですれ違えるように数か所に「三角形」を背中合わせに2つつなげた「菱型」や、「円型」「楕円型」の飛び石が配置されている。「三角形」の飛び石には「鯉」「サギ」「ゆりかもめ」など、鴨川に生息する生き物のプレートが貼り付けられている。

筆者は、午前10時頃、ストックを突きながら渡ってきた年配の男性に話を聞いてみた。その男性は、朝のウオーキングを

写真 3-49　北山：左岸から

写真 3-50　北山：ストックを突いて

写真 3-51　北山：犬たちも１列で

日課にしているそうだ。飛び石は、向こう岸に渡る際、遠い橋まで行かずに済む、川のなかから見ると見慣れた景色も違って見える、水鳥が足元に近づいてくることもあり、ここを歩くのを楽しみにしているとのことだった。

「高野」の飛び石は、「矩形」と「亀石」〔注1〕の飛び石で一列をつくり、下流に3つの「亀石」が配置されている。飛び石が大きいので、一つの飛び石に渡ったら、先のほうへ一歩移動してから次の飛び石へ渡った。進行方向によっては亀の頭を踏みつけることになるので、「ごめんね」とつぶやきながら渡る人もいるそうだ。左岸〔注2〕の隣地には大きな商業施設があるので、地元の人の橋代わりの利用も多い。

最も利用者が多く、知名度も高いのは、「出町」の飛び石で、高野川と賀茂川の合流点の少し上流側に設置されている。

写真 3-52　高野：右岸から

写真 3-53　高野：左岸から

写真 3-54　高野：「ごめんね」

「矩形」と「千鳥」と「亀石」の飛び石で横断する動線をつくり、少し離れたところにも「千鳥」と「亀石」が配置されている。雪の降った後には、真っ白な「チドリ饅頭」が見られることもある。

賀茂川側から飛び石を渡ってきた東京から来た女性2人に感想を尋ねたら、「かわいい！ 石と石との間隔がちょっと離れているので、ちょっと怖い。でも、その怖かったことが記憶に残るので、京都といえば、この思い出がいつも頭に浮かんできそう。」という答えが返ってきた。渡る際に「勇気」や「決心」が要ることも非日常的な冒険として記憶に刻まれるようだ。彼女たちには、京都旅行の大きな印象となっている。

「出町」は、交通の要所や著名な観光名所に近いせいか、ひっきりなしに飛び石を渡る人がおり、飛び石とほぼ平行の賀

写真 3-55　出町：賀茂川側

写真 3-56　出町：子連れや集団が多い

写真 3-57　出町：名物チドリ饅頭

賀茂大橋から、その様子を眺めることができる。「亀石」に寝そべったり、またがったりと、夏の猛暑をしのぐ親水の場として賑わうそうだ。また、飛び石を渡る仲間同士で写真を撮影する姿も頻繁に見られる。

「荒神」の飛び石は、賀茂大橋の一本下流の荒神橋の上流に位置している。「矩形」と「亀石」がメインの配置で、水量が少ないときには小石の河原が現れて地続きとなり、子供たちの遊び場となるそうだ。

「二条」の飛び石は、「矩形」と「千鳥」の飛び石で川を横断する動線をつくり、下流側に少し離れて4隻の「小舟」が設置されている。この舟は「高瀬舟」をモチーフとしたのかもしれない。川を渡る動線とは少し離れているため、やはり水量の少ないときでないと舟の上に乗るのは難しい。

写真 3-58　荒神：左岸から

写真 3-59　二条：右岸から

写真 3-60　本物の舟で遊ぶより安全

▼飛び石の効果

飛び石は地元の人々の暮らしのなかに溶け込み、観光客には興奮と感動を与える存在となっている。「親水空間」を目指してつくられた施設であるが、水に親しむだけでなく、生活動線を提供し、天候や小動物の変化や動きを身近に、しかも頻繁に感じられるようになり、地域の人々の暮らしに豊かな彩りを添えている。また、観光客には、他の観光地では味わえない独特な体験を無料で提供しており、京都の既存の観光地に比べてまだ知名度は高くないが、忘れられない思い出をつくる場所となっている。集客力が高まれば、経済的な効果にも貢献することになる。

「出町」の飛び石を楽しみ、それを写真撮影している人々を観察すると、写真映りの良さというのは、飛び石そのものだけでなく、飛び石を渡る人々の姿や表情も、その特性を形成する大きな要素になっていると感じられる。

ところで、飛び石が単なる矩形の飛び石だけの場合と、亀や千鳥、舟など、動物や人工物をモチーフとした飛び石を用いた場合とでは、どんな違いが現れるのだろうか。飛び石の光景を撮影した写真は、インターネットにも数多く見られるが、それらを見ると、亀や舟などの飛び石には、子どもの姿が多く映っている。彼らは、飛び石としてではなく、そこを遊び場として利用している。鴨川の飛び石は親近感を感じさせ、近づきたくなるのではないだろうか。

「高野」の飛び石で亀の頭を踏む際に「ごめんね」とつぶやく人の話を紹介したが、もし、単なる矩形の飛び石なら、そういうつぶやきは発せられないだろう。小さなことかもしれないが、このつぶやきは亀石に自分の心を通わせている現象である。コンクリートやアスファルトに囲まれた都会の生活のなかで、潤いを感じた安堵感のつぶやきかもしれない。

▼設計解の目的・効果と手段のネットワーク図

ネットワーク図の最上位の目的は、「親水空間をつくる」とし、設計解を「川を歩いて渡れるようにする」「利用頻度を高める」「親近感と好奇心」の3つのグループに分けた。「川を歩いて渡れるようにする」は、土木構造物としての飛び石の物的成立条件である基本構造や設置間隔などの事項で、「利用頻度を高める」は利用されやすくするための課題で、社会的成立条件であり、「親近感と好奇心」は人々に利用したい、近づいてみたいと思われるための心理的条件で、かわいいの３類型では「好感」系の効果である。

［注１］亀石：京都市内では「亀形」の飛び石を「亀石」と呼ぶことが少なくない。

［注２］左岸・右岸：上流側から下流側を見て、左側が左岸、右側を右岸という。
鴨川・高野川では、左岸は東岸、右岸は西岸となる。

鴨川の飛び石　計画諸元

所在地：京都府京都市鴨川・高野川

設計：京都府京都土木事務所

竣工：１９９２年（一部は２０１５年に改修）

規模（設置個所の高水敷（常に水が流れる低水路より一段高い部分の敷地）間の距離）：

西賀茂　約44・７m

北山　約41・５m

高野　約36・８m

出町（賀茂川）　約52・６m

出町（高野川）　約36・５m

荒神　約50・６m

二条　約46・２m

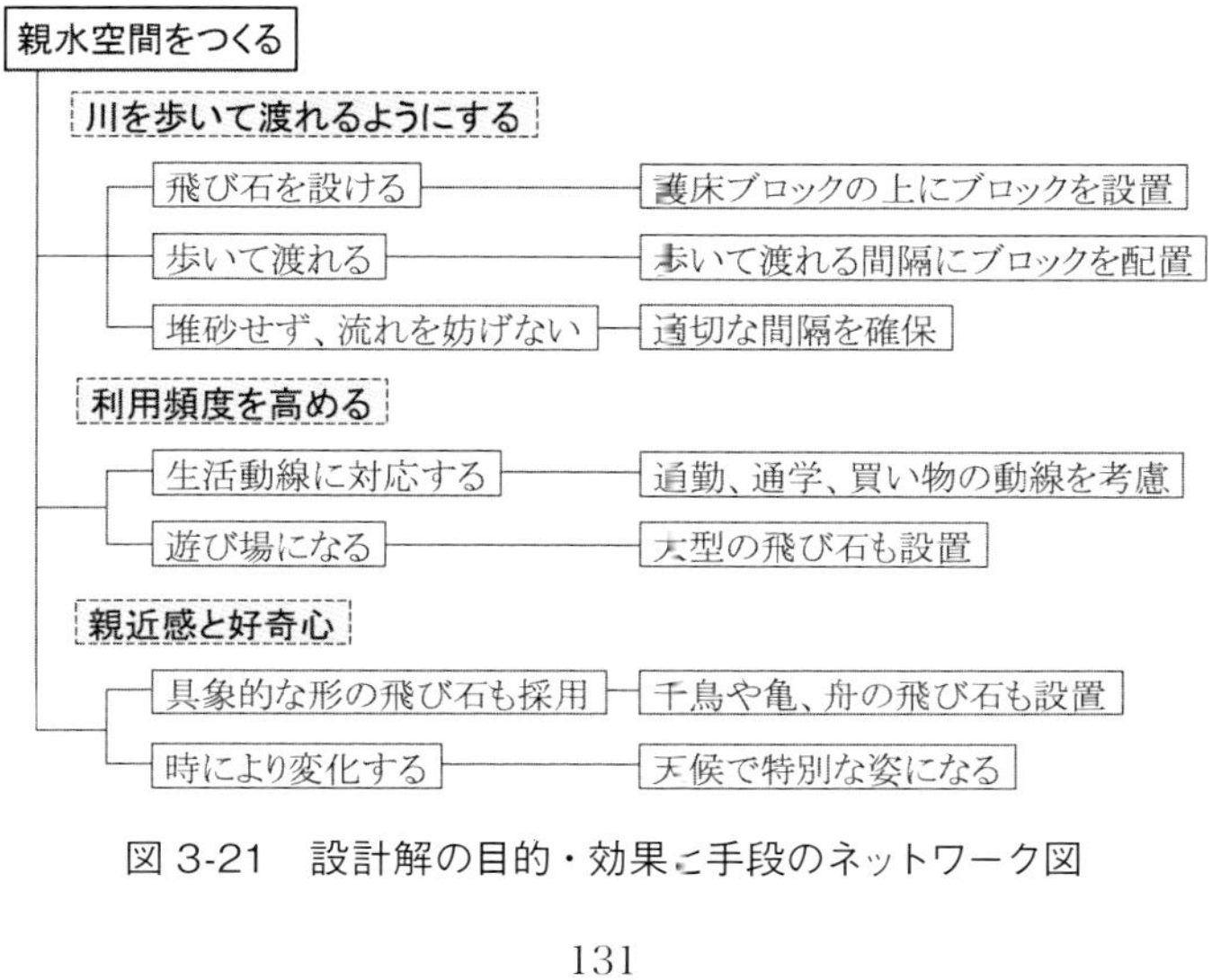

図 3-21　設計解の目的・効果と手段のネットワーク図

④ 糖衣効果

◉動物型単管バリケード

インターネットの百科事典ウィキペディアの英語版でkawaiiを引くと、冒頭にウサギの形をした工事器具の写真が示されている（２０１７年12月現在）。これは「うさガード」という商品で、建設工事の安全保安用品の「単管バリケード」あるいは「キャラクター・バリケード」というジャンルに属している。

実はその商品の前に、カエルの形をしたケロガードという商品が北海道で開発されていた。裏日本ニュースというウェブサイト〔注〕では、「工事現場のカエルの群れ「ケロガード」がヒット商品に」という記事を２００８年３月30日付のニュースとして紹介している。要約すると、北海道の工事用機器レンタル会社Ｓ社が販売したところ、「かわいい」と話題を集め、ヒット商品になった。開発を担当した同社札幌支店のＭさんは、「キツネ、リス、クマなどさまざまな動物が候補に挙がったが「目立つ色」「コストがかからない単純な形」の点で優れたカエルを選んだ。本物そっくりだとかわいくないし、漫画的な２頭身にすると必要な高さがない。バランスに苦労した」と述べたと紹介している。

その後、パンダ、ペンギン、タヌキ、イヌ、ヒト、北海道の形をしたものまで、さまざまなバリエーションがつくられた。多くのバリエーションが販売されているのは、確実な需要がある証拠でもある。

写真 3-61　単管バリケード

写真 3-62　うさガード

▼3倍の価格差

その販売会社のウェブサイトのカタログでは、うさガードは一体約2300円で、同じ機能の単なる単管バリケード（一体約700円）の3倍以上の価格で販売されている（2013年9月時点）。

通常、工事現場では資材の購入価格は工事の採算性に直結するため、厳しく管理される。この器具の購入価格の総額は他の資材に比べて小さいとはいえ、数倍の費用を払ってでも購入されるのは、たいへん強い購買要求があることを示している。工事の期間中だけ必要で、総額が小さな資材の購入は、現場担当者の裁量に委ねられることが多い。工事担当者は、うさガードのような「かわいい」器具にそれだけの価値を認めていることになる。

▼ネガティブイメージの払拭

市街地の建築工事の仮囲いにも、建設現場とは何の関係もない動物のイラストを施している例や、道路工事の「工事中」という看板にアニメのキャラクターを使ったものが登場している。

なぜ、このような現象が起きるのだろうか。

かわいいWGのメンバーで工事現場勤務の経験があるSさんは、「工事現場の小物や重機に可愛い装飾をしたがるのは、「疎ましがられるものほどかわいくなりたがる」からだと思う」という所感を述べた。Sさんは、30年くらい前に当時の音楽シーンを席巻したYMOというグループが突然、「カワイイおじさん宣言」をしたことを挙げて、世間一般には「おじさん」は疎ましがられるけれど、この3人は疎ましがらないでほしいとファンに伝えたかったからではないかと、自分がおじさんになったいま、気が付いたそうだ。

3K（きつい、汚い、危険）職場という言葉が使われはじめてからだいぶ時間が経ち、改善されてきた面もあるが、他の職場に比べれば汚れや危険の度合いは高い。近年、身

写真 3-63　工事用仮囲い（盛岡駅付近）

の回りの環境に清潔感を求める傾向が強くなっており、汚いもの、危険なところには近づきたくないという欲求も強まっているると考えられる[1]。

そこで、ネガティブなイメージを払しょくするために、かわいいものに救いを求めるのだろうか。

▼糖衣効果

かわいいものがネガティブな実体やイメージを隠してしまう効果を、かわいいWGでは糖衣薬になぞらえて「糖衣効果」と名付けた。

かわいいものに糖衣効果を求めるという発想は、近年、公共団体などが用いる「ゆるキャラ」にも共通している。「ゆるキャラ」は少数の成功例が登場したため、公共団体では、予算措置をすることに抵抗がなくなったのか、後を追う団体や組織が瞬く間に増加し、ゆるキャラ乱立の状況となった。少数事例であった時点では注目度が高かったが、乱立となると、印象は薄れ、記憶には残りにくくなる。

▼イメージ戦略

ビジュアルなシンボルを用いて組織の存在価値を高めるという発想は、日本では1970年代に始まったＣＩ（コーポレート・アイデンティティ）に先例がある。自動車や家庭電化製品などのトップ企業が社名や社のマークを改訂し、事業が好成績を挙げた前例がきっかけとなって、企業経営の分野の大きな運動となった。

ＣＩでは、まず、その組織（企業）の存在意義を見直し、理念を再構築する。それから、理念に基づいて考えかたと行動を再検討、再構成して、その企業の優れた製品やサービスを統一されたイメージやデザインで発信し、企業と社会とのより良い関係を築くことを目指す。社名やマークはビジュアルで目に入りやすいが、製品やサービス、それを生み出す行動が以前と変わっていなければ、化けの皮は直ぐに剥がれ、企業と社会との関係は変わらないだろう。

筆者はヘルシンキ市内の道路工事の現場で、小動物のマークを付けたトラックに出合ったことがある。調べてみたら、このトラックは道路の配管などの掘削工事を主な事業分野とする企業の車両で、その企業は「もぐら」をシンボルマークとしたそうだ。

自社の存在意義や独自性から考えていくと、より効果的なバリケードが生まれるのではないだろうか。

［注］　裏日本ニュース：http://blog.livedoor.jp/tkmmst/archives/51867844.html

参考文献

［1］宇治川正人　建築空間利用者の「快適観」の構造と類型化―建築空間の快適性の評価構造に関する探索的研究―「日本建築学会大会学術講演会梗概集　環境工学Ｉ」　２０１６年
［2］ＤＥＣＯＭＡＳ委員会編著『ＤＥＣＯＭＡＳ―経営戦略としてのデザイン統合』三省堂　１９７１年

写真 3-64　工事用車両（ヘルシンキ市）

第4章　精神的疲労の回復

「かわいい」の価値や効果が求められる社会のなかで、「建築はどうあるべきか」の問題として、「精神的疲労の回復」というテーマを取り上げた。

被験者調査「かわいいを分解する」では、「かわいい」と感じた際の心理的変化（結果系）は、「幸福感」が最も回答数が多く、その内訳は「和む・癒やされる」が7割近い構成比であった（第2章1）。また、仮想商品開発プロジェクト「触感がかわいい椅子」では、ストレスを受けたと感じたときにかわいいものに触れたくなるという回答が得られた（第2章2）。

かわいいものを見ると、ストレスを緩和させるオキシトシンの分泌を促進させる可能性も報告されている。

ワークプレイス（職場）の事例と、疲労や疲労回復に対する学術的知見、また、日本の伝統建築における工夫を紹介し、精神的疲労の回復と建築の問題を考える参考に供したい。

1 働き続けたい職場

◉山形BPOガーデン

山形県酒田市に建設された山形BPOガーデンは、諸企業のコンタクトセンター業務［注1］を遂行する事業所で、2013年に完成した。従業員の約8割が女性で、24時間、365日稼働している。その女性従業員を考慮して、ユニークな施設が建設された。

建築主のプレステージ・インターナショナルは、さまざまな企業からコンタクトセンター業務を受託し、提供することを主事業としている会社で、2003年に秋田に拠点施設を開設している。山形市BPOガーデンは国内2番目の拠点施設である。

▼リボン-∞

設計を担当した小野田環さん（久米設計建築設計部上席主査）に話を聞いた。（以下はその要旨）

小野田：建築主は設計のリーダーも女性が担当することを望まれ、このプロジェクトは、女性設計者指名の

写真 4-1　山形BPOガーデン コミュニケーションプラザ

プロポーザル審査からスタートしました。

私どもは、コンタクトセンターの人と社会の結び目とも言える業務の性格や、対話を育もうとする企業姿勢、女性が働くという狙いを「リボン-∞」という言葉に託して、設計コンセプトとし、リボンの輪のような主動線の周りに、各種のコミュニケーションスペースを配置したプランを提案し、採用されました。

主動線の8の字の回廊を「リボンギャラリー」と呼んでいますが、そこはスロープ状になっていて、歩くにつれて視線が変化し、シークエンシャルに空間の変化や広がりを感じられる空間づくりを目指しました。また、ここで働いている方は都心の暮らしと違って、外出には自動車を使い、ほとんど歩かない生活をしています。リボンギャラリーは1周250メートルですが、10メートル毎に床に丸いマークがあり、50メートル毎に歩いた場合の消費カロリーの比喩として、サクランボのマークをつけて、楽しく歩くことを奨励しています。

コンタクトセンター業務を行うオペレーションルームは、セキュリティの都合で業務を依頼しているクライアントごとに空間を区切る必要があり、効率性を求めるために四角い空間に、その他の部分は曲面でつくられた空間としています。

この施設のメインとなっているスペースは、南に面した「コミュニケーションプラザ」で、2層に吹き抜けており、スタイルの異なる椅子を置き、いろいろなシーンに合わせて集まったり、話し合うことができます。床の緑の円

写真 4-2　山形 BPO ガーデン全景

写真 4-3　サクランボのマーク

写真 4-4　ギャラリーとオペレーションルーム

写真 4-5　コミュニケーションプラザ

写真 4-6　2 階ラウンジ

写真 4-7　託児所

写真 4-8　カフェテリア

形のパターンは屋外に設けた芝山と一体化させています。また、採光と換気の機能を持ったトップライトを多用し、建物のなかに居ても光と緑と水が感じられる空間になっています。2階のリボンが交差するところにもいくつかレベルが異なるラウンジを設けています。

施設内にはカフェテリアや託児所も併設しています。託児所の天井には照明を北斗七星の形に配置しています。内部の色彩計画は、四季をテーマとしています。カフェテリアは春から初夏の花が咲く頃をイメージし、トップライト下にオレンジやピンク、若葉の黄緑などの色を使っています。木質の素材を使い、ナチュラルな感じをイメージしています。コミュニケーションプラザからガーデンは夏をイメージして少し濃い目の緑を使っています。また、2階には東京から出張で来られる方たちのために、滞在できる部屋が5室あります。そこは秋のイメージで、茶系の落ち着いた色味にしています。1階の会議室まわりは冬をイメージして、青を主体にしています。青は精神を集中させると言われています。リボンギャラリーは花道ということで、ピンクにしました。

なお、建築主は、設計に女性の視点を導入するために、数名の女性社員との女性委員会を設けられ、既設の秋田市の拠点の女性従業員の要望をお聞きし、対策を検討してゆきました。

Q：「かわいい」と関連しそうなところはありますか?

小野田：女性らしいねと言われたことはありますけど、かわいいと言われたことはないです。ただ、20代の女性が多いので、大人っぽくというよりはカジュアルにつくっていこうと意識しました。かわいいにつながるかどうかわかりませんけど、全体的に円形や曲面など丸っぽいものを多用していますね。1階の女子トイレはきらきらしています。

▼現地訪問

かわいいＷＧのメンバーは、その後、現地を訪問し、建築主の広報担当者から説明を受け、施設を見学した。（以下は、その要旨。従業員数や保育所定員、産休取得率などは２０１８年2月末の数値）

当社は、人でしか問題解決できないＢＰＯ（ビジネスプロセスアウトソーシング）事業［注2］を行っていますので、働く人を大事にしたい、能力を最大限発揮できる環境づくりをしたいということと、この施設はクライアントの方に私たちの高付加価値なサービスを見ていただくショーケースとしての役割もありますので、リボンのような回廊で館内を見学しやすいようにしています。

エントランスのソファは社屋を上から見た形をしており、寒冷期にはソファの下から温風が出て、お客様を足元から暖めます。

コミュニケーションプラザは、オンとオフの切り替えがしやすい空間を目指しました。水の流れる音で癒やされるようにと水景もつくりました。赤色と青色の2色のランプを設置して、夜はライトアップしています。1階は全面ガラス

写真 4-9　会議室

写真 4-10　1階女子トイレ

写真 4-11　エントランスホール

張りですが、省エネルギーを考慮して2階はスリット状の窓にしています。

オペレーションルームでは、ロードサービスや住まいの駆け付けサービスなどのコンタクトセンター業務をしています。男性も居ます。空いているスペースは研修にも使います。施設全体の従業員の席数は５００席です。現在の従業員数は４００名以上で、積極的に人を採用しています。

リボンギャラリーはスロープになっていますので、車椅子の方も昇り降りしやすいです。貨物を台車で運ぶのも楽です。リボンギャラリーのサクランボのマークは、50メートルごとにサクランボの数が増えます。1周した２５０メートルの地点に近い中庭の木に5個のサクランボをつけました。

写真 4-12　水景

写真 4-13　オペレーションルーム（研修中）

写真 4-14　ラウンジ（ほっこりスペース）

リボンの回廊が交差するエントランスの周囲には、従業員用のラウンジを設けています。1階と2階の間に、くつろげるようにと、自宅のリビングをイメージしたほっこりスペースがあります。視線が合わないようになっています。

カフェテリアでは、毎日、焼きたてのパンやケーキを出しています。ご当地メニューもあります。カフェテリアの反対側が託児所です。託児所でお子様を預かる時間は平日は午前8時半から午後6時半まで、ご要望に応じて土日祝日も開所しています。お子様はガーデンの芝山で遊んだり、結構、オフィスのなかを散歩されますね。リボンギャラリーは格好の散歩スペースになっていて、思った以上に、お子様が走り回ったりされています。カフェテリアでは子ども用の食事も提供しています。定員は20名ですが、市の要請で、そのうちの5名は社外の枠としています。

従業員は、家族の理解があって働けるということから、家族への感謝の気持ちを込めて、夏祭りとクリスマスパーティーに力を入れています。また、2015年から、秋田では女子バスケットボール、山形では女子バレーボールの実業団チームをつくり、地元を元気にしたいと頑張っています。

現在の産休取得率は100%、復帰率は92%という高い数字になっています。

▼見学を終えて

この施設は、山形県のシンボル（県の木）サクランボのように、女性のエレガントな優しさにふさわしい職場と感じられた。エントランスホールでは、天井からピンクの布がフワッと降りていて、都会のクールでシックなオフィスビルのエントランスとは異なり、おしゃれなショッピングモールのような華やかさがある。

食事と休憩とトイレと化粧室の空間に力を入れていることが、女性を主体とした従業員にとって、健康に意欲的に働く環境づくりに欠かせないことも実感できた。1階トイレのキラキラ感は、その場に行くだけで気分をリフレッシュできるだろう。東北の日本海側の冬は曇天模様が続く。そんなとき、この職場は、明るく気持ちが良い仲間と空間に会えるオアシスになるのかもしれない。

▼優れた色彩計画

設計した小野田さんはとくに「かわいい」を意識していないと話していたが、女性が主体のオフィスを、女性の設計者が、女性委員会と共に検討しながらデザインし、結果的に多くのかわいい要素が盛り込まれている。

最大のポイントはインテリアの色彩計画である。四季をテーマとした色彩計画は、表情に富んだ色彩環境に結びついている。たとえば、カフェテリアは明るい木目と白を基調にした空間に、明るいトーンのグリーンやピンクを配することで、気分がほっこり〔注3〕できるような、ナチュラルでやわらかい印象の空間となっている。曲線を多用した空間デザインもそのイメージ訴求に貢献している。コミュニケーションプラザは夏をイメージしており、壁や柱の白と、床やドアの比較的彩度のあるグリーンが印象的である。大きなガラス窓から差し込む日差しは空間の色彩計画に鮮やかさやメリハリを生み、さわやかで健康的な印象が感じられる。さらにリボンギャラリーの廊下はピンクの床となっており、あたかもレッドカーペットのようで華やかさを演出している。このように、場所毎にイメージを設定し、働く女性たちが過ごすいろいろな場所でさまざまな雰囲気の変化を感じられる。

コンタクトセンターの業務は、自動車運転中のトラブルの対処など、緊急を要するユーザーからのリクエストに対して、気を遣いながら、即断を下すようなプレッシャーがかかる業務を行っている。また、日本海側の地域は冬場になると日照時間が少なくなることから、うつ病の発生率が高くなるとも言われている。このような色彩計画で、気分を落ち着かせたり、高めたり、リフレッシュすることは効果的なことであり、今後のオフィスの色彩計画のための優れた事例と感じられた。

この施設が「かわいい」といえるのか、という点であるが、「そうそう、こんなオフィスで働きたかった」と感じる人たちには「かわいい」と感じてもらえるのだと思う。「かわいい」は変化や未知のものへの共感ともかかわりがあるからである。

山形ＢＰＯガーデンでは、働く女性にとって、たいへん恵まれた環境がつくられている。それは、「働く人を大事にしたい、能力を最大限発揮できる環境づくりをしたい」という建築主の信念に裏打ちされたものであった。その結果が、産休後の高い復帰率にも表れている。

▼設計解の目的・効果と手段のネットワーク図

ネットワーク図の最上位の目的は「従業員に長く働き続けてほしい」とし、紹介した設計解を「女性が働きやすい」「気持ちよく楽しく過ごせる」「オンとオフを切り替えやすい」の3グループに分けた。「女性が働きやすい」に含めた事項は設計解ではなく、それを生み出すための体制であるが、本事例の特徴であるので、グループとして示した。

「気持ちよく楽しく過ごせる」に含めた事項は本事例の優れた空間の特性である。「かわいい」の3類型では「好感」系の効果をもたらすものが多い。

「オンとオフを切り替えやすい」は、設計のなかでも大きなテーマとなっていた事項であった。休憩時間、休息の空間に関連があり、「きらきらしたトイレ」は「好感」系の効果、他の事項は「幸福感」系の効果をもたらす。

［注1］コンタクトセンター業務：企業内で顧客への対応業務を専門に行う事業所・部門。従来は電話による対応が主であったが、近年はEメールやウェブなど、複数の手段が使われることが多くなり、コールセンターではなく、コンタクトセンターという名称を用

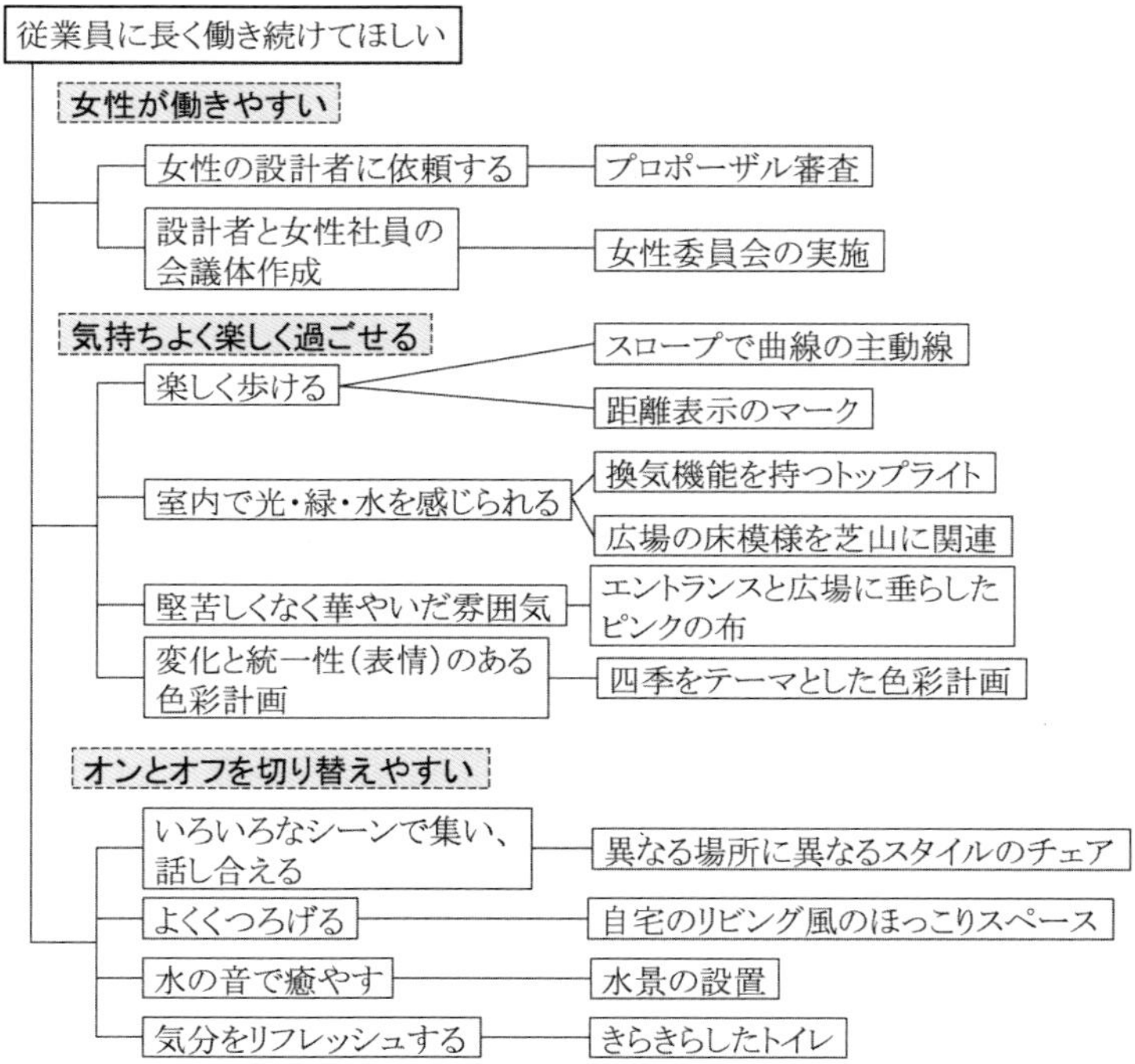

図 4-1　設計解の目的・効果と手段のネットワーク図

いるようになった。

［注２］ビジネスプロセスアウトソーシング：自社の業務プロセスを外部企業に委託すること。

［注３］ほっこりする：①ほっとする。疲れたけど安堵する。②思わしくない。（『京ことば辞典』東京堂出版　１９９２年）

山形ＢＰＯガーデン　計画諸元

所在地：山形県酒田市京田
建築主：プレステージ・インターナショナル
設計：久米設計
施工：大林組
竣工：２０１３年10月
敷地面積：３万８１９７㎡
延床面積：４７６０㎡
構造形式：鉄骨造　地上２階建て
総席数：５００席
従業員向け駐車場：約５００台収容可能

受賞歴

２０１４年度日経ニューオフィス賞　「ニューオフィス推進賞」および「東北経済産業局長賞」
２０１４年グッドデザイン賞
日本建築学会東北支部２０１４年度（第35回）東北建築賞

2 疲労と回復

日本疲労学会では、「疲労」を「過度の肉体的および精神的活動、または疾病によって生じた独特の不快感と休養の願望を伴う身体的活動能力の減退状態である」と定義している[1]。

疲労が起こると疲労の3大兆候と呼ばれる「疲労感の自覚」「心身行動の減退」「生理機能の低下」が現れる。体の細胞レベルでは、運動や作業などの活動をすると、たんぱく質や遺伝子が損傷する。損傷が限界以上に増えると細胞は壊れてしまうが、活動を続けたままでは細胞を修復することができないので、ヒトは疲労感を自覚することにより休息を取り、体を元の健康な状態に戻している[2]。

一方、体力や持久性は疲労を媒介とし、過度の負荷を受けて増進する（超回復）。したがって、疲労しない生活では体力や持久性の向上は望めない。また、疲労感の自覚と疲労による病気の発症との間にはかなりの余裕と安全度がある[3]。

▼労働と疲労

蒸気機関の発明から始まる産業革命以前は、農業や手工業など身体的作業（肉体労働）が主な労働の形態であり、休息や休養（安静、睡眠）が疲労回復の手段であった。産業革命以降、機械化が進行し、工業も工場生産が主流となり、都市化の浸透とともに、生産以外の管理や営業、経営など、間接部門的な精神的作業（頭脳労働）にかかわる人口が増大した。また、労働生産性の向上によって、週休2日制も可能になり、余暇時間が増えた。

そのような状況の下で、「積極的休養」という考えかたが唱えられた。従来の休息・安静を疲労回復の方法とするものを「消極的休養」とし、運動やレクリエーションを実施することにより回復を図ろうとするのが「積極的休養」の考えかたである[2]。

「疲労を取るには、安静の状態でいるよりも、体を動かした方が回復効果が高まる」という説は、ロシアの大脳生理学者セーチェノフが提唱したもので、「セーチェノフ効果」とも呼ばれる。彼は、「長い単調な運動は中枢神経系に疲労の増大をもたらし、運動感覚は失われる。運動を交替したり、諸運動の相互関係をよくみて、正しい一貫性のある運動を選択することにより、大脳皮質における運動能力の高い水準を確保することができる。」と考えた[4]。

なお、肉体労働による身体的疲労は筋作業によるもので、筋および末梢神経系の疲労である。一方、頭脳労働による精神的疲労は、中枢神経系の疲労である。身体的作業・精神的作業のいずれも、作業時には交感神経が優位となり、アドレナリンのような興奮性物質の分泌が促進され、呼吸循環機能や神経筋機能、精神機能などが活発になり、消化器系や泌尿器系のはたらきが低下する（便宜上、交感神経優位の状態を「興奮・エネルギー放出モード」と呼ぶことにする）。作業が止むと交感神経優位の状態は去り、アドレナリンの分泌が減少し、副交感神経が優位となり、インシュリンの分泌が増してエネルギー蓄積作用が進行し、疲労の回復が促進される（便宜上、副交感神経優位の状態を「鎮静・エネルギー蓄積モード」と呼ぶことにする）。

身体的作業では、アドレナリンなど興奮性物質の分泌が盛んになるだけでなく、その物質の消費も盛んであるため、作業終了後に交感神経優位の状態（興奮・エネルギー放出モード）から副交感神経優位の状態（鎮静・エネルギー蓄積モード）への転換が容易である。

これに対して、精神的作業では、アドレナリンの分泌量に対して消費量が著しく少ない。そのために作業終了後にも交感神経優位の状態（興奮・エネルギー放出モード）が続き、疲労の回復は遅く、疲労が蓄積されやすい。適度の身体作業によってアドレナリンの消費を早めたほうが、交感神経優位の状態（興奮・エネルギー放出モード）から副交感神経優位の状態（鎮静・エネルギー蓄積モード）への転換が容易となるため、疲労が回復しやすくなる[3]。スロープで床面がピンク、距離表示を設けて歩くことを促進している山形ＢＰＯガーデンの主動線リボンギャラリーは精神的疲労の対策としても優れている。

なお、紹介した休息に関する学術研究の知見では触れられていないが、栄養補給も疲労回復や健康維持の重要な手段である。

▼オフィス・オートメーション

工業分野では、機械化に自動化が加わったオートメーションによって、省力化や生産性の向上が図られていった。日本では１９８０年代に、技術革新を続けてきた情報通信技術を用いて、精神労働を主とする事務作業も機械化や自動化を取り入れるオフィス・オートメーション（ＯＡ）が提唱され、通商産業省が「ニューオフィス化の推進」という政策として取り上げた。職場内にＯＡ機器が導入され、建築分野では照明や騒音対策などの対策に取り組んだが、ＯＡは労働形態にも大きな影響を及ぼした。それまでは手作業が主であった事務作業が、業務処理のためのソフトウエアを介して行われるように標準化され、事務作業にも単純作業化が進み、それはまた派遣社員の導入や業務のアウトソーシング（外注化）も容易にした。

▼感情労働

一方、第1次、第2次産業が合理化、省力化されるにつれて、産業別労働人口の構成も変化し、接客業や流通業などサービス業の比率が増大している。

サービス業のように、客に楽しい時間を過ごせたという印象を与えるよう行動することが強制される労働は多大なストレスをもたらすという問題提起をしたのは、米国の社会学者Ａ・Ｒ・ホックシールドである。

彼女は１９７０年代に行った航空機の客室乗務員の実態調査から、肉体労働や精神労働とは異なる第3の労働形態として、客の感情に働きかける労働を「感情労働」と定義し、「感情労働に従事している人たちは、本心とはかけ離れていても、社会的に、やむを得ず、労働の場で感情を表現しているが、そのことは心をむしばみ、むしばまれることに悩んだり、むしばまれないように防御しようとする」、そして「賃金と労働や時間、人格を引き換えているだけでなく、どのような感情を表現すべきか、ということを交換することが社会的な仕組みとして成立しているのではないか」と述べている[4]。

▼感情労働者をおそう破壊衝動

医療や介護の分野も、感情労働の性格を持っている。武井麻子（日本赤十字看護大学名誉教授）は、「お世話している当の相手と気持ちが通じあえないとき、なんともいいようのない破壊的な感情におそわれることは、看護師や介護ワーカーでなくても、高齢者を自宅で介護したり、生まれたばかりの赤ん坊を世話したりしたことのある人なら、心当たりがあるのではないでしょうか。」と、感情労働が破壊衝動を生じさせるケースが少なくないことを述べている。またそれは、「苦しんでいる人々への共感そのものが、ケアする者にとって大きなストレスになる。」ことに起因するもので、その疲労を「共感疲労」としている[5]。この「共感疲労」は、第2章で紹介した「感情ミラー・ニューロン」による現象でもある。

▼ストレスコーピング（ストレス対処策）

ストレスに対処する方策として、倉恒弘彦（関西福祉科学大学教授）は「課題優先対処法」（ストレスの原因を分析し、対処する）、「回避優先対処法」（ストレスを避ける）、「情緒優先対処法」（友人などに愚痴をいい、共感しあう）の3つの対処策を紹介している[1]。

かわいいWGが実施した仮想商品開発プロジェクト「触感がかわいい椅子」では、被験者たちがストレスを受けたと感じた際に「かわいい椅子」を使用したい、他人に見られていない空間で「ぐでーっとしたい」（弛緩欲求）、あるいは「友達とおしゃべりしたい」という回答を多く得たが、他人に見られていない空間で脱力・弛緩するのは「回避優先対処法」で、「興奮・エネルギー放出モード」から「鎮静・エネルギー蓄積モード」への転換をしやすくするためであり、友人とおしゃべりするのは「情緒優先対処法」に該当する。

また、筆者は2008年に某コールセンターを見学した際に、その管理責任者から、「コールセンター業務は離職率が高かったが、休憩室を改善し、他人の目を気にせず休憩できる環境を整えたら離職率は低くなった」という話を聞いた。離職の原因は、労働時間、人間関係、業務内容などさまざまな要因がかかわっているが、このコールセンターでは、休息の環境も大きな要因となっていたのである。

残念ながら、実際の建築事例でも、休息のスペースについては、ただ椅子を並べただけの設計解が多く、どのような行為がそこで行われるのか、どのような行為が休息の効果を上げるのかについて吟味された形跡がうかがえないことが多い。この問題は、学術研究でもほとんど扱われてこなかった。精神的疲労やストレス対策は、高齢化や少子化、グローバル化による社会経済環境の競争の激化などを勘案すると、重要性は今後ますます増大すると推測される。

参考文献

[1]倉恒弘彦　疲労のメカニズムと疲労回復のセルフケア「地方公務員安全と健康フォーラム」26巻1号　２０１６年

[2]加藤恵子　精神作業の疲労回復に及ぼす運動の効果「名古屋文理短期大学紀要」15号　１９９０年

[3]犬飼道夫「筋活動と環境・準備運動・疲労・回復・強化剤」犬飼道夫編『体育科学事典』第一法規出版　１９７０年

[4]Ａ・Ｒ・ホックシールド『管理される心―感情が商品になるとき』世界思想社　２０００年

[5]武井麻子『ひと相手の仕事はなぜ疲れるのか―感情労働の時代』大和書房　２００６年

3 伝統建築におけるくつろぎの空間づくり

◉桂離宮・修学院離宮

▼数寄屋造り

日本の伝統建築の最高峰とも称される桂離宮と修学院離宮は、共に「数寄屋造り」を取り入れた建築物である。「数寄屋造り」は、茶室造りに端を発した建築様式で、階級ごとに設計規定を定める「書院造り」の様式に対し、作者の創意工夫を自由に展開しやすい[1][2]。

▼秀吉と家康の葛藤

実子に恵まれなかった秀吉は、自分の後継者とするために、１５８８年に第１０７代後陽成天皇の実弟の智仁親王を養子に迎えたが、翌年に鶴松が産まれたため、養子関係を解消し、翌年、智仁親王のために八条家を創出した。

１５９８年に秀吉は逝去。徳川家康は宮廷から豊臣色を一掃することに力を入れ、秀吉と近かった後陽成天皇を退位させた。後陽成天皇は逸材と言われた実弟の智仁親王を後継に望んだが、幕府はかつて秀吉の養子であったことを理由に拒否し、１６１１年に第３皇子の政仁親王を後水尾天皇として即位させた。

後水尾天皇は、幼年時代は芸術色のたいへん豊かな環境のなかで育てられた。８歳の頃から当時第一の文化人西洞院時慶から直接「いろは」の手習いを教わり、叔父の八条宮智仁親王から書や和歌、そして造園に至るまで、さまざまな手ほどきを受けた。

家康は天皇を政治から切り離すために１６１５年「禁中並公家諸法度」を発令し、天皇は学芸と文化に専念せよと定めた。また、２代将軍秀忠の娘和子《まさこ》を天皇の妃として入内させようとしたが、１６１６年に逝去。その遺志を受け継いだ藤堂高虎や宮廷高官により、１６２０年に当時14歳の和子は入内した。

智仁親王は、書家、歌人など、優れた芸術家との交流を盛んに行った。この時期の文化活動は「寛永文化サロン」とも呼ばれる。本阿弥光悦、小堀遠州、松花堂昭乗、池坊専好などが主だったメンバーであった。そういう人々と宴を共にするなかで桂や修学院離宮の構想やそのディテールが考えられたとする推測もある[4]。

１６１７年、京都の下桂村が八条家宮家の領地となり、智仁親王は下桂茶屋（初期桂別荘）の造営を始め、１６２５年に第１次の造営が終了。しかし、４年後に智仁親王は薨去された。

後水尾天皇は１６２９年に退位し、上皇となった。上皇のために造営された仙洞御所で修学院離宮の構想を練り、敷地を探し、名建築や名庭園を回り、敷地の模型をつくり、草木をはじめ、踏石、捨石一つに至るまで、それぞれ土で石形をつくり、配置を考えた。その庭の完成が近づいた頃、女中に変装して現地を確認したらしいという記録も残っている。また、和子は修学院離宮の造営について実家の徳川家に費用負担を強く迫っている。

桂離宮は八条宮家３代目の智忠親王によって完成される。その智忠親王に家光は１６３２年に銀千枚を与えたという記録が残っている。智忠親王は「加賀百万石」前田家の常子と結婚。前田家からも支援を受けた。

このように桂離宮と修学院離宮は、秀吉と家康との因縁のなかで建造された。以後、400年近くが経過したが、これらを上回る名建築は現れていない。両離宮は、施主の構想力、優れたブレーン、資金力、技術などが奇跡的にそろったわずかな瞬間に成立した建築物である[3][5]。

▼くつろぎの評価軸「真・行・草」

「真・行・草」と言えば、漢字の書きかたに真書（楷書）・行書・草書の区別があるが、茶道や茶道と縁の深い数寄屋造りの世界でも使われ、格式ばった「真」から、ややくだけた「行」、さらにくだけた「草」を区別する概念である。

桂離宮の庭園の延べ段（石張りの通路）には、その3種があり、場所によって使い分けられている。外の世界に最も近い

写真 4-15　真の延べ段 御輿寄の前庭

写真 4-16　行の延べ段 蘇鉄山と外腰掛の間

写真 4-17　草の延べ段 笑意軒の前庭

御輿寄《おこしよせ》の前庭の延べ段は「真の延べ段」で、直線的にカットされた切り石のみで構成されている。入口に近い蘇鉄山と外腰掛の間には「行の延べ段」があり、切り石と自然石の両方が使われている。田舎家風の茶屋「笑意軒」の前庭には、「草の延べ段」を設けている。耳石（石張りの両側の石）には大きめの、中は小さめの丸石を張り、足が接する面が凸凹しないように、ていねいに路面がそろえられている。

屋根にも「真・行・草」があり、「檜皮《ひわだ》葺きは真の形、柿《こけら》葺きは行、葛屋《くずや》葺きが草」とされる。檜皮葺きは、厚さが1．5ミリ程度の檜《ひのき》のいちばん表面の皮を少しずつずらしながら重ね、竹釘で固定する。柿葺きより材料が薄い分、屋根の微妙な勾配の変化、丸みが表現でき、全体に柔らかく優雅な印象を与える。柿葺きは板葺きの一種で、「こけら＝薄い木片」を重ねて敷き詰める。葛屋葺は、茅《かや》、葦《あし》、藁《わら》など草本を用いた屋根の葺きかたである。

写真 4-18　檜皮葺の新御殿と楽器の間

写真 4-19　3 種の屋根を持つ笑意軒

写真 4-20　下地窓の６つの円窓

桂離宮の新御殿は、１６６３年の後水尾上皇の行幸に備えて増築された。上皇をもてなす空間として格式の高い檜皮葺が使われている。また、宿泊の機能を持つ笑意軒は、葛屋葺（茅葺）寄棟造りの母屋に柿葺の廂《ひさし》を配し、「行・草」で一つの建屋を構成している。

その笑意軒の庭に面した外壁には６つの下地窓（土壁の一部を故意に塗り残す窓）の円窓が並べられている。円は真円ではなく、それぞれ微妙に形を変え、下地の葭《よし》の割り付けや藤蔓の巻き付けかたは、ひとつひとつすべて違えている。完璧な真円や統一された整然とした姿を崩して、整然とした畏まった印象ではなく、田舎家のくつろげる雰囲気が狙いとされた建物である。

写真 4-21　エクボやヘソのある柱（松琴亭）

写真 4-22　新御殿 外壁

写真 4-23　隣雲亭 一二三石

▼数寄屋の「見立て」

建築史家伊藤ていじ氏は、「数寄ノ妙ハ世情ニ捨置ク物ヲ見立用ニ立ル也」という17世紀の茶人の文章を紹介し、「見捨てられたありふれた物の中から新しい価値を発見すること」が茶道の「見立て」であり、数寄屋も「見立て」の精神からつくり出されたものと述べている[2]。

桂離宮では、木の節がたくさんある柱が使われており、その節は意匠として吟味されたものが選ばれた[4]。大工は「節に芸があるとか景色がある」と評し、「くせのあるものをうまく利用するのが、その数寄屋の技術」で、「エクボはペコッと少しだけへこんでいる節、ヘソは深くへこんで中にポコンと節が見えるもので、京都の数寄屋の良さは、自然の味わいのある木を上手に選り出して使うこと」と、桂離宮の昭和の大修理で茶屋群の整備工事の責任者だった安井巧氏は述べている[4]。

「真・行・草」の考えかたに照らしてみると、かっちりとした直線や平面は「真」の構成要素であり、凹凸や乱れた配置は「草」の部材に多く使われている。エクボやヘソのある柱は「草」の考えかたに近い。

▼職人泣かせのパラリ壁

1976年から6年の歳月と9億円の巨費、延べ4万人以上を動員した桂離宮の「昭和の大修理」では、パラリ壁の修復が難問となった。パラリ壁というのは、粒状の石灰が含まれている白い石灰の壁で、施工後に埃がついて影ができ、少し黒ずんでくる。表面がのっぺりした均一な白色の壁は光が乱反射し、目がチカチカするのに対して、パラリ壁は影がホワッとほどよいグレーになり、光の角度によって表情が変わる。しかし、昭和の大修理が行われたときには、もはや石灰を手作業でつくるところは消滅しており、すべて工場で生産されていた。しかし、工場生産された石灰は均一で粒が無く、大修理では、俵を使って漆喰をつくる工程をも再現して材料を製造した。

また、塗る際には鏝《こて》による押さえかたが難しく、名人と言われた左官職人でも塗れなかった。最も腕の立つ小川久吉さんが指名され、小川さんは長年吸っていた煙草を止め、練習を重ねて技術を体得し、壁を完成させて鏝を置いた（退職した）。パラリ壁は書院群の内壁や外壁に塗られている。遠目には素人にはわからないが、わずかな表情を持たせる壁を仕上げることが建築空間として尊重され、左官工事にとっては職人生命を賭ける価値のある仕事だったのだろう。

「真・行・草」に即して考えると、「のっぺりした均一な白色の壁」は「真」で、「粒の影で表情が生じる壁」は「行」や「草」の方向に寄せた壁であろう。落ち着け、くつろげる「ほっこり」した空間をつくるには適している。

▼かわいい舗装

桂離宮にも修学院離宮にも、茶室の南側の縁台の前に「一二三石」と呼ばれる舗装を施した場所がある。白い漆喰で固めた地面に、赤い鞍馬石と黒い加茂川石を1個、2個、3個と並べたもので、宮内庁元京都事務所長が監修した『桂離宮 修学院離宮』には、「猫か犬の足跡のようにも見える可愛らしい文様」と紹介されている[6]。

修学院離宮では、一二三石は最も標高が高い隣雲亭の前にあり、縁側に座ると、眼前に京都市内、北山、西山を望む雄大な景色が広がる。足元の石は目の前の風景のなかの山や川から持ち込まれたものである。

なお、一二三石の「可愛さ」は、「かわいい」の結果系のなかでは、「幸福感」系の「微笑ましい」「和む・癒やされる」に該当すると思われる。

▼エイジング技術

東京ディズニーランド（1983年開業）の建物は、エイジングといって、完成した時点でも古めかしく見せるために、故意に退色させたり、汚すことを施した。当時、施工の世界では、竣工した時点では傷一つないピカピカの新品を引き渡すことが常識だったので、そんなことは考えたこともなかったと話題になった。

桂離宮では、襖の引手《ひきて》や釘隠しなどの金物にエイジングと同じような主旨で「色付け」が施されている。櫂の引手の材料は銅地で、赤銅色にするために、鉋屑をいぶし、そこから出る煤で色をつける。また、杼《ひ》の引手も銅製で、硫黄を溶かした液に浸けて、黒っぽく下色をつけてから、鉋屑でいぶされた。その鉋屑は脂分の関係で、杉の鉋屑でないと微妙な色合いがでないそうだ。

それらの金物の作者は、桃山時代の最高の鍔師《つばし》後藤祐乗と言われている。後世に名を残す職人を輩出するほど「色付け」の技術を洗練していった時代がおよそ4世紀も前に存在していた。パラリ壁も金物の色付けも、視覚を刺激しない、目に優しい空間をつくる繊細な技術である。

なお、著名な伝統建築の引手には木製のものもある。表面温度は、ほぼ気温と同じで、寒冷期に触ってもヒヤッとすることがない。某陶芸の大家は数寄屋の自邸の引手に、自身や夫人にゆかりのある植物を描いた陶製の引手を用いている。引手は小さいが、直接、手に触れるので、印象が強く、愛着もわきやすい。中野こども病院のように、特注品や自作品などを用いることはもっと考えられてもよい。

写真 4-24　櫂の引手

写真 4-25　杼の引手

写真 4-26　笑意軒 浮月

▼月を愛でる装置

桂離宮がその名で呼ばれるようになったのは明治時代で、智仁親王は「下桂のかろき茶屋」と書簡に書いている。智仁親王の自宅は御所の近くにあり、友人知人を茶会や月見でもてなす場所としてつくられた。この辺りは観月の名所として古くから知られており、古書院には月見台を設け、笑意軒には浮月と呼ばれる手水鉢を置き、そこに満月が映る様子を楽しんだと言われている。

月見の宴に招待された人のなかには、この手水鉢に映る月を思い浮かべて、心を踊らせた人もいたのではないだろうか。これは、ほっこりよりはワクワクさせる仕掛けといえよう。

▼のどかな田園風景

修学院離宮は下の御茶屋、中の御茶屋、上の御茶屋と3つの御茶屋で構成されているが、その周囲の土地は棚田もある耕作地で、そののどかな雰囲気も離宮の印象を形成する重要な要素となっている。現在では、周辺の耕作地は宮内庁に買い上げられ、元の所有者に農地としての使用を許している。この周辺地の買い上げは離宮からの景観や静けさを担保する措置であり、このような周辺環境への措置も「ほっこり」とさせる空間をつくる知恵に挙げられるであろう。

▼ストレス対策としての両離宮

後陽成天皇の退位や後継となる天皇の擁立、「禁中並公家諸法度」の発令、皇后和子の入内などは、いずれも天皇や皇室の意に反するもので、不祥事にかこつけたり、恫喝したり、無理矢理に徳川方の要求を飲ませたものであった。後水尾天皇や智仁親王の悲憤慷慨や失意、その精神的疲労は計り知れない。

桂離宮も修学院離宮も別業（古代貴族の別荘）として建てられた。後水尾上皇は、修学院離宮の設計に際し、名建築や名園を訪問し、桂離宮にも足を運んだという記録が残っている。多くの茶席、月見の宴のための設え、舟遊びができる広大な苑池などが両離宮に共通している。

幕府は後水尾院が修学院離宮へ宿泊することを許さず、つねに日帰りの滞在で、移動の際は御輿が使われ、前後に大勢の従者を引き連れ、早朝に御所を出発され、月見などを楽しみ、深夜に戻られた。修学院離宮への行幸は約25年間で70回以上に及んだ。

ストレスコーピングの方策に照らすと、幕府の目から遠い地での滞在は「回避優先対処法」（ストレスを避ける）で、月見の宴などの開催は「情緒優先対処法」（友人などに愚痴をいい、共感しあう）に当たると考えられる。「触感がかわいい椅子」プロジェクトの女子学生の回答もあわせて考えてみると、「回避優先対処法」は周囲の視線を遮り、心身を脱力・弛緩させ、自我（ego）を抑圧から解放し、「情緒優先対処法」は親しい友人などとのコミュニケーションによってお互いに共感し、自己の存在意義を確認する行為であると考えられる。

精神的疲労回復のための休息空間は、業務内容や相手によって事情は変わるが、身体を休ませる場所というよりは、自我の抑圧からの解放と、他者との共感により自己の存在意義を確認する行為を行う場所ではないだろうか。「かわいい」は、とくに後者との関連が強いと思われる。

日本感性工学会の第3回かわいい感性デザイン賞最優秀賞を受賞したダイハツ工業の軽自動車「ミラココア」の女性社員のプロジェクトチームは、「琴線に触れるディテール」として、車のサイドとリアに取り付けるエンブレムを、見るたびにハッピーな気持ちになってほしいという想いを込めて、車名のCocoaに四つ葉のクローバーを添える提案をした。本書の事例では、「中野こども病院」の「人型の名札をつける表札」や「巣鴨信用金庫」の「綿毛」の装飾などを紹介したが、それらも「情緒優先対処法」とかかわりのある設計解である。

参考文献

[1] 伊藤てゐぢ　狂い咲きの桂離宮　「新建築」31巻11号　新建築社　1956年
[2] 伊藤ていじ・横山正　『数寄屋―建築と庭園』　東京毎日新聞社　1985年
[3] 北小路功光　『修学院と桂離宮―後水尾天皇の生涯』　平凡社　1973年

[4] 笠井一子 『京の職人衆が語る桂離宮』 草思社 2001年
[5] 司馬遼太郎 『街道をゆく16 叡山の諸道』 朝日新聞社 2008年
[6] 京都新聞出版センター編 『桂離宮修学院離宮』 京都新聞出版センター 2004年
[7] 山田幸一 桂離宮昭和大修理における土壁材料 「石膏と石灰」186号 石膏石灰学会 1983年

第5章　自尊感情の回復

「自尊感情の回復」も、「かわいい」の価値や効果が求められる社会のなかで、「建築はどうあるべきか」の問題として取り上げたテーマである。

「可愛がる」という行為は、可愛がる本人と可愛がられた人や動物が共に喜び、お互いを認め合う。可愛がった本人は自己の存在意義を確認し、それが生き甲斐ともなる。そのことは、心理学の分野では「自尊感情」「自尊心」と呼ばれてきた。

「普段全く反応がないおばあさんが、こどもが来ると頭を撫でてニコニコ笑ったりもする」というエピソードを起点として、世代間交流や自尊感情の回復について、事例を中心に報告する。

２００７年に「超高齢社会」（65歳以上の人口が全人口の21％以上）に突入し、ますます高齢者人口が増加するなかで、尊厳欲求を満たすこと、自尊感情を回復することはますます重要になっていく。

1 笑顔あふれる暮らし・生き生きと暮らす人々

◉ゴジカラ村

（「新都市ハウジングニュース」２０１０年春号より転載）――古賀誉章

▼村役場はどこ?

「ゴジカラ村」、妙な名前である。愛知県長久手町（現在は長久手市）の「雑木林」を理想とした暮らしを標榜する共同体で、高齢者やこどもたちの施設があるらしい。

地下鉄の終点藤が丘駅から丘陵地に切り開かれた街を10分弱走り、村の入口と言われてタクシーを降りた。それらしき木立はあるものの、造成が終わったばかりの住宅地の一角で、少々面食らった。「ようこそ」的なアーチゲートも案内看板も見あたらない。木立の中の建物に近づくと「もりのがくえん」という看護福祉の専門学校だった。ちょうど出てきた女の子たちに村役場はどこか尋ねた。「村役場?」怪訝な顔をされた。一人が「アレのことじゃない?」と、案内してくれることになった。彼女たちはこれから施設に実習に行くところ。途中仲間にも聞いてまわり、結局最初とは違う建物だったらしい。村という割には、村役場は知られていないようだ。村役場は、ぬかるんだ広い駐車場にあるトレーラーハウスだった。デッキ付きで現場小屋か西部劇の酒場のような趣きである。小さい。なるほど村役場には見えない。

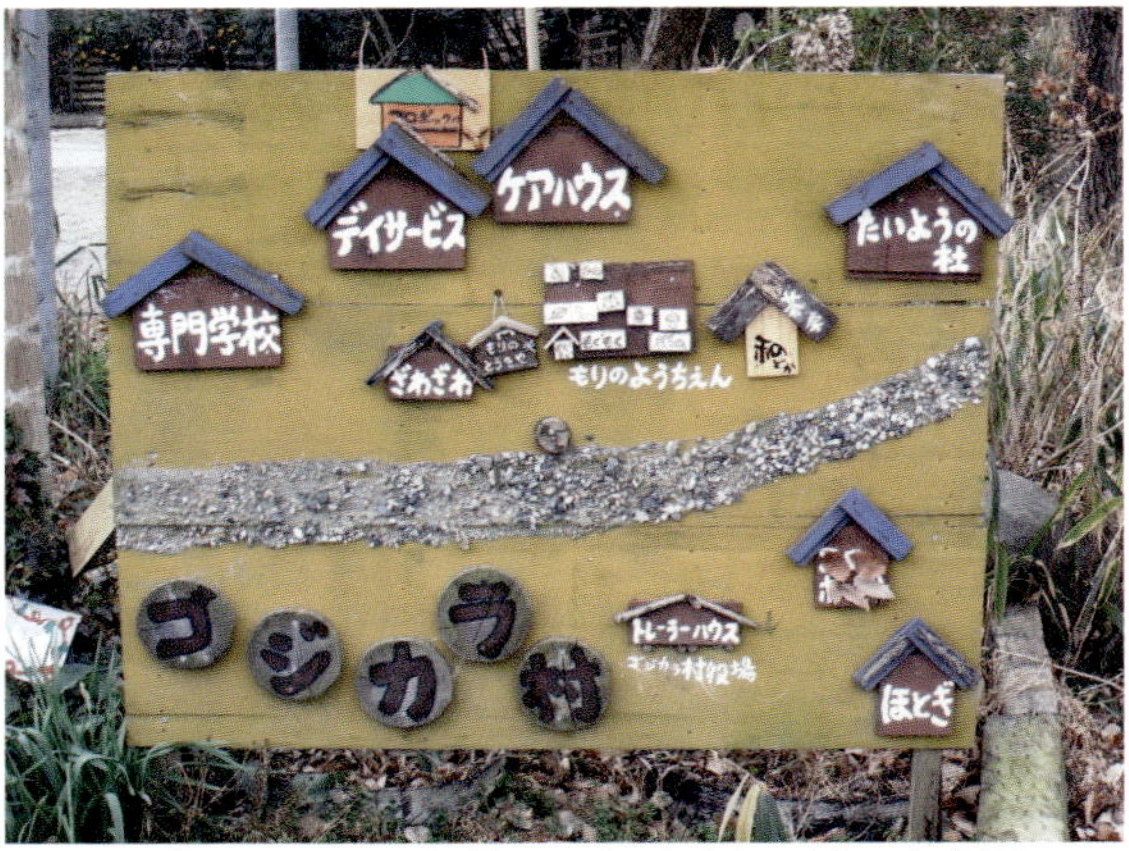

写真 5-1　やっと見つけたゴジカラ村の案内図

▼樹々に埋もれた老人ホーム　愛知たいようの杜

村長は打合せ中とのことで、先に施設を見学することになった。最初は、特別養護老人ホーム「愛知たいようの杜」。昭和62年にできた村で最初の施設で、一番奥にある。村は谷戸と呼ばれる一本の小さな谷筋にあるので、奥に向かって緩やかな坂道を登っていく。

案内してくれるのは、オオクボさん。10日前に来たばかりの新人さん。30歳を過ぎて脱サラし、親が運営する老人ホームを手伝う決心をしたところ、それなら修業に行ってこいとこちらに来たそうな。この村にはたまにそういう居候みたいな人が来るらしい。

2月なので落葉した樹々の間からよく見えるが、夏ならほとんど建物の全容はわからないだろう。足元には植え込み・多量の植木鉢・石・丸太・竹垣・枕木や石臼の再利用・井戸……そして温泉の飲用場に鹿威し、お世辞にも整っているとは言えない。根嶽温泉は低温だがれっきとした温泉で、村内の各施設には必ず露天風呂があるそうだ。玄関は老人ホームにしては小振りで、勝手口のよう。ここで黄色いジャンパーの初老の紳士が追いかけてきた。たいようの杜の入口で車いすを掃除していた方である。さすがにオオクボさんでは心許ないのか、施設を案内くださった。

愛知たいようの杜は、80床の特別養護老人ホーム（定員30名以上で要介護高齢者に介護を行う入所施設）に、ショートステイ20床（在宅の要介護高齢者を最長2週間程度の短期間預かる施設）が併設されている。80人は4グループに分かれ、少人数のグループケアが既に実践されている。建物は一風変わっている。見守りを考えて介護ステーションを中心に放射状に作ることが多いところを、ここではあえてステーションを端にして、廊下をロの字に

写真 5-2　愛知たいようの杜、樹々に埋もれるように

している。それだけではない。廊下は曲がりくねって、狭く、低く、暗く、薄汚い。つまり、見通しがよくない。すると、職員に見られるのが嫌なお年寄りには、隠れるところができる。一方職員には、見えないなら見に行きなさいと促す。大概の人には終の棲家となるこの場所を病院のような落ち着かないところではなく、もうひとつの家と感じて欲しい、という思いが感じられる。

中庭にはヤギ2頭とチャボ、屋内にも犬が数匹いる。2階の食堂は職員食堂も兼ねていて、地域の方や家族・見学者も軽食を摂れる。テーブルは衣装ケースに板を置いただけだ。でも立派な焼肉テーブルもあって、ここもグチャグチャ。しかも、いつでもビールが飲める。日曜午後には「ベロベロバー」なる宴会が開かれ、近所のおじさんがお年寄りにビールをついでやったり、嫁の愚痴を聞いてもらったり。

底通しているのは、いかにお年寄りの近くに人や物を近づけるか、ということだろうか。動物たちもお年寄りの相手という職務を担っている。隣の幼稚園のこどもたちもたまに遊びに来るようだ。眉をひそめる方もいるが、普段全く反応がないおばあさんが、こどもが来ると頭を撫でてニコニコ笑ったりもする。それを目の当たりにした息子さんが、感動して大泣きしたらしい。こどもっていうのはすごいものである。まもなく施設の下に託児所の「コロボックル」が移転してくる。こどもたちとの交流がもっと頻繁になったとき、どんな変化がもたらされるのだろうか?

写真 5-3　たいようの杜2階食堂

▼樹の間を縫って建つケアハウス　ゴジカラ村雑木林館

次に雑木林館と名付けられた建物を訪れた。ここにはデイサービスセンター（介護が必要な在宅高齢者が昼食・入浴など日中過ごす場所）とケアハウス（介護は必要ないが独立して暮らすのが不安な人が生活する、食事付きの高齢者住居）があり、ケアハウスには50名が暮らす。廊下は迷路のようで、49室に間取りが30タイプというから、複雑な形をしている。それもそのはず、杜をそのまま残すように、斜面の樹々の間を縫うように建てられている。樹を避けるために、庇は一部切り取られ、バルコニーも変形している。

床・壁・天井まで内装には木がふんだんに使われ、RC造なのに木造かと勘違いするくらいである。よく見ると、板の幅はマチマチ、向きも縦・横・斜め、手すりは丸太を削ったままで太さもバラバラ。しかし無垢の木の床は暖かく、歩く度にギシギシと音を立てるのが心地いい。

1階の食堂には、お昼時で入居者が集まっていた。食堂は名古屋市内のふぐ料理屋さんにお願いしていて、味は評判である。厨房では、板前さんが2人テキパキと仕事していてかっこいい。「先ほどはわかりましたか?」、声をかけられたのは、さっき道案内を頼んだ学生さんだった。配膳に並ぶ住人に声をかけようか迷いながら見ている様が、初々しい。

玄関の喫茶コーナーで、村で初めて背広姿の人を見たが、ものすごく違和感がある。見ると話し相手のおばあさんの手には通帳が握られている。なるほど銀行の人か、と納得。

写真 5-4　ケアハウス
樹を避けて庇が欠かれている

▼ひたすら遊ぶ　もりのようちえん

最後は「もりのようちえん」である。先ほどから歓声がこだましていたが、園に入るとその迫力に圧倒された。奥に深いすり鉢状の広場に、何十人というこども達が縦横無尽に駆け回っていた。早速女の子が2人駆け寄ってきた。「何しに来たの?」あやのちゃんとひよりちゃん。ここで、村長の吉田一平氏が合流する。「いつもいるおじちゃんだ。名前なんていうの?」「一平君だよ。案内してよ。」「いいよ。」村役場だけでなく、村長さんもあまり知られてないらしい。

ここは、何もしない幼稚園である。こども達は一日中ひたすら遊ぶ。ありがちな遊具もなければ、平らな所さえない。一番平らなところにはわざと壕が掘ってある。歳も関係なく200人近い園児が、好き勝手に遊び、好きなところで弁当を広げる。ログハウス風の園舎には冷暖房はなく、中にいる子はほとんどいない。

古民家があった。薄暗くて、土の匂いが懐かしい。雛人形が飾られていて、ひな祭りの唄を歌っていた。移築された古民家が村には3棟ある。ここでは、しばしばお産や葬式も行われるとのこと。ケアハウスの入口の「ざわざわ」という古民家では、縁側でお母さん達が機織りをし、奥ではボランティアさんたちが打合せをしていた。隣の陶芸工場「もりのとうきや」と一緒に陶芸をやったりなど、地域の様々な活動に使われているようである。

「一平君こっち、こっち」しゃべるのはもっぱらひよりちゃんである。谷の奥に連れて行かれる。ヤブを歩き、傾斜がドンドンきつくなる。いつのまにか彼女たちより小さな男の子もついてきた。男の子は一言も喋らずに、ただ淡々とついてくる。「おじちゃん、早く。」連れてこられたのは、園で一番奥の高いところ。振り返ると樹々の間から彼女たちの住む長久手の新しい街が見える。「ここ秘密基地。」大小の何本かの枝で組んだ空間があって、あやのちゃんがその下に潜り込み、ひよりちゃんは一本の枝にぶら下がる。「まだ奥にもあるよ。」息が上がってきたので訪問は丁重にお断りした。突然谷に泣き声が響く。別の所ではとっくみあいもやっているし、押しくらまんじゅうもやっている。隣近所を気にせず、大人を気にせず、毎日思い切り遊び回れるなんて羨ましい。そう素直に思える光景だった。

写真 5-5　もりのようちえん園庭

▼型破りな村長　吉田一平氏

村役場に戻り、村長（取材中誰もそう呼んだ人はいなかったが）の吉田一平氏にお話を伺った。はじめに吉田氏は、昔と最近のこのあたりの航空写真を見せてくれた。谷の上の方や隣の谷戸は名古屋市。以前はあたり一面森と田畑だったものが、現在は名古屋市側の「猪高緑地」とゴジカラ村だけに緑が残る。

Q：ゴジカラ村という名前は？

仕事や時間に追われるのが午後5時までで、5時からをゆっくり楽しもうと思って名付けた。ほとんどの大人は「時間に追われる国」の住人、対してこどもとお年寄りは「時間に追われない国」の住民。

Q：このような村をつくるきっかけは？

50年ほど前まで、ここは江戸時代とそう変わらない暮らしをしていた。電話も冷蔵庫もなく、谷戸や池があり、田や森に囲まれていた。昭和40年代、自分はここから名古屋市内の商社に勤めていた。猛烈に働いたが、それがたたってか体を壊し休職した。縁側・畑・柿の木があって、鶏・お年寄り・子どもが居て、ぼーっとしているうちに時間はのどかに過ぎていく。ここには便利ではないが豊かな暮らしが残っていると気がついた。消防団で住民に感謝されたこともあった。高度成長期、ドンドンと山が削られていく中で、この原風景をこども達に残したい、そう思ったのがきっかけ。

だから最初は、幼稚園を作った（村から少し下った場所、昭和56年、愛知たいよう幼稚園）。そのとき他の園を見て回ったら、制服を着て、時間で決まった作業をして、ま

写真 5-6　傾斜のきつい山を案内される

写真 5-7　秘密基地に到着

るで会社と同じだった。これなら俺のほうがいい物を作れると思った。そこで、時間に追われることなく、絵も書かない、字も教えない、基本的に何もしない、森の自然を遊び場にしてひたすら遊ぶだけの幼稚園を作った。

Q：高齢者施設を手がけたのはなぜ？

幼稚園は一日5時間で30人程に先生一人だから、せいぜい10分しか先生に見てもらえない。だから鶏や兎を飼ったり、お年寄りに相手してもらおうと隣の古民家に集える場所を作っていた。そこを老人ホームにしたらという人がいて、その気になった。他のホームを見て回ったら、高いビルにエレベータ・蛍光灯・Pタイルで、時間に管理されていて、やっぱり会社みたいだった。耐火建築でないといけないので古民家は諦めたが、森に囲まれて好き勝手に動き回れるホームにしようと、今の場所に「愛知たいようの杜」を作った。

Q：随分ユニークな施設のようだが。

仕方なくRCにしたが、縁側を作り、廊下を曲げて、居室も暗く・低くした。事務所の声や食事を作る音が聞こえるようにした。中庭に鶏・兎・ヤギを放し飼いして、見えるようにベッドサイドに小窓をつけた。

介護は全員素人から始めた。一人一人をしっかりみれば大丈夫だろうと。だからよくも悪くもいい加減。でも幼稚園と同じで、お年寄りが職員を独占できるのはせいぜい一日2時間位。北欧の福祉先進国だって倍の4時間。食事や排泄・入浴の介助だけで2時間になってしまう。しかも「また後でねー」と職員はすぐいなくなる。残りの時間は、孤独で不安で寂しい。この22時間を誰がどう付き添うのかを考えないといけない。それで動物だけでなく、空き部屋に内緒で居候を住

写真 5-8　吉田一平氏

まわせた。不登校児や会社員・学生・留学生、設計担当者は7年間居候していた。職員から抗議されたが、2時間しか相手できないのだからチャボみたいなものだと、チャボよりましだ、と説得した。

それで、いろんな人がいて交ざって暮らすようになると、お年寄りが何だかイキイキしてくる。こどもが騒いで走り回ると真剣に叱りつけたりして。それまでは、介護する人とされる人しかいなくて、介護されるお年寄りは従うしかない。これじゃ「立つ瀬」がない。よく入居者が「楽しかった」とか言うけど、あれはウソ。明日も世話にならないといけないから。だけど、他の人がいると遠慮なく文句が言える。「立つ瀬」があるんだな。本当はみんなに役割と居場所があるはずなんだ。

Q：それで交ざって暮らすことの大事さに気がついたと？

虫でも樹でも生きとし生ける物に相手してもらおうと、たいようの杜の隣の雑木林の中に、もう一つ「もりのようちえん」を作ることにした。ここでは、3～5歳児を交ぜたクラスにした。交ぜたら先生がイライラし始めたので、一切の予定をやめたらイライラも収まった。しないといけないことがないとみんな豊かに暮らせるんだ。

交ぜるともめるんだな。だけどそれがお年寄りをイキイキさせたり、こども達を成長させたりする。それと、いろんな人がいるとルールがおおらかになる。厳しい規則ではみんなに当てはまらない。だから、だいたいでえぇ、ほどほどでえぇ、と。時間をかけてぼちぼちと折り合いをつけていくことになる。

昔は交ざって暮らすのが当たり前だった。動物がいて、子どもがいて、ばあさんがいて、どこまでが道なのか、どこまでが屋敷の中なのかもわからなかった。

Q：そのことは雑木林にも通じるのですね？

雑木林は、いろんな樹が交ざっている。様々なものが様々なありようで暮らしているから、不揃いでグチャグチャで、みな少しずつ我慢しあっている。それから、雑木林は永遠に未完成。パーフェクトではないので、何が入ってもミスマッチにならない。だから誰が生きていくのも楽。最近キクイムシのせいでコナラが枯れて困っているが、切り倒すと光が入ってきて、また新しい芽が伸びてくる。やっぱり未完成なんだと実感する。そんな雑木林を、暮らしの座標軸にしようと考えた。

元々雑木林を守ろうと思って始めたことだから、ケアハウスを建てるときには徹底的に樹を残すようにした。設計者も施工者も本当にたいへんだったと思う。施工中に根に障るんで型枠を撤去させたら、職人さん達が怒って現場に来なくなってしまい、幼稚園の先生の協力で酒宴を設けて、詫びをいれたこともあった。

内装もできるだけ木を使い、汚くつくれ、カンナも掛けるな、板も幅・厚み・長さを変えて貼るように、と無理な注文を出した。キチッと揃っていることは異常なことだから。職人さんには難しい要求だったが、ある程度は応えてくれた。タイルは工場で割れた欠片をもらって埋め込んだ。

例えば、村役場の駐車場は未舗装でデコボコになる。「アスファルトにして」と言って帰っていく人たちも多いが、それは時間に追われる国の人。こどもたちは、水たまりの泥んこを見て目を輝かせたりする。それに、こんな駐車場に寄りつく人もいて、あまりデコボコが過ぎると見かねて直してくれる。また、庭の手入れをしてくれた人もいたけれど、洋風の庭にしたかったのに灯籠や五葉松を置いて一悶着あった。それでもまぁいいかと。完璧でないとそういうふうに人の居場所ができる。

Q：出来上がりすぎていると、とりつく島がなくて手を加えられなくなりますね。よそゆきの場所になってしまう。

素人が環境づくりに参加できなくなる。村役場の家具はみな拾ってきたようなもの。キチンとしたところだとゴミにしか見えないが、こんな中ならミスマッチにならない。自閉症や多動の子も森にくると何でもないように見えるけど、街に出ると問題をおこす。認知症だって異常でもなんでもない。それを異常だと思う社会がおかしい。

Q：雑木林と同じことが人間にも言えるんですね。

15年前愛知万博が決まった頃から、また森が削られ始めた。まずいと思って、周辺の地権者たちに区画整理を提案し、もうすぐ完成する。7年前には宮脇昭先生（横浜国大名誉教授）の指導で、1万本の植樹をした。50種類程の植物を必ず隣に違う種類がくるように植えていく。そうすると、何もしなくても枯れないそうだ。生命は同じ種類を集めると絶えてしまう。それは人間にも当てはまる。効率化の名の下に、同じ者ばかり集める社会になっている。無駄はいいものなのに。

区画整理で仕方なく舗装した道は広すぎるので、わざと曲げて、樹を道に覆い被せて、ようやくいい感じになってきた。ところが、道路を行政に移管するのに、はみ出した樹を切れと言われていて、今困っている。

Q：行政の言うことに従わない方法はあるんですか？

それで今、策を練っている。はみ出した枝を紐で引っぱったり。今までもそんなことばかり。幼稚園は、園庭が雑木林ではダメと言われた。滑り台・ブランコ・鉄棒がない、平らで広い園庭がないと怒られた。なら認可は要らないと突っぱねたら、結局向こうが折れた。たいようの杜も、認知症グループは仕切って分けろと、そこに歩行浴を作れと、仕方ないので一旦言う通りに作ってから後で勝手に作りかえた。

区画整理でここは一種低層住居専用地域になった。地域のおじさん達のボランティア拠点として、たいようの杜の入口（車いすを洗っていたところ）に「寄って小屋」という事務所とゴミ置き場を作ったが、実はどちらも用途地域では建てられない。村役場と陶芸工場も同様に建てられないのでトレーラーハウスにしたが、それでもダメ。街なかの「だいたい村」にある障害者が働く喫茶店も、農業振興地域で違反。別の場所に、お年寄りと家族が一緒に泊まれる「ホテル」を作ったら、ホテルはダメとか、ルームチャージは要介護プランにとか、オーガニックレストランも店舗はいかんとか……。

結局、この国には交ざって暮らすための法律がない。用途地域とかゾーンを分けることばかり。これでは長い距離を移動できないお年寄りには暮らせない。法律が現実についてきていない。高齢者専用の集合住宅や介護保険の加算制度も同じ者を集める方向に誘導している。栄養加算はナンセンスで、昔と違って今の高齢者は食べ過ぎ。石けんもたかだか50年。昔に戻して浴槽の中で体を洗い、頭も湯だけで洗うように、実験している。湯船から出て石けんで洗うのは、体が冷えるし、乾燥するし、たいへんだし、でいいことがない。こんなふうに全てをひっくりかえす時期にきている。

最近、感動・癒しのあるところの大事な点を5つ考えた。パーフェクトでないこと、自然素材に囲まれていること、不平不満が言えること、多少不便なこと、そして行政の指示に従わないこと。行政は公平公正・画一的だから、従っていては面白いものはできない。

そんな信念で続けてきたが、ここ数年なぜだかいろんな人が見に来るようになった。見学者は年間1万人にもなる。各施設は今の基準に対しては決して模範的ではないが、なんかいいなぁと思ってもらえるようだ。それは、長久手から一歩も出ずに、地域をよくしたいと思って色々実験をしてきたからではないか。地域が必要なことを形にするのに、既存の枠組みを利用したり、既存の法律とぶつかったりする。デンマークだスウェーデンだと明治維新じゃあるまいし、そういう国に倣うことが目的になると、時間に追われない人々は苦しい。時代は変わった。今語られている理想は昭和30年以前の暮らしに近い。日本の昔の社会は思っているよりもっと豊かだと思う。

ただ、今の人は人間関係ができなくて悩んでいる。交ざって暮らしたことがなく、違う価値観を受け入れる訓練をしてない。子どもの頃から、人間関係は折り合いをつけていくこと、白黒つけられないものだということを学んでいく必要がある。それがなかったのが、ここ50年の大問題。

写真 5-9　紙を折って、折り合いを説明

Q：昔はガキ大将がいて、ケンカもして、いろいろ教わる事ができたのに。

だから、お母さんには姑と住めと言っている。姑に怒られる母親を見てかわいそうだと思い、折り合いを付けることを学ぶ。今、親が嫌いな子が多い。家庭には親と子だけで、会社みたいになっているからだ。団塊の世代も、老後は子どもに迷惑をかけたくないなんて言っているが、ダメ。親元から離れて好き勝手した上に、子どもたちをおかしくしておいて、自分たちだけでのんびり暮らそうなんて虫がいい。我慢して子どもと一緒に住んで、嫌な思いをしたほうがいい。怒って、それを孫達に見せること。

専門学校の先生達だって、今や生徒達との間合いがわからない。折り合いは、相手がひいたらその分迎えにいかないとダメ。正解はない。介護でも、介護者同士の関係ができない。地域でも隣人とも話せない。社会全体が会社みたいになっている。これは高齢社会の問題じゃない、異常な世界。悲劇が始まっている。

今回お邪魔できなかったが、数年前に街なかに、お年寄りとファミリーやＯＬさんが住む話題の多世代交流コミュニティ「ぼちぼち長屋」（ほどほど横町）ができている。昨年7月には小規模特養とグループホームなどの集合体の「だいたい村」が完成している。今は、たいようの杜の増築を始めているそうだ。古い施設も改修して個室化、ユニット化を図る。今後は、ミクスチャーハウス（コーポラティブ）とケア付き戸建住宅と多世代型の木造住宅群を、ゴジカラ村内につくる計画もある。パーフェクトでない場所で交ざって暮らす、立つ瀬があって、誰にも役割と居場所がある、これが吉田氏の提唱し、実践するこれからの暮らし方である。雑木林の魅力とも相まって、大いに共感した。また、地域が必要とするものから発想し、それを実現するために制度を利用したり、たたかったりする姿勢は、制度の枠の中でしか考えられない自分たちの頭をガツンと打たれたようだった。

一番に感じたのは、吉田氏の熱意だけでなく、多くの人の助けでこの村が成り立っているという、ほんわかした感覚だった。またぶらっと遊びに来たい、そう思わせる村の情景であった。

（「ゴジカラ村訪問記―折り合いをつけながら交ざって暮らす」　完）

紹介した「ゴジカラ村訪問記」は、筆者とともに同施設を訪問したかわいいＷＧのメンバーでもある古賀誉章氏が２０１０年に書いた文章である。「普段全く反応がないおばあさんが、こどもが来ると頭を撫でてニコニコ笑ったりする。

それを目の当たりにした息子さんが、感動して大泣きしたらしい。」という箇所は、古賀氏と共に、施設を案内してくれた人から筆者も聞いたエピソードであった。このおばあさんがこどもが来ると頭を撫でてニコニコ笑ったりしたのは、「養護感」系（世話したい、守ってあげたい、他）のかわいさがもたらした結果である。

他にも、この施設や吉田一平氏の話は、現代日本の高齢者や幼児施設の矛盾や解決策の方向を考えるうえで示唆に富んでいる。本書の主題である「かわいい」に関連する内容は、子どもが近くに来たり、子どもに触れることは、人の心に強く働きかけ、笑顔をもたらすという現象であろう。これは、その女性だけの現象なのか、普遍性あるいは共通性を持つのか、男性の高齢者はどうなのかといったことも気になる。

建築の設計で、どれほど外観や内装を工夫しても、人を笑顔にすることはたいへん難しい。その困難を子どもというかわいいものの存在はいとも簡単に突破してしまう。

吉田一平氏は最初に幼稚園を１９８１年に設立して以来、すさまじい勢いでたくさんの施設を設立して、ゴジカラ村をこしらえた。このような発展を成し遂げえたことは、単にアイデアや思い付きだけでなく、用地や資金の確保、人材の育成など広範な面で構想を実現し、運営する優れた手腕と情熱が発揮されたことを示唆している。また、それだけでなく、そのような施設の利用を望んだ人が多く居たということも重要な事実である。

なお、吉田氏は、筆者らが訪問した翌年に、長久手町長に就任し、その翌年には市制施行に伴い、市長に就任した。

表 5-1　吉田一平氏が設立した施設

1981年：学校法人吉田学園「愛知たいよう幼稚園」 **1986年**：社会福祉法人「愛知たいようの杜」 **1987年**：特別養護老人ホーム「愛知たいようの杜」、ショートステイ「愛知たいようの杜」 **1992年**：自然幼稚園「もりのようちえん」、託児所「コロポックル」 **1993年**：介護福祉養成学校「愛知福祉学院」 **1994年**：デイサービス「愛知たいようの杜」 **1997年**：ヘルパーステーション「ひだまり」 **1998年**：グループホーム「嬉楽家」、訪問看護ステーション「ふれあい」 **2000年**：「愛知たいようの杜」在宅介護支援センター **2001年**：ケアハウス「ゴジカラ村」、デイサービス「ゴジカラ村」、グループホーム「よりみち」、託児所「コロポックル２図書館通り」 **2003年**：「ぽちぽち長屋」、デイサービス「平庵」 **2005年**：「愛知総合看護福祉専門学校」 **2009年**：ヘルパーステーション「ぽちぽち長屋」、小規模特養「だいたい村」、ショートステイ「杜の宿」、地域包括支援センター

（吉田一平公式ウェブサイトより作成）

▼運営解・設計解の目的・効果と手段のネットワーク図

事例の紹介の文章は、建築設計の設計解ではなく、その上位の意思決定である運営の方針や考えかたの説明が多かった。設計者は建築主・運営者の方針に従ってその最適解を構築する立場と考えると、それらは余分な、見当はずれの情報かもしれない。しかし、設計者も時には施設の企画や基本計画に参画するケースがあること、何が施設の利用者・入居者を生き生きと、幸福にさせるかを知ることは、その知見が基本計画から詳細設計に至るプロセスのなかでも貢献できる場面もありうると考えた。

ネットワーク図の最上位の目的は、「お年寄りが「生きていてよかった」と思えるような生活を作り上げる」とした。運営解・設計解は、「混ざりあって暮らす」と「放し飼いの子ども達」の2グループに分けた。

「混ざりあって暮らす」の運営解・設計解はかわいいの3類型のなかでは「好感」系と「養護感」系の効果をもたらす。

「混ざりあって暮らす」のなかの「できるだけ

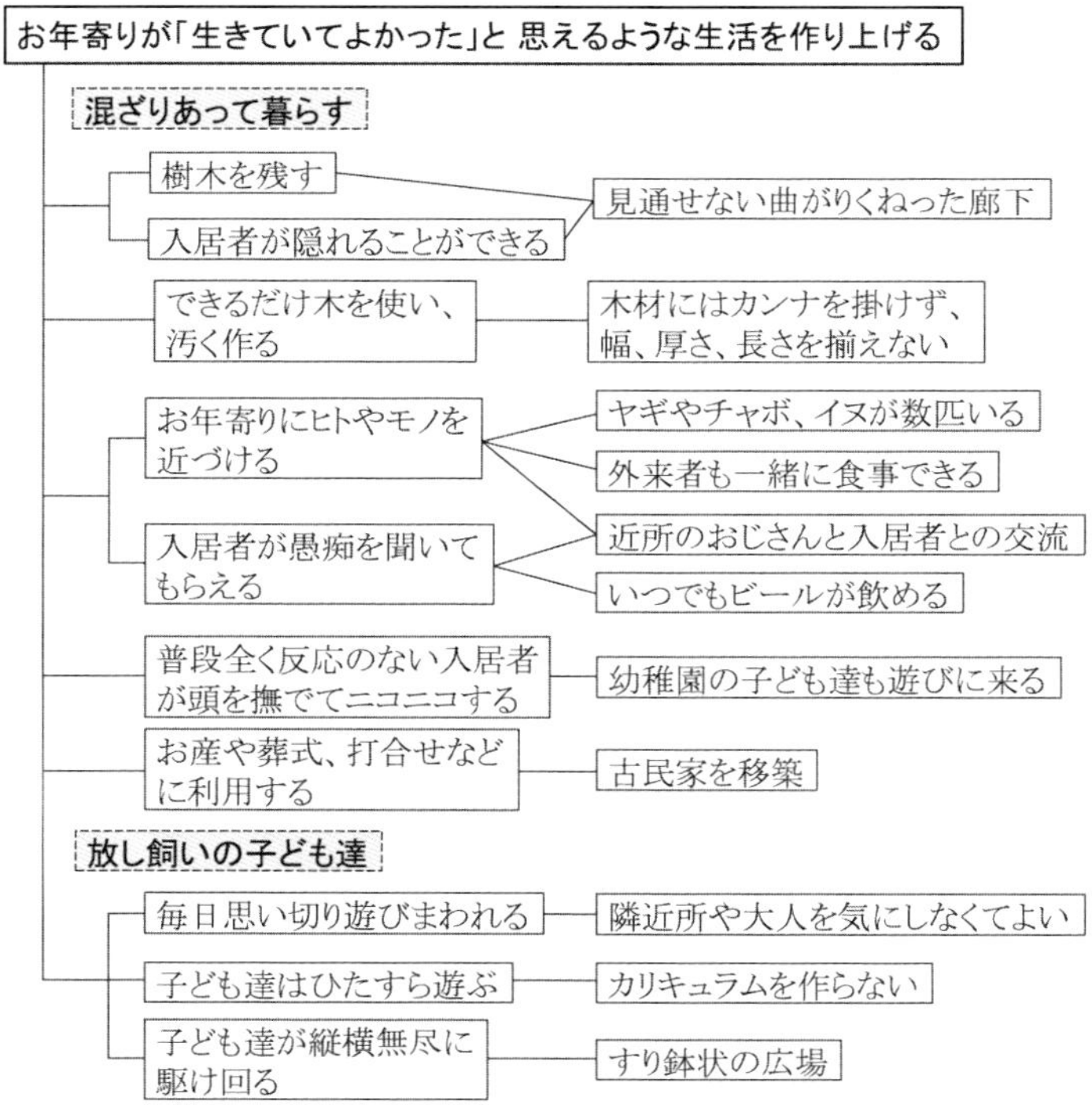
お年寄りが「生きていてよかった」と 思えるような生活を作り上げる
混ざりあって暮らす
樹木を残す
入居者が隠れることができる
見通せない曲がりくねった廊下
できるだけ木を使い、汚く作る
木材にはカンナを掛けず、幅、厚さ、長さを揃えない
お年寄りにヒトやモノを近づける
入居者が愚痴を聞いてもらえる
ヤギやチャボ、イヌが数匹いる
外来者も一緒に食事できる
近所のおじさんと入居者との交流
いつでもビールが飲める
普段全く反応のない入居者が頭を撫でてニコニコする
幼稚園の子ども達も遊びに来る
お産や葬式、打合せなどに利用する
古民家を移築
放し飼いの子ども達
毎日思い切り遊びまわれる
隣近所や大人を気にしなくてよい
子ども達はひたすら遊ぶ
カリキュラムを作らない
子ども達が縦横無尽に駆け回る
すり鉢状の広場

図 5-1　運営解・設計解の目的・効果と手段のネットワーク図

木を使い、汚く作る」「木材にはカンナを掛けず、幅、厚さ、長さを揃えない」は施工の現場では職人を戸惑わせたと聞いた。そのような指示を受けたのは初めてであったし、何かのルールに沿って作業を進めるのではなく、職人に自身の判断（意思決定）を迫らせるためかもしれない。

◉社会福祉法人　江東園

子どもたちはお年寄りにとってたいへん「かわいいインパクト」を持つ生き物らしい。調べてみると、幼と老の共存、「世代間交流」は、高齢者施設計画の大きなトピックになっている。そこで、「世代間交流」の先陣を切った江戸川区の社会福祉法人江東園を訪問した。

▼1月某日朝

江東園は、江戸川区の南西部、旧江戸川に近い位置にあり、その対岸は千葉県市川市の行徳になる。２０１４年1月のある日、午前9時頃に都営地下鉄新宿線の瑞江駅から徒歩10分の江東園に到着した。

玄関ホールで靴を脱いでいたら、脇の事務室から30代

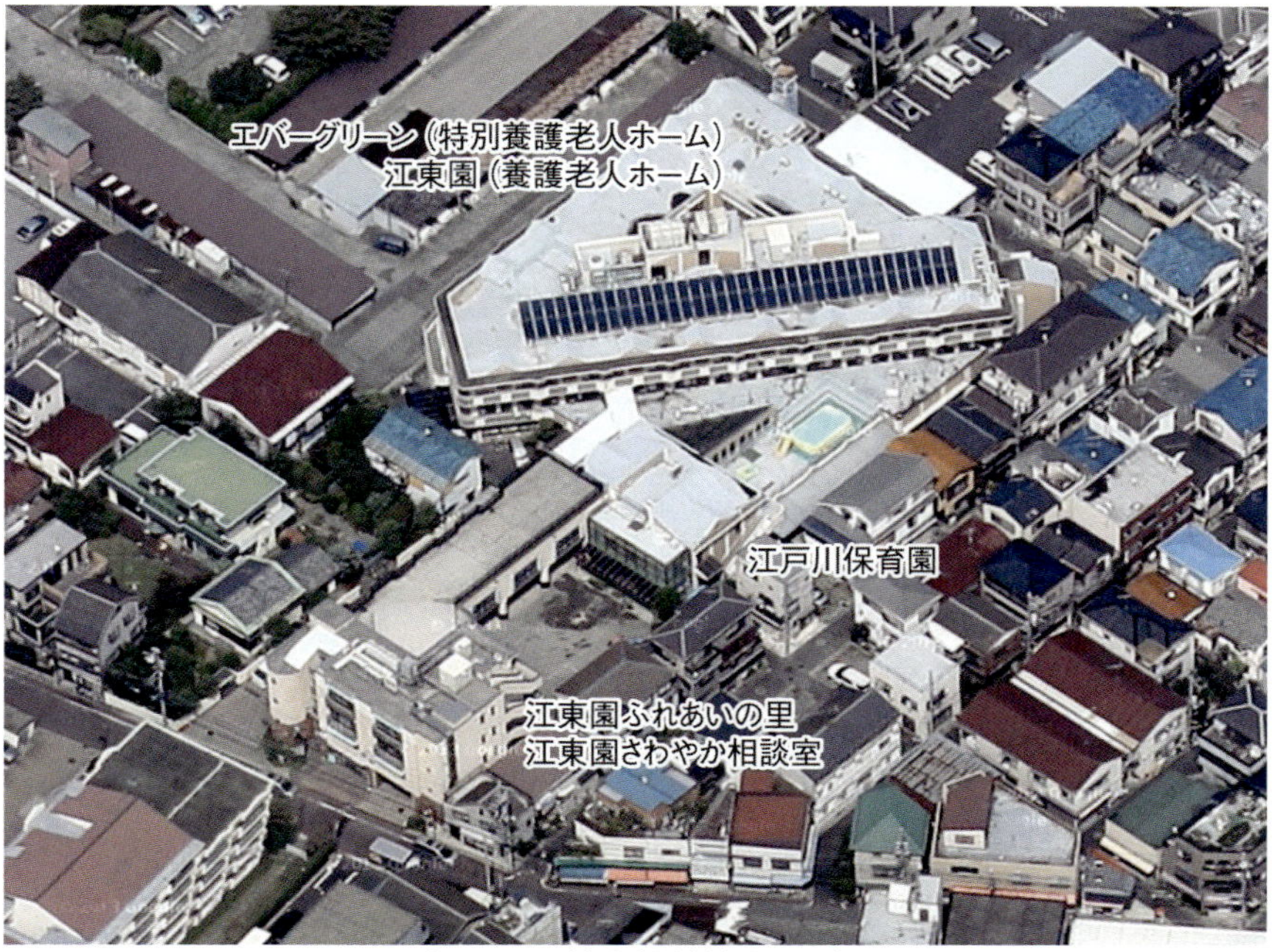

写真 5-10　社会福祉法人 江東園

と思われる一人の男性が出てきた。約束していた杉大治園長であった。「これから、子どもたちとお年寄りの体操が始まります。普段は屋外の園庭でやっているのですが、今日は冷え込みが厳しいので室内でやることにしました」。確かに、その冬いちばんの冷え込みで、外気は2℃だった。子どもたちは江東園に併設されている江戸川保育園の園児で、同保育園では、ずっと以前から、裸、裸足で保育している。慣れれば、裸で過ごすことは誰でもできるのだろうか。室温は確認していないが、そう高くはない。

エントランスから入った1階には、体育館のような広い空間（遊戯室）があり、その東側に保育室がある。間仕切りで区切られただけの空間で、裸の園児たちが乾布摩擦をしている様子が見える。遊戯室の西側は一段高くなっていて、ソファや折りたたみ椅子が遊戯室の観客席のように置かれており（機能回復訓練室）、お年寄りたちが静かに座っていた。一人の男性のお年寄りが歩行用の手押し車を押してやってきて、観客席に加わった。お年寄りの人数はざっと20名くらいだ。

なお、江東園がある建物は、保育園と養護老人ホーム、特別養護老人ホーム、老人デイサービスセンター

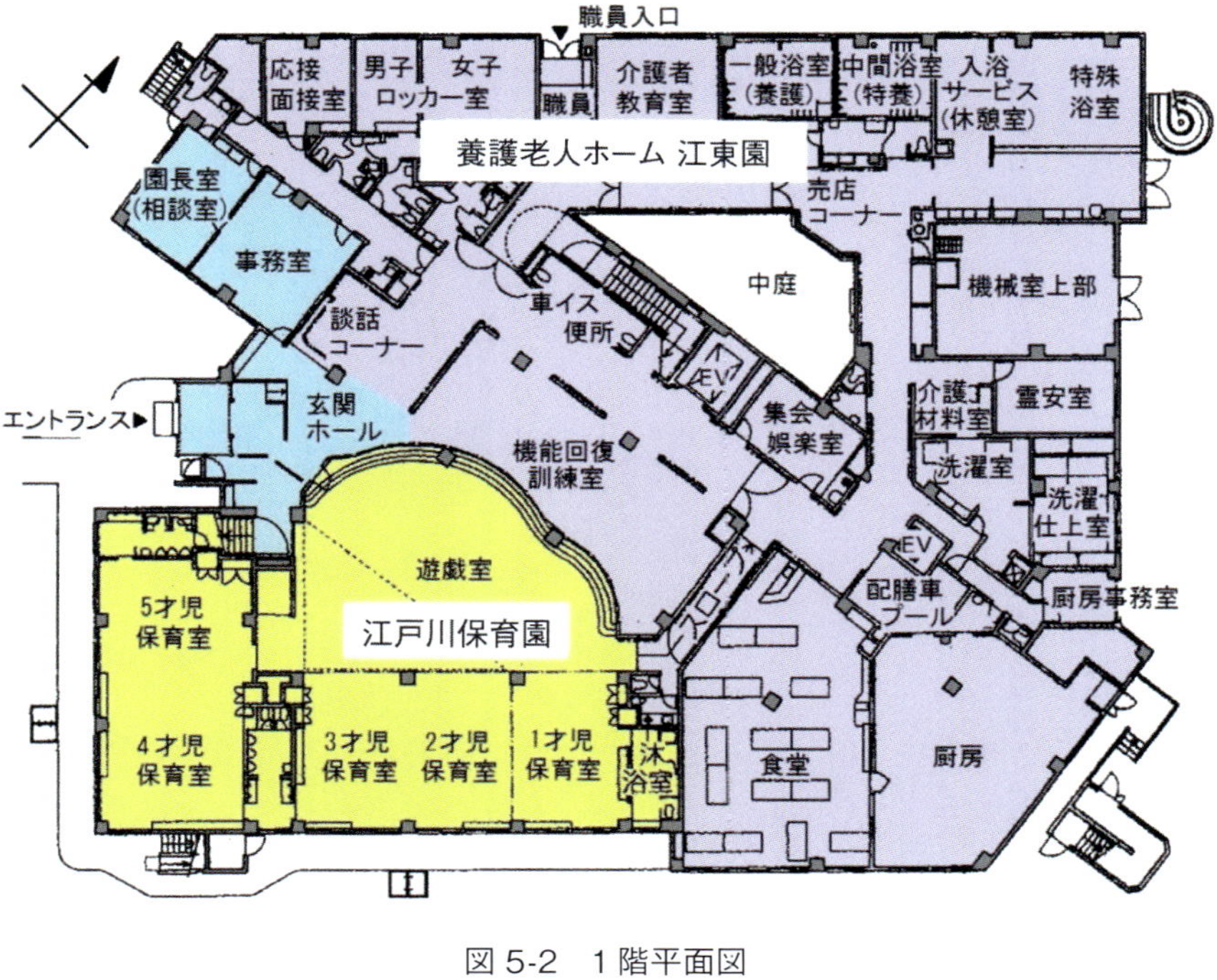

図5-2　1階平面図

の４つの施設を統合した建物で、１階は主に保育園と養護老人ホームのスペースが占めている。

▼午前9時半

遊戯室と保育室を仕切っている戸を開けて、園児たちが遊戯室に入ってきた（後でわかったのだが、２歳児だった）。園児たちは上半身は裸で、ペンギンが歩くように手を体の両脇に広げて歩いてきた。

保育士の声で、園児たちは、まず、ソファのお年寄りたちに、大きな声で「おはようございます」と挨拶した。そして、お年寄りたちのなかに入っていく。お年寄りたちは、迎え入れるように手を挙げたり、手を広げたり。「世代間交流」が展開された。

お年寄りたちは「かわいい」園児たちに接してどんな表情を見せるのかと注意をしていたのだが、基本的には微笑んでいて、あまり感情が表に出ていない人もいる。脇にいた園長さんは、「ここに居るお年寄りは2階の養護老人ホームのお年寄りで（3階は介護などが必要な特別養護老人ホーム）、全員が出てくるのではなく、なかには自分の部屋から出てこない方もいらっしゃいます。（指さして）あの子は障害を持った子どもですが、特別に変わった扱いをしていません。」「（筆者）江戸川保育園がお子さんを預かるのは何時から何時頃なんですか？」「朝の7時15分から夕方の19時15分までです。現在、１０３名のお子さんを預かっています。紺色のシャツを着ているのは養護老人ホームの職員、ピンクは保育園の職員ですが、色は違えども同じ職員という扱いでお仕事をしていただいています。実は毎年、年初めに餅つき大会をやっているのですが、昨年はその前に嘔吐者が出たので、急遽、中止しました。そして、簡単な行事に変えたのですが、うちの職員たちは、そういう急な変更にもよく対応できるように、迅速な会議やリスクに対応できる仕組みをつくっています。全員が次に何をやったらよいかを理解しています。」

写真 5-11　園児を抱きしめるお年寄り

しばし、お年寄りと一緒の時間を過ごし、園児たちは遊戯室に戻り、音楽に合わせて体操（保育士さんたちがつくった体操とＮＨＫのラジオ体操の２つ）を始めた。ソファのお年寄りたちは、初めの体操のときは園児に合わせて少し体を動かした程度だったが、ラジオ体操のときはもっと活発に手足を動かしていた。体操が終わると、遊戯室のフロアに降りてきたその日の当番のおじいさんとおばあさんを保育士さんが紹介しはじめた。観客席のお年寄りの目は園児たちだけに注がれていた。園児たちの「おじいちゃん、おばあちゃん、元気でいてね。」の声で体操の時間が終わった。園児たちは再びソファに座っているお年寄りのところに行き、話しかける。お年寄りたちは園児をさすったり、手をつないだり、なかには両脇に園児を抱きかかえているおじいさんもいる。おじいさん、おばあさんも笑顔が多い。あまり感情が出ない人は、ざっと見て1割くらいだろうか。

「子どもとお年寄りとの交流だけでなく、子ども同士の異年齢交流も行っています。」と園長さん。お年寄りたちは観客席に出した椅子を片づけて、部屋に戻って行った。

保育室のほうを見ると、２歳児の保育室に一人のおじいさんが立っていた。「あの方は、お年寄りと一緒にいるよりも、子どもといるほうが気持ちが落ち着くので、そうしています。」とのこと。

▼施設見学

園長さんと保育室に行ってみる。「ここは０歳児の部屋です。０歳児は法律の規定で囲われた部屋にしています。いまは０歳児を９名預かっています。離乳食など食事は４種類、アレルギー対応の食事もつくっています。アレルギーのある子は約１００名のお子さんのうち８名います。」

４歳児、５歳児の保育室は、ほとんど壁で仕切られていなかった。そういう空間構成がここの特徴になっている。続いて、２階に上がった。三角形の中庭を取り囲んで通路があり、その外側に１人または２人用の居室が配置されている。その部分と別棟のような形でデイサービスのホームやプールがある。居室近くの通路の壁には、入居者の書いた習字の作品や絵画、職員の近況報告などが貼られていた。

大きなクリスマスツリーも置かれていた。「これは、ある男性の入居者の方がつくられたもので、毎年つくられているのです。」と園長さん。3階は特別養護老人ホームである。三角形の中庭を通路や居室が取り巻く配置は同じだが、居室は4人用が多い。通路に面したスペースで大勢の入居者がテレビ番組を鑑賞していた。特別養護老人ホームは、常時介護が必要な65歳以上の高齢者で、寝たきりや認知症など自宅では適切な介護ができない人を対象とする施設で、ここの入居者たちは朝の体操には参加しない。一人あたりの職員数は、養護老人ホームの6倍だそうだ。

▼入口の戸が2つ

「ここの施設は約25年前に本格的な幼老統合施設として建て替えられましたが、管轄する行政組織が多岐にわたり、その認可を受けるため、行政サイドから、他の行政組織の管轄範囲と区別するために壁を設けるよう指導を受けたそうです。何とか知恵を出して対応しましたが。ほら、入口の戸が2か所あるでしょう。」と園長さん。ところがいまは、老人施設も幼児用施設も用地難で、行政サイドも複合化を奨励するようになっているそうだ。

▼職員の教育

「世代間交流が大事だといっても、職員を定着させていかなければなりません。」と園長さん。世代間交流は職員の負担を大きくするが、負担にならないように工夫しているという。

「この仕事を続けていくには、一定の概念、理論、教育は必要です。江東園の理念には、個性と個別性を重視した最良のケアと保育を提供することを掲げています。ここでは、常勤と非常勤の全職員を対象に、年に4回マニュアル研修をしています。さらに、平成23年度から、QC活動を取り入れています。QC活動の提案によって、遊戯室のおもちゃ箱には、収納するものの写真を貼りました。新人でも一目で片づけられるようになっています。」と園長さん。

他にも、江東園では、地域との交流（社会化）にも熱心に取り組んでいる。帰り際に、「ここのお年寄りは、他よりもみんな元気でしょう。」と、園長さんも明るく胸を張って語ってくれた。

▼幼老統合施設の誕生

江東園は1962年に養護老人ホームとして設立され、女性の社会進出が進行しはじめた1976年に江戸川保育園を併設し、1987年に保育園と養護老人ホーム、特別養護老人ホームと高齢者在宅サービスの4施設を含む日本で初めての幼老統合施設に全面改装された[1]。

全面改装を指揮したのは、江東園創設者のお子さんの杉啓以子園長（当時は事務局長）で、現園長の母親である。著書によれば啓以子さんは、かつて保育園の園児たちが言った「お爺ちゃん汚い、臭い」という言葉に大きな衝撃を受け、「これではいけない。お年寄りが大切にされて、安心して住める場を作りたい」「高齢化の進行のなかで地域の高齢者の福祉と介護を担いたい」と強く感じ、お年寄りと日常的にふれあうことで、子どもたちが「長く生きてきたお年寄りの知恵と経験を学び、成長の糧としていくこと」を願った。その結果、たどり着いた結論が、幼老統合という解であった。それをどう運営すべきか悩んだ結果、「昔の農家の大家族の暮らし」を思い浮かべたそうだ。

ここでは、午前8時半から9時までの「自由遊び」、9時半からの「朝の体操」、10時半から11時までの「居室訪問」（保育園に降りていけないお年寄りの居室を訪ねる）、正午からの「排泄・着替え」、14時半から15時までの「着替え」および「おやつ」、15時半から16時までの「自由遊び」の時間が「世代間交流」の行われるスケジュールである。登園から降園までの7時間（うち2時間は午睡）のおよそ3分の1から2分の1を世代間交流の時間に費やしている。

啓以子さんは、園児はお年寄りと触れ合うことで、人の優しさや人との接しかたを学んで成長し、お年寄りは、園児から「生きがい」という、生きていることの証を受け取ると述べている。実際に筆者が見学した朝の体操の最後に、園児たちが「おじいちゃん、おばあちゃん元気でいてね。」と大声で叫ぶ光景はたいへん感動的であった。その声を聴いた直後に、近づいてくる園児を抱き寄せたくなるお年寄りたちの気持ちは痛いほど察せられる。

いままでは、この世代間交流を体験した子どもたちの息子や娘たちが園児となっている例も少なくない。

▼運営解・設計解の目的・効果と手段のネットワーク図

運営解・設計解の目的・手段から下位の目的・手段に至るネットワーク図の作成を試みた。最上位の目的は、杉啓以子前園長が願った「高齢者が大切にされて、安心して住める場を作りたい」とした。

幼老統合施設の計画は、そこで実施される「世代間交流プログラム」の内容が前提条件となろう。その効果は、「好感」系と「養護感」系のものである。

参考文献

[1] 杉啓以子『よみがえる笑顔―老人と子ども　ふれあいの記録』静山社　2012年

◉テンミリオンハウス花時計

▼世代間交流施設の現況

高齢者施設の計画が専門の浅沼由紀教授（文化学園大学）によると、老人ホームと保育所の幼老複合施設は、①消防法などの法的制約から空間的に魅力あるものがつくり難い、②保育所側のスタッフ教育や保護者理解も重要で、互いに高齢者・子どもに対する正しい知識・認識を持っていないと交流が進まない、③特別養護老人ホームでは、近年、入所高齢者の要介護度が高くなってしまい、子どもとの直接交流は難しくなっている、などの問題点を抱えており、④運営者側の知恵や熱意で世代間交流プログラムを積極的に進めている施設が存在している。

一方で、「まちの居場所」的な小さな場所での取り組みはいろいろなところで進んでお

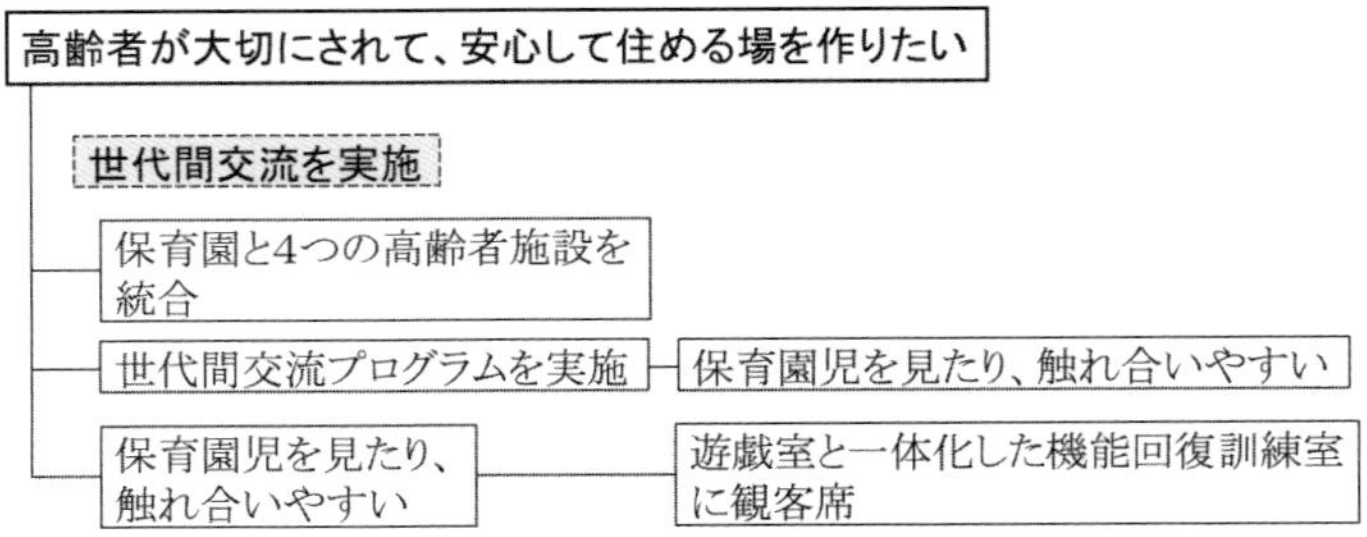
高齢者が大切にされて、安心して住める場を作りたい
世代間交流を実施
保育園と4つの高齢者施設を統合
世代間交流プログラムを実施
保育園児を見たり、触れ合いやすい
保育園児を見たり、触れ合いやすい
遊戯室と一体化した機能回復訓練室に観客席

図 5-3　運営解・設計解の目的・効果と手段のネットワーク図

り、東京でも、自治体支援を受けた民家でのミニデイサービスのような場所での高齢者と乳幼児親子を対象にした場があると教えられた。

▼テンミリオンハウス花時計

東京都武蔵野市では、地域での見守りや社会とのつながりが必要な高齢者などの生活を総合的に支援する「テンミリオンハウス事業」を実施している。これは、年間1000万円（テンミリオン）を上限とした市の補助金を得て運営する「身近で、小規模で、軽快なフットワーク」の「まちの居場所」を目指した家である。2016年当時、7つの施設が運営されており、「世代間交流」も行われている。筆者はそのなかの一つ、テンミリオンハウス花時計を2016年5月に訪問した。

そこはJR中央線武蔵境駅の南方約500mの位置にあり、周囲は戸建て住宅が並んでいる。数十m南にはまだ畑地（生産緑地）も広がっている静穏な区域にある。

施設長の石嶋和子さんに概要を聞き、当日の利用者のみなさんと昼食を共にしながらお話を聞いた。

写真 5-12　テンミリオンハウス花時計の外観

▼運営は任意団体「ゆう3」

花時計は2005年にオープンした。現在、花時計となっている建物は、住宅用に購入した人が直ぐには使っていなかったもので、武蔵野市議会のある議員が、所有者にテンミリオンハウス事業に活用する話を持っていき、世代間交流の役に立てるならと所有者が了承して、その事業に参加することになった。

施設の運営は「ゆう3」という任意団体が担当しているが、それは「優しさと遊び心を持って世代を越えた結びつきを大切にしていこう（優・遊・結）」を目指して、武蔵野市立境南小学校のＰＴＡで活動していた人たちが中心となった組織である。

民家をテンミリオン事業の施設として使用するために、改修工事が必要だった。２階建てのため、非常階段を設置し、２階の２部屋に床暖房設備を施し、１階の２つの洋室は部屋をつなげて広い空間（リビング）とし、床はフローリングに変え、床暖房設備を入れた。１階の和室には掘りごたつをつくり、浴室は不要となるので、誰でも入れるトイレ（男女共用の車いす使用者優先トイレ）に変更した。

１階は和室とリビング、２階は乳幼児用の洋室と多目的室、事務所という間取りにしている。

▼運営・利用状況

武蔵野市のテンミリオンハウス事業は、市内に13ある町目ごとに1か所設置することを目標としている。

利用対象は、市内在住の65歳以上の高齢者と乳幼児親子および児童で、自分で通えることが条件となっている。

写真 5-14　玄関付近

写真 5-13　付近の畑地（生産緑地）

花時計では、高齢者向けのミニデイサービス、乳幼児向けの遊び場、喫茶スペース、児童向けの伝統文化継承講座を柱としてさまざまな行事を企画・推進している。

高齢者向けのミニデイサービスは、高齢者有志による講座を毎日行っており、健康麻雀、体操、歌、朗読、絵手紙、英語、手芸など多彩なプログラムが組まれている。世代間交流としては、児童向けの伝統文化継承講座（箏曲、茶道、手芸）やコンサートなどのイベントを行っており、武蔵野赤十字病院や武蔵野消防署、国際基督教大学と日本獣医生命科学大学の合唱サークルなど、近隣の施設や団体とも連携が図られている。

２０１５年度は、昼食・喫茶を含むミニデイサービスを年間２４８日実施し、高齢者の利用者数は延べ４７６６名、平均して一日に約19名が利用している。児童と幼児、乳児はそれぞれ年間延べ３８１名、１８９５名、５７３名で、乳幼児の一日平均利用者数は約10名であった。

それに対して、スタッフは11名で、そのうち5名がローテーション制で調理、乳幼児、児童、高齢者を担当している。

人気のある「健康麻雀」は毎週火曜日の午前と金曜日の午後に開催され、頻繁に参加する人にはサークルのような存在になっている。

昼食は予約制で、食事代は５００円、月ごとのメニュー表をつくって配布している。月に1回は「お誕生日メニュー」の日を設け、そのメニューの内容は、お楽しみということで、当日まで伏せている。

表 5-2　利用条件

対象者
高齢者：市内在住の原則 65 歳以上の方で、ご自身で通って来られる方
乳幼児親子・児童（講座利用）
開設日
月曜～金曜（祝日も開所）
午前 10 時～午後４時（児童５時）
利用料
無料、昼食 500 円、お茶・手作り菓子実費

▼こころがほわっとする

必ず昼食に参加する高齢者は一人暮らしの人と、2世代居住ではあるが、自宅では交流がない人たちである。自宅では思いが伝わらないストレスや鬱憤が結構あるようで、そういう人も、しばらく利用しているうちに、お互いに信頼関係ができ、いろいろな事も話すようになって、スタッフからみると、心が軽くなるように感じられ、高齢者にも子どもたちにも、声を掛けたり、会話をすることを心掛けているそうだ。

２階の乳幼児用の洋室には、木のおもちゃやおままごとセットなどを置いて、部屋を開放している。そこで、乳幼児同士、母親同士が仲良くなり、親子の遊ぶ声が1階に集う高齢者にも聞こえる。すると、高齢者たちの表情がぱあっと明るくなり、元気になるように見えるそうだ。石嶋さんは高齢者の「こころがほわっとするようだ」と語った。

利用者たちは、「自宅で一人だけなら簡単に済ましてしまうが、ここで小さいお子さんと一緒に食べると、単なる栄養だけじゃなくて、心が豊かに、心が栄養をとるようで、寿命も延びるような気がする」「日当たりの良い一軒家なので明るく、温かい雰囲気は、通常の高齢者施設にはない魅力がある」などと感想を述べている。なかには、食事のときに子どもに声を

写真 5-15　世代間交流「花時計であそぼ」

写真 5-16　世代間交流「手芸」

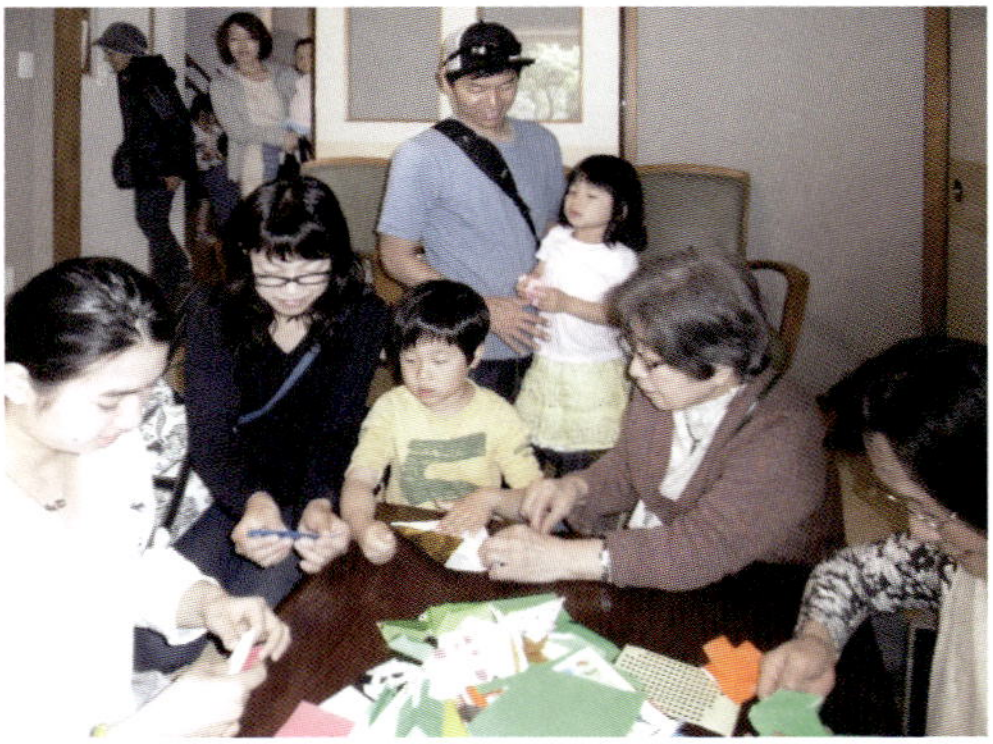
写真 5-17　世代間交流「折り紙」

かけたり、出会った子どもの名前を手帳に、３００人、４００人と書いている人もいる。

▼スタッフの生きがい

スタッフたちにとっても、この家で、高齢者たちが元気になり、自分の尊厳を守りながら暮らしていけることはうれしく、あるスタッフは、この仕事にかかわったときは、子どもが手を離れ、家事に全力投球しなくてもやっていける状態だったので、この仕事に本当に力を入れており、それで、社会とつながっていけるという生きがいにもなっているそうだ。

また、スタッフたちは周辺に住んでおり、知り合いも少なくない。素人が始めたことなので、「あの人がやっている施設はどうも…」とか、「やっぱりね」という評判になることは避けたいという気持ちがあり、しっかりやっていかねばということにつながっているそうだ。

▼テーブルを囲んで

正午が近づき、1階のリビングルームにはテーブルがつなげて並べられ、大勢が席に着いて、各自に食事が配られた。

スタッフ（以下、Sと略）：今日のメニューは、鯖の甘酢あんかけがメインで、青菜と油揚げのおひたしとジャーマンポテトです。どうぞ、ごゆっくりお召し上がりください。

筆者（以下、Qと略）：ありがとうございます。ごちそうになります。（隣やテーブルの反対側に座ったお年寄りたちに）みなさんは週に何回ぐらいここで食事をされるのですか？

Aさん：ここが開いているときは毎日来るようにしています。医者に行くときは来られませんが。年寄りって結構、医者に行く日が多いんですよ。

Bさん：私は週に5日です。

Cさん：月火水木金ね。

Dさん：私は４～５日ぐらい。

Q：一人で食べるのとは違いますよね。
S：Bさん、一人じゃこんなにつくれないもんね。
Bさん：材料は買ってくるけど、みんな使わない。みんな冷蔵庫で腐っちゃう。キュウリなんか水になってくる。
Dさん：キュウリが水になるのにだいぶかかるでしょ。
Bさん：4か月くらいかな。（一同大笑い）
Dさん：一人暮らしの方も居るんですけど、私は67歳のパートナーが居るんですよ。でも、一緒にここまで来て、僕をここに預けて遊びに行っちゃうんですよ。
S：奥さんもお昼食べるんでしょ。
Dさん：食べますよ、外で。遊び先で食べるの。
S：毎日ですか？
Dさん：はいはい。
（しばし歓談）
S：よかったら、花時計手作りのケーキを召し上がりませんか？今日はレモンシフォンケーキとヨーグルトケーキがあります。
Dさん：あそこは大きな声で話してるでしょ。Fさんは30万円もする補聴器を買ったのに使ってないんですよ。もったいない。
Fさん：この頃は悪い事が多いから、聞かなくっていいんですよ。
Cさん：ほら、悪口言うとすぐ聞こえるのにね。（笑）
S：（食器を片付けながら）このランチョンマットは、絵手紙の講座に来られた方が描かれたのですよ。

写真 5-18　1階リビングルームで昼食

Q：季節感があっていいですね。どうもごちそうさまでした。

▼訪問を終えて

江東園では朝の体操の後に、幼児たちがお年寄りのところに駆け寄り、撫でたり抱っこされたりし、お年寄りの顔は笑顔でくしゃくしゃになったり、涙を流す人もいて、たいへん感動的な光景が現れた。ここでは乳幼児は母親に連れられて来るため、幼と老の触れ合いの密度はそれほど高くはない。でも、お互いに近い距離に居なくても、こじんまりした空間のなかに一緒に居ることは、「こころをほわっとさせる」力を持っている。

実の親子だと2世代交流をうまくやっていけない人が、ここでは安心していられるのはなぜだろう。ある程度距離を置いているために、深刻な問題に直面せずにすむからであろうか。

施設長の石島さんは、地域のなかで、その地域の人間が運営していることの長所や問題点を吐露してくれた。清潔で手入れの行き届いた内外の空間、心のこもった食事やティータイムなど、温かく、高いサービスの水準は、彼女たちの頑張りや矜持に支えられている。そういう人材こそが「まちの居場所」の質の維持や確保の最大の要因ではないだろうか。

▼運営解・設計解の目的・効果と手段のネットワーク図

ここでは、ネットワーク図の最上位の目的は、武蔵野市のテンミリオンハウス事業の目的である「高齢者の町の居場所を作る」とした。

設計解は、既存の民家を改修した際の改修内容である。

テンミリオンハウス事業では、運営団体は市が公募して決定する方式であり、サービスの内容は、運営団体によって特色が出る。現在は、花時計のように地域

写真 5-19　1階和室での昼食風景

の有志が運営団体となっているのは3施設、NPO法人が3施設、地域の福祉活動協議会が1施設を担当しており、「世代間交流」活動は花時計の特色となっている。

2 自尊感情

▼ウイグルの老人と子ども

精神科医の碇浩一氏（元福岡教育大学教授）は、1996年から3年間、文部省の助成を受けて実施した「ウイグル民族と日本の子どもの生活環境の比較研究」を主体に、自身の体験を踏まえて「幼老共生」を提案している[1]。

ウイグル族の子どもは集団のなかで育てられ、母親が働いている日中は、ほとんど老人と一緒にいる。食事、農作業、放牧、宗教に関する行為、バザールでの買い物など、すべて行動を共にする。「子どもはやさしく、大事に育てなければならない。子どもを叩いたり、怒ったりしては絶対にいけない」というのがウイグル族の考えかたで、子どもたちは老人たちの温かなまなざしのなかで育てられる。

碇氏は、それは子どもの人格形成にとても良い環境だと述べている。そのウイグル族の「幼老共生」に比べ、日本の核家族では「母子共生」の環境となって、母親に大きな負荷がかかり、精神的負担も大きい。そ

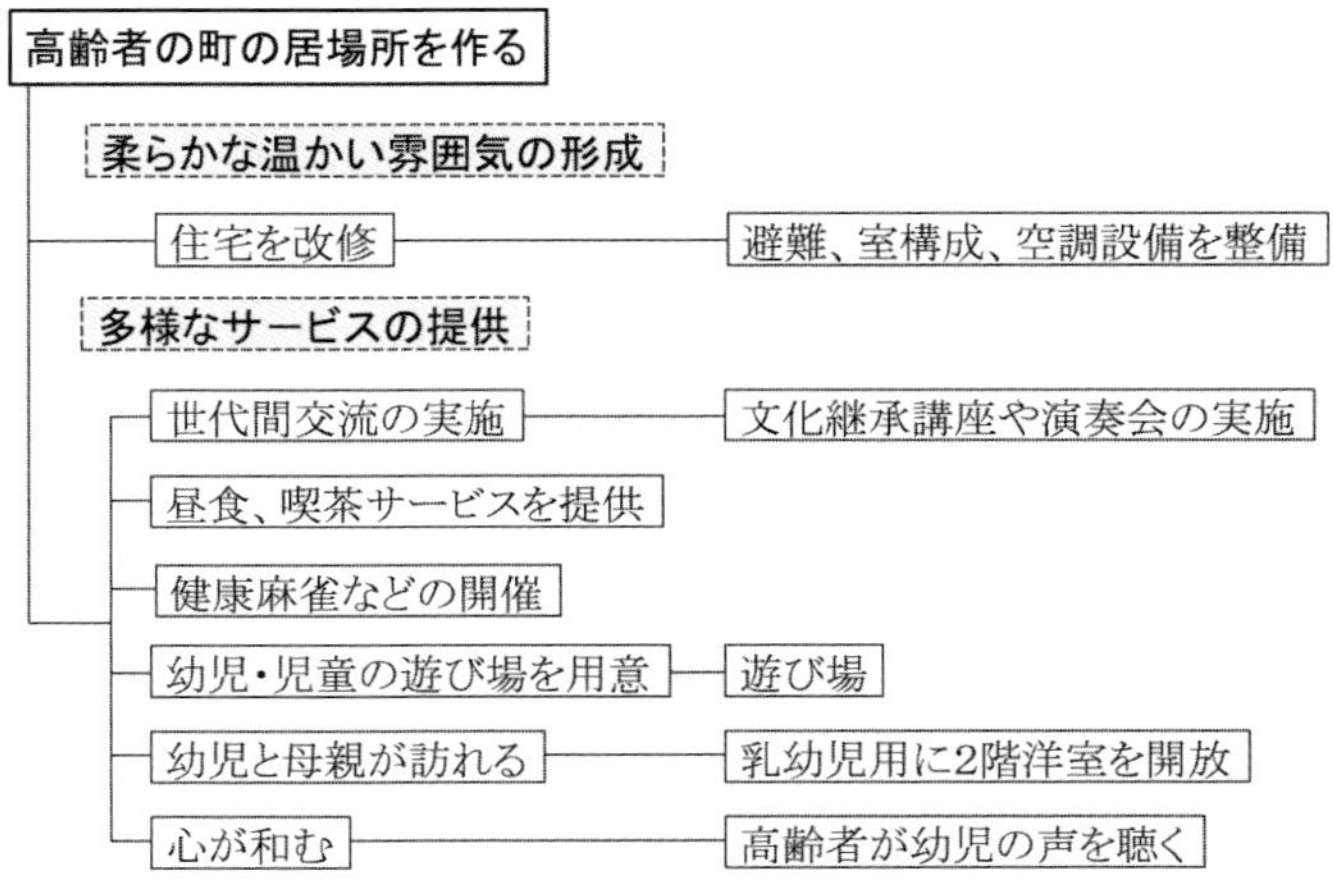

図 5-4　運営解・設計解の目的・効果と手段のネットワーク図

して、ウイグル族の使命や役割を持ち、敬意を払われる老人たちに比べ、日本の老人たちは、育児や母子から隔離され、義務を負わず、責任も持たず、尊敬もされ難い。

日本では昭和30年代後半以降に核家族が社会の単位として受け入れられ、定着した。核家族化は欧米が先行していたが、碇氏は、「1950年代に米国の社会学者T・パーソンズが「核家族は米国社会が発展するために必然的なものだ」と述べたが、その発展とは産業化のことを指していた。しかし、核家族の制度は、社会的、情緒的に成熟した男女が夫婦関係を結び、子どもを育てるということを前提にしているシステムであり、現実には、その条件が揃った家族はむしろ少数派で、幼児は逃げ場のない空間で、育児の経験の少ない、場合によっては感情統制の未成熟な母親と対峙せざるを得ない状況に置かれる。いじめや登校拒否、家庭内暴力、幼児虐待、家庭内の女性や子どもの殺害事件、無気力な青年の蔓延なども核家族の養育環境に原因を求められる。」と述べている。

現代の私たちには常識と思える核家族の社会が定着した昭和30年代や1950年代は、いまからおよそ半世紀前であり、狩猟採集時代から放牧・農耕社会、産業化と続いてきた人類の数十万年以上の歴史と比べると、それはほとんど瞬間でしかない。核家族という家族形態の問題点を補う知恵が不十分なまま、時間は経過していき、子どもたちはそのしわ寄せを受け続ける。そして、碇氏が指摘した「日本の老人たちは、育児や母子から隔離され、義務を負わず、責任も持たず、尊敬もされ難い。」に対し、ウイグルの老人たちは、育児を担い、責任を持ち、尊敬もされている。

なお、吉田一平氏の言う「立つ瀬」は、この問題にかかわっている。

▼自尊感情とは

日本初の幼老統合施設をつくった杉啓以子さんの自著には、さわやか福祉財団理事長の堀田力氏が寄稿していて、「…不当に傷ついた子どもたちの心の傷を癒し、人が積極的に生きていくために絶対に欠かせない「自尊感情（自分の存在意義を肯定する心）」を回復させるのはお年寄りの力です。」と書いている[2]。

しかし、筆者が朝の体操の前後に観察した光景では、むしろ子どもたちのほうが、より多くお年寄りに、その感情を回復させているように感じられた。

「自尊感情」という言葉は、「self-esteem」(以下、「セルフ・エスティーム」と表記)の訳語であり、小型の英和辞典(コンサイス英和辞典)では「自尊心、自負心、うぬぼれ」としている。それは、辞典の編纂者の日常語としてのセルフ・エスティームの意味に対する概括的な見解である。一方、心理学の事典(最新心理学事典)では、「自尊感情」の定義について、「研究者によって微妙に異なるが、自分自身に対する全体的評価感情の肯定性、すなわち自分自身を基本的に良い人間、価値ある存在だと感じている点でおおよそ共通している。自尊心ともいう。」としている[3]。研究者の間で定義は確定していないこと、および自己の肯定的な評価に関する概念と理解されていることが共通点であるとしている。

▼自尊感情に対する知見

セルフ・エスティームという概念を初めて取り上げたのは、米国の心理学の祖と言われるウィリアム・ジェームズ(1842~1910)であった。彼は米国では初めての心理学の実験室を、南北戦争(1861~1865)終了の10年後にハーバード大学に設立した。ジェームズは、セルフ・エスティームは自己評価に基づく感情であり、自己にとって価値のある分野における願望と成功の相対的な関係で自尊心は高くも低くもなると考え、自尊心=成功/願望という公式を提唱した[4]。

自尊心の形成については、米国の心理学者スタンレイ・クーパースミスの研究がある。彼は、社会心理学や精神分析学、臨床心理学などの多くの研究成果をもとに、セルフ・エスティームの形成に関する主要な要因を4項目にまとめた。それらは、①個人が、自分の人生において「重要な他者」[注]から寄せられている尊敬、受容、関心のある取り扱い、②個人の示す成功の歴史と、世の中で認められている地位・位置、③個人の価値、願望、④個人の価値を低下させることへの対応のしかたである。

また、子どものセルフ・エスティームの形成条件として、①両親による子どもたちの全面的な、あるいはほぼ全面的な受容、②明らかに規定され、強制されている制約、③規定された制約内での行動に対する尊敬および余裕、という3条件を挙げた[5]。

なお、1943年に発表されたマズローの欲求5段階説（生理的欲求、安全欲求、社会的欲求、尊厳欲求、自己実現欲求）のなかの尊厳欲求（「承認の欲求」と訳される場合もある）はesteem needsである。マズローは、この欲求は、①自尊心（強さ、達成、適切さ、熟達と能力、世の中を前にしての自信、独立自由などに対する願望）と、②他者からの承認（評判とか信望、地位、名声と栄光、優越、承認、注意、重視、威信、評価などに関する願望）という2種類の願望と呼べるものがあると述べている[6]。

▼「立つ瀬」と自尊感情

ウイグル族の「子どもはやさしく、大事に育てなければならない。子どもを叩いたり、怒ったりしては絶対にいけない」という考えかたは、「子どもたちの全面的な受容」や「行動に対する尊敬および余裕」という条件を見事に満たしている。また、お年寄りは「立つ瀬」があることによって、「自分の人生において「重要な他者」から尊敬を寄せられ」、「個人の成功の歴史」をつくることができる。

［注］重要な他者（significant other）：自分にとって大切な人、重要な位置を占める人

参考文献

［1］碇浩一『母さん父さん、楽になろう―幼老共生のススメ』三五館　2000年
［2］杉啓以子『よみがえる笑顔―老人と子どもふれあいの記録』静山社　2012年
［3］藤永保監修『最新心理学事典』平凡社　2013年
［4］W・ジェームズ著　今田寛訳『心理学（上）』岩波書店　1992年
［5］遠藤辰雄『セルフ・エスティームの心理学』ナカニシヤ出版　1992年
［6］A・H・マズロー著　小口忠彦監訳『人間性の心理学』産業能率大学出版部　1987年

第6章　実現手段と設計解

本書で紹介した事例の設計主旨とその実現手段について分析し、「幸福感」系の効果の実現手段は主に平面計画の設計解、「好感」系は主に視環境分野の設計解であることがわかった。

「幸福感」系の効果は、設計図面で示される空間の形態からではなく、その空間の利用者の動作や表情から読み取られた情報から形成されるという因果関係になっている。

なお、「養護感」系効果に関する実現手段は運営面の実現手段が多く、本分析の対象から除いた。

続いて、かわいいＷＧが実施した実務者を交えたディスカッションの要約を示した。

❶ 「幸福感」系・「好感」系効果の実現手段

▼効果の法則

第1章第1節で紹介したソーンダイクの効果の法則「結果的に満足をもたらす行動は、その状況との結合を強めていく」を、「かわいい」をキーコンセプトとした商品に当てはめてみると、「結果的に満足をもたらす行動」とは、心理的レベルでは「幸福感」系（和む・癒やされる、微笑ましい、幸せな気持ちになる、他）や「好感」系（見ていたい、触りたい、真似したい、会いたい・話したい、好き、他）、「養護感」系（世話したい、守ってあげたい、他）などの心理的変化が得られることと考えられる。ならば、「かわいいもの」でなくとも、「幸福感」や「好感」「養護感」が得られることが利用者にとって重要なのではないだろうか。

本書で取り上げた事例の建築設計では、どのような手段（設計解）が使われていたのだろうか。第3章と第4章で紹介した各事例の「設計解の目的・効果と手段のネットワーク図」において、「幸福感」や「好感」系の効果に関連すると思われるグループごとに、個々の手段がどの環境分野（視環境、音環境、空気環境、平面計画など）と関連する手段かを分析した。なお、事例のなかで「養護感」系効果に関する実現手段は運営面の実現手段が多く、本分析の対象から除いた。

▼「幸福感」系効果の実現手段

「幸福感」系効果と関連すると思われる目的・効果とその手段のグループは5グループあった。その実現手段の属す環境分野を判定した結果を図6-1に示す。なお、その判定はかわいいWGのメンバー3名が行い、2名以上が同じ分野と判定した結果を採用した。環境分野ごとに実現手段を整理した結果を表6-1に示す。

環境分野のなかで最も実現手段が多いのは「平面計画」で、「視環境」がそれに次ぎ、「音環境」と「空気環境」が各1件であった。今回の分析の対象とした事例は9例で、統計的吟味に耐えるものではないが、大まかな傾向としては、「平面

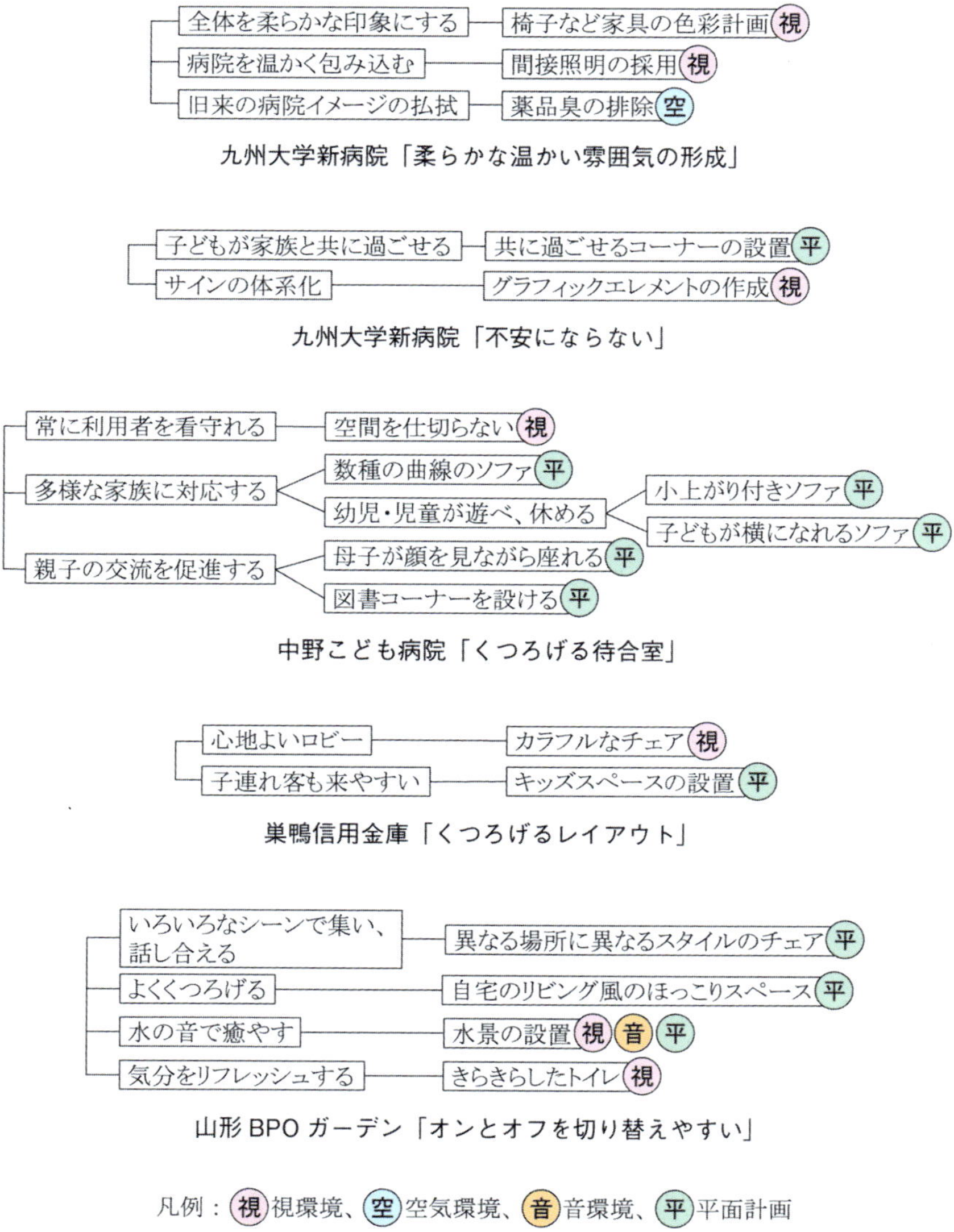

図 6-1 「幸福感」系の効果と関連があると思われるグループと環境分野

計画」と「視環境」との関連が相対的には大きい。「平面計画」では、空間の仕切りかた、図書コーナーやキッズスペースなど特定のサービスを提供する空間の確保、多様な利用者に対応できる家具の設置などが含まれている。「視環境」では、家具や壁面の色彩計画、照明方式の選定が含まれている。

▼「好感」系効果の実現手段

「好感」系効果と関連すると思われるグループに同じ作業を施した結果を表6-2に示す。設計分野のなかで最も手段数が多いのは「視環境」で、「平面計画」がそれに次ぎ、「空気環境」は1件であった。

「視環境」では、外観や色彩計画、自然光の導入、壁面の装飾やサイン計画などの手段が含まれている。「平面計画」では、室内の主動線とスタッフ・利用者との動線分離、外観を考慮した主要な室の配置計画、特定のサービスを提供する空間の設置などが含まれている。

表6-1　環境分野別「幸福感」系の効果の実現手段（設計解）

環境分野	グループ	実現手段（設計解）
平面計画	九大「不安にならない」	共に過ごせるコーナーの設置
	中野「くつろげる待合室」	空間を仕切らない 数種の曲線のソファ 小上がり付きソファ 子どもが横になれるソファ 母子が顔を見ながら座れる 図書コーナーの設置
	巣鴨「くつろげるレイアウト」	キッズスペースの設置
	山形「オンとオフを切り替えやすい」	異なる場所に異なるスタイルのチェア 自宅のリビング風のほっこりスペース 水景の設置
視環境	九大「柔らかな温かい雰囲気の形成」	椅子など家具の色彩計画 間接照明の採用
	山形「オンとオフを切り替えやすい」	水景の設置 キラキラしたトイレ
音環境	山形「オンとオフを切り替えやすい」	水景の設置
空気環境	中野「柔らかな温かい雰囲気の形成」	薬品臭の排除

「グループ」の略称　九大：九州大学病院／中野：中野こども病院
巣鴨：巣鴨信用金庫／山形：山形BPOガーデン

表 6-2　環境分野別「好感」系の効果の実現手段（設計解）

環境分野	グループ	実現手段（設計解）
視環境	九大「親近感と好奇心」	壁面やドアに大型ピクトグラム
	中野「他と違う病院」	まずプレイルームが目に入る、天窓と吹き抜け、壁面やドアに大きなピクトを導入、暗闇で発光するアートワーク、部屋ごとに異なる表札
	巣鴨「重厚で威圧的から軽快で親近感へ」	カラフルでデザイン性の高い外観、大きな窓、カラフルな屋根裏、壁や天井に綿毛の装飾、自然光の導入
	東進「かわいい予備校にする」	狭間をモチーフとした形状、カラフルな配色、不完全な形状、ブースを前面道路側に設置
	ヘル「交通バリケードを愛らしい形にする」	亀の形状を採用
	鴨川「親近感と好奇心」	千鳥や亀、舟の飛び石も設置 天候で特別な形になる
	山形「気持ちよく楽しく過ごせる」	距離表示のマーク、換気機能を持つトップライト、広場の床模様を芝山に関連、エントランスと広場にピンクの布、四季をテーマとした色彩計画
平面計画	中野「他と違う病院」	スタッフと利用者の動線分離 職員の休憩室・食堂の充実
	たま「駅に来る価値を作る」	出札窓口を駅長室に改装、たまギャラリーを設置、ホームに３つの神社を設置、たまカフェを設置
	東進「かわいい予備校にする」	ブースを前面道路側に設置
	ヘル「交通バリケードを愛らしい形にする」	積み重ねやすい形状
	鴨川「親近感と好奇心」	千鳥や亀、舟の飛び石も設置
	山形「気持ちよく楽しく過ごせる」	スロープで曲線の主動線
空気環境	中野「他と違う病院」	天窓と吹き抜け
	山形「気持ちよく楽しく過ごせる」	換気機能を持つトップライト

「グループ」の略称　九大：九州大学病院／中野：中野こども病院
巣鴨：巣鴨信用金庫／東進：東進衛星予備校／ヘル：ヘルシンキのカメ
鴨川：鴨川の飛び石／山形：山形 BPO ガーデン／たま：たま駅長

▼「かわいい」の原因系と実現手段

「幸福感」系の手段は「平面計画」が主という傾向は、「かわいいを分解する」の調査結果である「幸福感」系の原因系が「動作・表情」が主であることを勘案すると、その平面計画は、原因系「動作・表情」の内訳で示される「幼児的仕草」「笑顔が良い」「リラックス」「仕草が優しい」などが生じやすい計画内容であることが、より効果を高めると考えられる。

言い換えると、「幸福感」系の効果は、設計図面で示される空間の形態そのものではなく、その空間の利用者たちの動作や表情から読み取られるという因果関係なのである。

一方、「好感」系の手段は「視環境」が主という傾向は、同じ調査の結果で「好感」系の原因系が「形態」が主であることに符合しており、その「形態」の内訳である「小さい」「丸い」「顔立ち」「色合い」「柔らかい」などの項目は、壁面の装飾やサイン計画、家具などの特性にも関連している。

2 フリーディスカッション「かわいいと建築」

研究者が主体となったかわいいWGの成果について、設計者はどんな意見や考えを持っているのだろうか。かわいいWGでは実務者を交えたフリーディスカッションを2015年3月に行った［注］。その要旨を紹介する。

▼オフィス・ワークプレイス

オフィスあるいはワークプレイスに関しては、休息の空間とマグネット効果、パーソナライゼーションと働く場所を選べる環境ということが話題となった。

• 休息の空間は、とくに、ストレスの高い仕事で重視され、短時間で休憩ができること、効果的に気分を切り替えられること、リラックスできることが要件となる。工場も同様である。現状では、「かわいい」という概念と結びついてはいないが、効果が得られればよい。

- 人が集まり、リラックスすると、コミュニケーションが活性化する。そういう人を集める効果をオフィス用語では「マグネット効果」と言うが、人を集めて対話の場をつくることは重要なテーマになっている。「かわいいもの」は、マグネット効果をつくる手段として登場する機会がありうる。
- オフィスの自席に自分の気に入った何かを置いたり飾ったりする行為は、パーソナライゼーションと呼ばれている。目的は自席をアットホームなものにすることである。かわいいものだけでなく、人生の記念品的なもの、マニアとなっているものも登場するが、パーソナライゼーション自体は少しずつ増えている。
- 一方、オフィスにはフリーアドレス化も進展しており、その方式によって自席が無くなると、パーソナライゼーションができなくなる。
- 「かわいい」のもたらす効果効用はたいへん個人差があり、妙薬になる人もいれば劇薬劇物に感じる人もいる。自分にとってのかわいいが他者には違うことを認識している人も多い。自宅の自室や完全な個人ブースの内装ならば好き勝手にできるが、他者の視線を共有する空間の「かわいい」はユニバーサルデザインではない。場のコンテクストを考え、好きな人には一層の魅力となり、そうではない人には軽く笑ってもらう程度の反応を引き出せるかわいい空間デザインとはどうあるべきか。まだまだ研究することは山積している。
- 素晴らしい眺めのデザイン賞もたくさん獲得した某オフィスで、外国人のワーカーが一人でいつも「寂しそう」という話を聞いた。「かわいい」には、オフィスというパブリックなスペースを、あっという間に自分の居場所としてのプライベートな空間に一変させる力があるのではないだろうか。「かわいい」には一人寂しい思いをしている遠い外国から来たワーカーの心を優しく包む効果があり、まわりの仲間と話をするきっかけにもなる。
- 企業の本社ビルは、その企業の姿勢を示すシンボルとしての役割もある。従来、シンボルには、「親しみをもって」という方向と、「強く信頼される」というのと2つの方向性があったが、今後の方向性としては、親しみやすさを掲げる人が比率的には増えていると感じられる。

▼ホテル・宿泊施設

ホテルや宿泊施設については、アニメなどのキャラクターをモチーフにしたホテル、キャラクターによる客層の選別と確保、デザインの「賞味期限」などが話題として取り上げられた。

- 「かわいさ」と関連があるホテルの事例としては、浦安市舞浜にある東京ディズニーランドホテルが挙げられる。ディズニー映画のキャラクターをふんだんに使っていて、お客からの評価も高い。しかし、同ホテルは、東京ディズニーランドや東京ディズニーシー、ショッピングモールなどを含む広大な東京ディズニーリゾートのなかで一体的に計画・運営されているホテルであり、特殊な条件下の事例である。
- アニメなどのキャラクターをテーマとしたキャラクタールームを設けている例が一流のホテルでもいくつかみられる。食事やアメニティーグッズなども組み込まれ、そのキャラクターの世界を味わうサービスを提供しているホテルもある。熱烈なファンは、そういう空間に浸るだけで幸せと感じ、気分が高揚した時間を過ごす。
- 歴史的な人物や事件、ドラマと関係した場所を訪れたり、その人物が泊まった宿に泊まることも、心理的には似た部分がある。
- 英語圏では、ブティックホテルという、客室数80以下の規模で、デザイナーが腕を振るって個性的なデザインの空間をつくるジャンルがある。そのデザインの方向性の一つとして「かわいい」路線もありうるのではないか。
- 奇抜な外観の巨大ホテルが林立するラスベガスでは、どのホテルを選ぶかということも楽しみの一つとなっている。また、小規模でも、客室のインテリアを数人の著名デザイナーに委ね、客に部屋を選ばせる方式のホテルもあり、そのデザイナーのつくり出す世界を全身で味わうこともできる。
- 建物を企画する側からすると、デザインにアイコン（物事を簡単な絵柄や形態で記号化して表現するもの）を使いながら、特定のテイストを持つ層を確実につかまえるという戦略は成立するのではないか。
- かつて清里高原では、メルヘン的なデザインのペンションが乱立したことがあったが、いまは見る影もない。デザインの問題だけが原因ではないだろうが、さまざまな非日常世界の風景がアニメや映画の世界に登場し、手軽に楽しめるようになったいまでは、メルヘン的ということへのあこがれや魅力が薄れてしまったのかもしれない。そういう意味では、デザインにも賞味期限があるのだろうか。物的な存在としての建築物の寿命と、人々の熱狂の寿命を冷静に判断しなければならない。

▼図書館・美術館

社会教育施設の代表的な公共施設である図書館や美術館については、そのデザイン、背景としての地域社会の要請やその理由が取り上げられた。

- 子どもと三鷹駅前の「武蔵野プレイス」に行ったら、子どもが「あのまあるい図書館にまた行きたい」と言った。あのデザインは、簡単に言葉にでき、記憶に残るデザインであり、そのようにニックネームをつけやすいことに「かわいい」は役に立つ。
- 直線的よりも曲線的のほうが「かわいい」と感じられやすい。生理的に子供が安心しやすく、癒やされやすいのではないか。
- 「武蔵野プレイス」は、形態だけでなく、たたみのスペースとか、本を持って自由に行けるスペースが、シームレスにいろんなところに散らばっており、キッズスペースも点在していた。本が手に取りやすい高さになっているなど、隅々まで配慮が行き届いていた。
- 巣鴨信用金庫は、地域の拠点的な場所になることを目指そうという動機から、カラフルなデザインにたどり着いた。公共サービス施設も競争・競合している施設は少なくない。大勢の利用者を集めることも大事な要件になる。
- せんだいメディアテークや金沢21世紀美術館は、その先鞭をつけた事例である。横

写真 6-1　武蔵野プレイス外観

写真 6-2　武蔵野プレイス内観

須賀美術館も展示以外のレストランや図書室、展望台などを充実させ、周辺の人々が気軽に訪れやすい工夫をしている。背景には、かなり前から公共施設のプログラム自体が見直されていることがあるとも言える。ただ用を済ますだけでなく、コミュニティのたまり場になるということが主要な役割となり、計画する空間のイメージが行政の権威を示す場から、むしろそれを和らげる親しみやすい場であることが浸透しつつある。その背景には、コミュニティ自体が希薄になっていることもあるのだと思う。

［注］ディスカッションの参加者（敬称略。所属は当時）
招待者：徳本幸男（竹中工務店国際支店次長）、佐藤圭太（同東京本店設計部）、湯澤秀樹（日建設計総合研究所）、森田舞（岡村製作所）、嶺野あゆみ（同）
かわいいWGメンバー：大倉典子、宗方淳、古賀誉章、槙究、丸山玄、宇治川正人

コラム３

赤いゾウがやってきた

丸山 玄

「かわいい」に関連した現象と縁遠いオフィスという場で、身の回りに「カワイイものが飛び込んでくる」という「事件」を起こし、経験の蓄積、思考の促進を図る実験の体験のお話。今回選んだカワイイものは、イームズ夫妻という世界的デザイナーが１９４０年代に合板で制作したゾウのスツール（エレファントスツール）のプラスチックの復刻版。サイズは、全長68cm・高さ41cmと小ぶりである。選んだ色は赤。オフィスでの業務にはまったく関係がない赤いゾウが西新宿の会社に２０１４年10月９日にやってきた。さてさて、反応は？ いくつか紹介しよう。

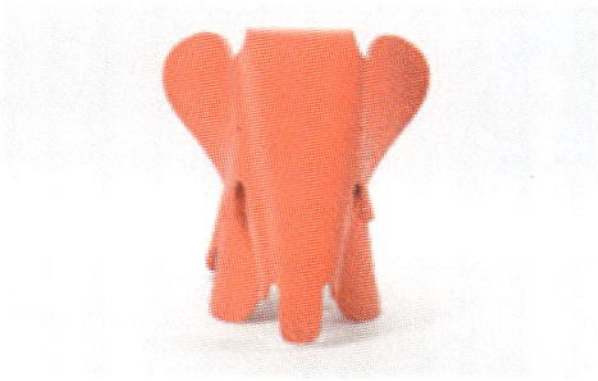

★機能は

・かわいいけど、座面がちっちゃいネ。（ワタシのおしりが大きすぎ??）

・背中がナナメっているから、すわるとすべるネ。（腿の内側にチカラを入れて座ると筋力運動ができます）

・座面がフラットのほうがベター、そして大きいほうが（面積ね）だね！

★名前は

・そうそう、名前なかった、ということで「どうぞう」「ぷりんちゃん」「パオパオ」↑パンダか！漢字だと包包?↑餃子か！

・「Hana子」女の子よ絶対。「かわいい！」は日本を救う。Her name is Hana子。

・お掃除好きなゾウさん!! 掃ゾウ・Sou Zou。ワタシ、ガネーシャ、願い事かなえてあげるゾウ♪

★置き場所は（その1）

・床よりも棚の上に置いたほうが〝意味〟があるような気がします。

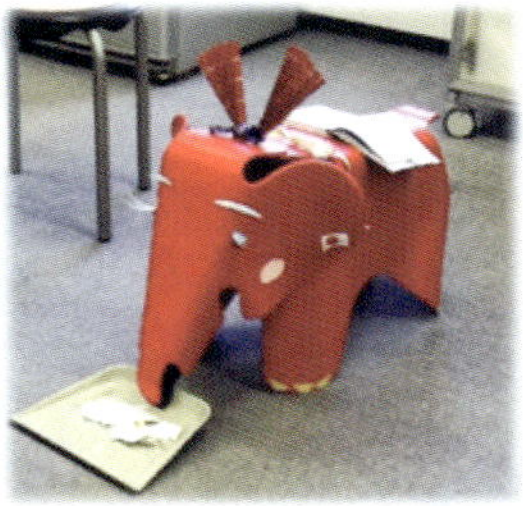

・ゾウなのに小さいので、床に置くと、いるのかいないのかわからない。棚の上に乗ってると存在感があるんだけど。

・コピー待ちでちょっと座るのにいいです（コピーコーナーで）。

[半月ちょっと経って]

・ほとんどオブジェの扱いですネ、ゾウさん。スツールとしてやってきたのにね……スツールにはなってないネ。

★置き場所は（その2）

・オフィス入口に引っ越してみました（10月23日）。「サイン」の役目も果たしました！

・出入口にゾウのお顔を向けてもいいかもしれませんね！

・赤いゾウくんがいると、なんかなごみます。↓うれしいゾ～ウ（泣）

★そしてその後は

赤いゾウ……

イスとしてはどうかなぁ。あまり活躍しませんでした。
でも仲間の一員にはなりました。いなくなると淋しい……
動物ってやっぱりキャラクターを持っているのですね。
これがただのスツールだったら、仲間として認知しなかったと思う……
「ゾウ」ってなんだか、ゆったりした、ホンワカしたキャラクターです。
それがイイネ！
ここで一句
「秋ふかし　赤き象の身　なきぞさびしき」（哀愁の句）
あと少しでお別れですね……
［10月9日から1か月間の予定でしたが、さらに1週間いることになりました］
・それは良かったです。
・うれしいです♪　なんとなく目がいってしまう存在になりました。

★いよいよお別れです

・送別会の予定は？　そういえば名前は？　次はどこへいくの？
・ゾウ、いいと思います。このテスト（実験）が終わった後の赤ゾウさんの未来はどうなるのですか？
・名残惜しいですが、次の場所でまた可愛がってもらいたいです。

★そして赤いゾウさんの次の行先は

赤いゾウさんは11月18日に東京大学工学部へと旅立っていきました。

みなさん、可愛がってくれてありがとう‼

実験を終えて

オフィスの空間計画では、従来、効率性を求め、ムダなものは一切省く方向である。

また、業務に直接かかわるものに加え、ワーカーの健康・快適感の維持向上を目的にするものや、ストレス軽減について、その効果が高いものだけが許されるという方針がある。

こうした効率・効果主義のなかで、オフィスはデスク・イス・収納家具・複合機が機能的に配置され、健康のための緑やベンチ、お茶が飲めるテーブルなども、すべて効果を前もって期待されるよう、しっかり計画されて配置されている。

今回の赤いゾウのゲリラ的来訪は、こうした計画路線から外れており、「かわいいものをオフィスに置いたらどんな変化、また効果が期待できるのか？」という研究目的というお題目がなければ、決して許されるものではない。

赤いゾウは、業務の効率性、生活の質の向上の効果という2つの面では、まったく機能していない。ゾウのオブジェ（置物）としてはかなり小さく、スツールの割に座面が斜めで座りづらい。ある程度の広さの打ち合わせスペースにぽつりと一頭のゾウは、存在感が希薄で、オフィスの雰囲気を変えるほどのパワーはない。ワーカーの期待感とは裏腹に、中途半端な印象であった。

端的に言えば、役に立たず目立たないものがオフィスに登場するという、なんのためかという目的がワーカーに伝わらない状況で実験は始まったわけだ。

そのため、赤いゾウの登場は、ワーカーの仕事・生活のスタイルを変えるものではなく、いてもいなくても変わらないというのが、私の予想であった。

しかし、1週間もたつと、赤いゾウはオフィス内のあちらこちらに移動され、足置きや荷物置き、窓辺のオブジェという、さまざまなロールをこなすだけでなく、つけづめ、アイシャドウ、つけまつげ、イヤリングなど、化粧体験や、時には塵取りを持たされて、掃除に駆り出されるなど、仲間として認められて、大活躍の存在であった。

その理由は何か？

ワーカーは、効率性や目的達成の効果を求める世界からの逸脱（レールから外れること）を求めているのではないかと考えた。そのことが「かわいい」を求める心の発端の一つとなり、心の健全なバランスに関与する「隙間」を埋めることにつながったのではないだろうか。いきいきとオフィスで活動をするうえで、「かわいい」ものの存在意義が、今後、ワーカーのストレス軽減やウェルビーイング、さらにプロダクティビティ（知的生産性）との関係で研究テーマとなることを期待したい。

「かわいい」の定義をここでは、「目的を持たない」「効果を期待しない」というように計画性を持たず、存在することで心の「隙間」を埋めるさまざまなロールを持つものとしている。

赤いゾウの体験は、マシン（機械）ではなく人間のプ

ロダクティビティを持続的に向上させる環境創造をするうえで、いままで注目されてこなかった何か大事なことを示唆していると感じている。

［注］ 赤いゾウは、「赤象プロジェクト」が終了した後、西新宿のオフィスに戻り、それから現在まで居ついている。

第7章　寄稿編

【寄稿1】感覚からの叛乱と建築の所在　真壁　智治

【寄稿2】「かわいい」と心理学　入戸野　宏

【寄稿3】日本美術にみる「かわいい」
―琳派の造形を手がかりに―　三戸　信恵

【寄稿4】小児医療環境のデザイン　柳澤　要

【寄稿1】

感覚からの叛乱と建築の所在

真壁　智治

建築への感性が動き出した

筆者が取り組んだ建築・デザイン研究「カワイイパラダイムデザイン研究」は、どのような背景と経緯から生まれてきたものだったのか[1]。

▼感覚評価語「かわいい」の出現

２０００年頃から、建築学生たちが作品研究や課題説明の折に、「かわいい」という感覚評価語をたびたび駆使する発言に私も多少は気になっていた。

- 「せんだいメディアテーク」（伊東豊雄２０００年）
- 「石の美術館」（隈研吾２０００年）
- 「梅林の家」（妹島和世２００３年）
- 「キョロロ」（手塚建築研究所２００３年）
- 「金沢21世紀美術館」（ＳＡＮＡＡ２００４年）
- 「高過庵」（藤森照信２００４年）
- 「TOD'S 表参道ビル」（伊東豊雄２００４年）
- 「森山邸」（西沢立衛２００５年）
- 「ハウス&アトリエワン」（アトリエワン２００５年）
- 「横須賀美術館」（山本理顕２００６年）

- 「ふじようちえん」（手塚建築研究所２００７年）
- 「神奈川工科大学ＫＡＩＴ工房」（石上純也２００８年）
- 「ＳＩＡ青山ビルディング」（青木淳２００８年）
- 「福生市役所」（山本理顕２００８年）
- 「日比谷花壇」（乾久美子２００９年）
- 「ヨコハマアパートメント」（西田司＋中川エリカ２００９年）
- 「豊島美術館」（西沢立衛２０１０年）

などが「かわいい」と評された建築作品で、その他にも枚挙の暇がないほど、かわいい建築が一気に列挙された。

▼感覚尺度

本来こうした有徴な兆候は充分に建築研究の主題となるべきなのに、教育現場の教官たちの多くは、その事態に眉をひそめ、かわいいを使うな、しっかりと建築的語彙を使って考察しろ、さらには、かわいいの概念説明をキッチリしてからそれを使え、などと学生たちを叱責し、かわいい、という情動から建築を遠ざけてしまおうとしていた。たとえ学生であっても、いや、建築学生であるからこそ、建築を語るときはモダニズムに立脚した文脈でなければならない、ということだった。学生のかわいい、という発語は安直な建築のポピュリズムとして映ったのに違いないのだ。

しかし、ここで重要なのは、建築に対して抱いた情動を的確に表現する建築語彙が、見当たらなかった学生たちが発した「かわいい」は、学生たちの実感的・日常的感覚であると同時に、対象（建築）と自分との距離感そのものをかわいい、というやさしさに投影して建築を把握しているように私には想えた。

しかも、かわいいはどこか時代の社会が持つ感性とも強く関係しているようにも想えたのであった。それは社会化しつつある感性の萌芽と言っていい。学生の発言の内に、高い抽象作品（ハイデザイン）に対して、かわいいというやさしさ基準から建築に接近（コミュニケーション）を図っていく態度がそこに見てとれた。恐らく、学生たちは新しい建築の兆候に対して発する言葉を探していたのだろう。そして、本当に建築に対してかわいい、と発してよいのだろうか、かわいい感覚を建築にどのように向けていけばよいのか、と躊躇しながら、かわいいを発していたのかもしれない。

学生たちが建築に対してかわいい、を発語し出した同時期に、やはりアトリエ系の設計事務所でも、スタッフ間でかわいい、が頻繁に飛びかっているのを私も耳にしていた。とくにデザインスタディをみんなで進めるときに、かわいいが判断の感覚評価語として機能していて、このプロポーションのほうが、このテクスチャーのほうが、このディテールのほうが、このカラーのほうがかわいい、という具合いに感覚・感性の水位を相対化してみんなで探求・検証し、さらに共有化する上で、「かわいい」がそこでは明らかに感覚尺度になっているようだった。こちらは明らかに確信的にプラグマティックにかわいいを使っている。

モダニズム全盛時であれば、プロポーションやディテールやテクスチャーやカラーは合理的で、機能的なスタディとして、その「美しさ」が感覚尺度の絶対的指標になっていたはずである。したがって、かわいいの感覚尺度が建築を生み出していく根拠になりはじめている事態もまた建築のパラダイムシフトという他はない。

この学生とアトリエ建築家に見るかわいい感覚・感性をめぐる2つの事態をどのように捉えうるのか。これは明らかに建築をめぐる新事態となるものだった。はたして、建築学生たちのかわいいと、アトリエ建築家たちのかわいいは同義なのか、それともそこに差異があるのか。さらには、かわいいが建築をそのやさしさ基準から生み出すための有用概念になりうるのか、そして、その方法とは、などへの私の関心がしだいに高じてきた。

そこで、有志学生を募り、「チームカワイイ」を編成し、学生たちの実感感覚を前面に押し出す建築・デザイン研究として「カワイイパラダイムデザイン研究」を２００５年にスタートさせせたのであった。

▼感覚からの叛乱

本研究は、日本の「定常型社会」（広井良典）を模索する上での、人間の感覚及び建築が持ち合せるべき感性の資質について、さらには建築と人間との感覚的交流などへの基礎研究となることを目標に行われた。こうした人間主義に立脚した建築研究は1950~60年代以来久しいものだった。そしてこの日本が深刻に立ち向かわなければならない定常型社会での建築の重要な課題として、建築が如何に人々の共感の場として存在しうるのか、という問題意識を持って研究を進めた。重ねて、それが日本発のオリジナリティーのある建築デザイン研究となることも視野に置いた。

それにしても、アトリエ建築家と建築学生からの「建築」へかわいい、を向ける二様のまなざしの叛乱は、一つは瀕死のモダニズムに対して作る主体（作り手）からの叛乱であり、もう一つは建築に付帯していたそのように感じるべき感覚への使う主体（使い手）からの叛乱であった。

共に、イデオロギーやイズム・理論からではなく、感覚・感性からの叛乱となる。それはポストモダン時のような喧噪化した言説が飛び交うこともない、まさに静かな叛乱といえるもので、しかも、作り手と使い手との同時蜂起だった。この感覚・感性からの叛乱はいま、「建築」を徐々に変えだし、うねりになり出している。その大きな特徴は建築を介して作り手と使い手とが互いに感覚共有して建築に寄り添う事態が根付こうとしていることにある。

感覚からの叛乱が建築を変えようとしている動向は日本人建築家によって海外にも波及してゆく。海外での日本人建築家の活躍が目立つようになると共に、しだいに日本人建築家による「愛される建築」として繊細な感覚が発露する作品が多く見られるようになってきた[2]。

まずは、磯崎新や安藤忠雄の海外作品が示してきていた感覚には、欧米人に向けての引用による諧謔感覚であったり、建築家の内輪の建築言語を駆使する記号的感覚であったり、静かで劇的な畏敬感覚であったりと、明らかに欧米文化テキストを強く意識しての勝負作品からの感覚提示が色濃く映った。

それが伊東豊雄の海外での登場により、作品が持つ感覚の質がガラッと変わる。磯崎や安藤と異なり、建築にアメージング感覚や冒険感覚が前面化しだす。これは明らかにわかりやすい感覚となる。日本での伊東のスタンス同様、より楽しく、より自由な建築は、同時に世界にも浸透するであろう目論見がそこにはあったのだろう。むしろ、日本社会のなかでは実現しえない伊東のビジョンを海外で実現させてきた感もある。

▼「ナイーブネス」建築と人間との共感・交流の地平

そしていよいよ、その次の世代のＳＡＮＡＡ、さらには隈研吾、坂茂の登場によって示される感覚がアメージングから「ナイーブネス」に移る。かわいいに通底するナイーブネスを世界が受容し、愛しだしたのである。「柔らかい」「優しい」「繊細」「気持ちいい」「漂える」、そしてなにより建築と一体となれる、との評価が生まれてきだした。日本の建築家たちが世界に「ナイーブ・アーキテクチャー」の存在を目の当たりに見せつけ出した歴史的快挙となるものである[3]。

- 「トレド美術館ガラスパビリオン」（ＳＡＮＡＡ２００６年）
- 「スタッドシアター・アルメラ」（ＳＡＮＡＡ２００７年）
- 「ニューミュージアム」（ＳＡＮＡＡ２００７年）
- 「ヨウジヤマモト・ニューヨーク」（石上純也２００８年）
- 「ルーブル・ランス」（ＳＡＮＡＡ２０１０年）
- 「ローレックス・ラーニングセンター」（ＳＡＮＡＡ２０１０年）
- 「ポンピドー・センター・メス」（坂茂２０１０年）
- 「ブザンソン芸術文化センター」（隈研吾２０１２年）
- 「マルセイユ現代美術センター」（隈研吾２０１３年）
- 「ＢＭＷグッゲンハイムラボ・ニューヨーク」（アトリエワン２０１０年）
- 「ファイヴァーズバーク・ビジターセンター」（石上純也２０１４年）

これらの建築作品を見るまでもなく、建築をめぐる感覚・感性が世界に新風を吹き込み、新たな建築と人間との共感・交流の地平を切り開きだした、と言えるのではないか。

これは明らかにモダニズムがこれまで主導してきた感覚・感性とは異なるコンテキストの感覚・感性による「建築」の出現となるもので、そこに時差こそあれ、いまや世界にそれが共通感覚として受け入れられようとしている。

「かわいい」から「カワイイ」への昇華

▼私からの感覚と理性を経由した感覚

建築家がかわいい建築を直接的に目標化・主題化せずにデザインした作品に対して、どうして学生たちは「かわいい」と感応できたのか。それは、建築家がやさしさ基準から多くのデザインスタディを試み、その結果としての「建築」に対して、学生たちは「私」との距離感として対象を把握するところから生まれた感応であったろう。これは、かわいいものに反応する際の鉄則ではあるが、「私」が捉えるものだけに、独断的な感応とも受けとめられがちだった。「私」を介在させて、かわいいを判断するということは、理性合意による感得ではなく、「私」と対象との距離感を感覚的に把握する、ということになる。

前述した学生たちがかわいいと評した建築作品のどれもが、わかりやすい普通のかわいさを体現しているわけではない。どれもが高い抽象の世界を形づくっているものばかりである。

学生たちは日常的にかわいいものに接しながらも、建築やデザインを学び、体験することによって、やさしさ基準から生み出されるそれらの高度な抽象の世界に対してもかわいいを拡張させ、進化した感覚として対象を把握していたのであった。つまりは、かわいいに対して一定の学習性がそこに加わったと考えるべきだろう[4]。

私はこうした動向を基に、従来的なかわいいから、建築やデザインに対して、かわいいの拡張・進化が感応する感覚・感性領域を「カワイイ」として捉えようとしてきた。これが、かわいいからカワイイへの意味転移である。アトリエ建築家たちが発していたかわいいも、やさしさ基準に裏打ちされた「カワイイ」であったことがわかる。スタッフ間で検討し、共有化するための感覚尺度のスケールも、「カワイイ」の相対的な定性値を示すものであった。「カワイイ」を発しながらデザインスタディをより深化させ、洗練させていく。スタディの深化と共に、「カワイイ」の感覚領域そのものがますますメタ言語［注］化し、鋭利なデザインコンセプトに昇華していく。この「カワイイ」のメタ言語化が、まだ見ぬなにものかへ接続するための感覚の問答を深化させていく。

［注］　メタ言語：具体的な対象を指す言葉ではなく、言語（言語表現）について論ずる際に使う言語。高次言語。

理性合意から感覚共有への転換

▼理性合意型と感覚共有型のコミュニケーション

これまでの競争社会を支えてきた成長・拡大指向は数字とテクノロジーを根拠にするシナリオから予定調和的に策動されてきたものだった。それを担保してきたものが自由経済活動と自己責任であり、そのシナリオの根底には理性合意型の思考・論理、そして、それが生む価値観があった。３・11はそれらを一気に粉砕させることになる。競争社会から協調社会へ。そのためにも理性合意型コミュニケーションから感覚共有型コミュニケーションへの社会的な脱皮・移行が強く要請されだしたのである。

こうした動向への理論的な提言や実証的なバックアップが各分野から立ち上がってくる。

- 「定常型社会」（広井良典２００１年）
- 「かわいい研究」（四方田犬彦２００６年）
- 「コミュニティを問いなおす」（広井良典２００９年）
- 「カワイイパラダイムデザイン研究」（真壁智治＋チームカワイイ２００９年）
- 「コモンズからの都市再生」（高村学人２０１２年）
- 「漂うモダニズム」（槇文彦２０１３年）
- 「小さな建築」（隈研吾２０１３年）
- 「コモナリティーズ」（アトリエ・ワン、塚本由晴２０１４年）
- 「ザ・カワイイヴィジョンa　感覚の発想」（真壁智治２０１４年）
- 「ザ・カワイイヴィジョンb　感覚の技法」（真壁智治２０１４年）
- 「ポスト資本主義」（広井良典２０１５年）
- 「都市をたたむ」（饗庭伸２０１５年）
- 「開かれる建築」（松村秀一２０１６年）
- 「建築で日本を変える」（伊東豊雄２０１６年）
- 「日本語の建築」（伊東豊雄２０１６年）
- 「残像としてのモダニズム」（槇文彦２０１７年）
- 「オノマトペ建築」（隈研吾２０１７年）
- 「マイパブリックとグランドレベル」（田中元子２０１７年）
- 「脱住宅」（山本理顕、仲俊治２０１８年）

これらの思索の基底にあるものは、これまでの社会を変えるための目線を下げた人間の感覚・感性、そしてその身体性への気付きと注視である。そこから余地として人々のふるまいやつながり、きずななどを洞察していこうとする共通の視点が窺える。こうした21世紀に入ってからの基礎的な多分野からの思索の成果を踏まえながら、建築と人間との感覚共有の世界を少しずつ確かな手応えとして私たちは獲得しようとしてきている。

槇文彦は21世紀の建築・都市が担うべき主題として「共感のヒューマニズム」の体現を挙げている。共感のヒューマニズムの体現には、建築・都市と人間との感覚共有型コミュニケーションが不可欠になってくることは言うまでもない。

いま、まさに時代の建築が少し動き出した。そして、建築の時代が変わろうとしている。この確かな兆候を新たな建築の潮目として捉えるべきではないか。イデオロギーやイズムという理性合意型コミュニケーションによる建築の潮目の出現ではなく、建築と人間への感覚共有型コミュニケーションから生まれてくるところが、いまに見る建築の潮目の最大の特徴なのである。

▼公の感覚と私の感覚

今日、少し建築に希望が感じられるのは、建築と人間との感覚共有という事態を通して、建築をめぐる作り手も使い手も「カワイイ」というやさしさ基準から建築に両者が向き合おうとしはじめたことではないか。

近代化・産業化以前にはまだ、作り手と使い手との境界が曖昧であったり、その距離も近く、建築に対する感覚も共有できていた。しかし、国家・社会の近代化・産業化の進展と共に、決定的に作り手と使い手が分断されてしまう。産業の構造が両者をますます断絶させてきた。それに並走するモダニズムの流れも、作り手から使い手への一方向的な建築に対する感覚の啓蒙・啓発の歴史を持つ。

その役割りを担ったのがモダニズムにオーソライズされた「感覚」の所在で、そこから「美しさ」が啓発されてきたのである。これはモダニズム公認の公の感覚と呼べるものになる。公の感覚としては「均整のとれたもの」「無駄のないもの」「力の流れを現したもの」「力強いもの」などがモダニズムの普遍的な美の規範として作り手に負わされ、使い手にそれを伝道することが作り手の使命であった。そこでは、なかなか感覚共有には至りにくかった。

一方、ここで議論している「カワイイ」は極めて私の感覚となるかわいいから派生する感覚となるものである。かわいい、はモダニズムの感覚からすると、普遍性を持たない私性としての感覚であった。それが2000年に入り、モダニズムが漂いだし、それまで厳然として存在していた公としての感覚が崩れ、それに替わって、「カワイイ」を代表とする私としての感覚が、使い手はおろか作り手までをも巻き込む事態になってきた。建築をめぐる作り手と使い手との距離が、感覚を契機に断然近しいものになってきたのである。

カワイイ建築の行方

▼モダンデザインとカワイイデザインの相克

私はカタカナ表記の「カワイイ」という感覚のくくりを規定してこだわってきた。それは従来的なかわいいという感覚の歴史的背景とその質的な差異を示そうとする思考表明であり、同時に、カワイイを定理化する、という試みの旗印でもあった。

モダンデザインとかわいいデザインとの間には圧倒的な溝があった。ポストモダン期にかわいいが引用として関心が向けられるが、ポストモダンの衰退と共に短命に終わる。

一方、かわいいデザインは、アニメ、ファッション、雑貨などのポップカルチャーの分野でクールジャパンとして市場を拡大させていき、モダンデザインは市場を狭めていく。

2000年を契機に隔絶していたモダンとかわいいに橋が架け渡される。それを可能にしたのが「カワイイデザイン」であった。「カワイイ」は「かわいい」の拡張・進化をバネにリファインされた「ナイーブネス」に至る感覚・感性となるものだ。

この2つがこれからの日本の文化として、ますます大いなるアイデンティティーを世界に発揮していくことになる[4]。

▼使い手と作り手をつなぐカワイイ建築

『建築の多様性と対立性』[5]のなかでR・ヴェンチューリは「曖昧さ」が「緊張という質」をもたらし、建築の豊かさの源泉であると主張した。この曖昧さ、あるいはフラジャイルな「形態と抽象」が生み出す様相こそは、カワイイの中心感覚となるものであり、2000年に入ってからの建築家の重要な関心事になってきた。このことが建築への感覚からの叛乱の契機となってきたものなのである。ヴェンチューリはこの時点で、建築が感覚共有型コミュニケーションの時代に向かうことも、建築が効用・効果を発揮する意味的媒介性の時代に向かうことも承知していただろう。

これまで近代以降、長いこと理性合意型コミュニケーションに基づく「建築」であったから、あの「ポストモダン」も理性合意から生まれた「建築」解体のゲームでしかなかった。こうして感覚共有の時代を迎えるようになったが、その最大のポイントは建築の持つ「媒介性」を通して「使い手」と「作り手」とがコミュニケーションを図っていくことに由来し、カワイイが建築の媒介性となって作り手と使い手とをつなぐ。今後、建築を巡るこの基調が一過性で終わることはまず考えられず、ますます、この基調に立つ感覚共有型建築の時代に向かっていくことになろう。

建築と人間との感覚共有という感覚の双方向性の局面を見てみると、建築に対して人間は感覚共有化を深めていくと共に、「使い手」の位置づけから一歩踏み込んで、「建築と重なり合う人間」、あるいは「建築を思い描く人間」、「建築に寄り添う人間」に変位していく。これは人間自身が建築を受容し、私化・ウチ化していく存在論的プロセスとなるもので、建築と人間との一元論的な世界が開かれてくる。ここに建築に向かう新たな「実存」の余地を私は見る。

建築と人間との感覚共有は人間が建築を語り出す機会をつくりうる。こうした人間を建築に対する「語り手」として捉えることができるのではないか。この語り手の存在が建築との実存的な世界を切り開きうるし、建築に対する人間の把握も「使い手」から「語り手」の時代に入ろうとしている局面をそこに見ることができよう。この「語り手」を介在させて、「使い手」はより建築と共振していくのだろう。そこに新たな当事者意識も生まれてこよう。

こうした推移をいま、体現させているのが「カワイイ建築」なのである。「カワイイ建築」は、「使い手」側、厳密にいえば「読み手」、さらに「語り手」側が、建築の様相に触発（感覚共有）され、そこに効用・効果性が感応される建築の所在を指す。ここでの効用・効果性を「カワイイ効果」とし、そこに「カワイイ自分効果」（カワイイモノが生みだす自分に対する「自分効果」）と「カワイイ他者効果」（カワイイモノが生みだす他者との関係の「他者効果」）とを読み解いてきた。これがなによりの「カワイイ建築」の媒介性となるものだった[1]。

▼「作り手」の言語化

「カワイイ建築」のこれからの課題の一つに「作り手」の言語化がある。作り手が「カワイイ」感覚・感性の所在を示す「コンセプト」や「キーワード」などの言語化を積極的に図っていくことがより必要となる。なぜなら、作り手側からの「カワイイ」への言語化が使い手の読み手としての感覚進化を相乗的に高め合うことになるからだ。石上純也が示した「グラデーション」もそれに該当した。こうした感覚共有型コミュニケーションの進化促進が「カワイイ建築」のこれからの課題として挙げられよう。

そのために建築家はなにをすべきなのか。「カワイイ」に対する言語化を含めて、建築の「形態と抽象」が生み出す媒介性について、より科学（心理学・生態学・認知学・社会人間学・コミュニケーション論・イメージ論など）としての視点から、もっと多く「使い手」に直接語りかける機会をつくらねばならないのではないか。

建築家はもう業界の内だけの発言で済む時代ではない。使い手の存在に疎かったからこそ、建築家の社会的役割りの理解が社会に普及しなかったのではないか。「カワイイ建築」の出現が建築の作り手と使い手との同乗を可能にさせたのである。

▼建築の媒介性の実証

公共建築や公共性の強い建築、リノベーション建築などに建築の媒介性（効用・効果）への新しい試みが期待されるが、すでにいくつかの興味深い建築作品事例が出てきている。

- 「アオーレ長岡」（隈研吾２０１２年）
- 「ＪＲ北本駅前広場」（アトリエワン２０１２年）
- 「アーツ前橋」（水谷俊博２０１３年）
- 「上州富岡駅」（ＴＮＡ２０１４年）
- 「武蔵野プレイス」（ｋｗｈｇアーキテクツ２０１５年）
- 「太田市美術館・図書館」（平田晃久２０１７年）

これらの建築に見る「カワイイ効果」を作り手と使い手との感覚共有のメカニズムからカワイイ建築の媒介性として実証してゆくことが、これからのカワイイ研究には求められてくる[6]。

参考文献

[1] 真壁智治＋チームカワイイ『カワイイパラダイムデザイン研究』平凡社　２００９年
[2] 五十嵐太郎『日本の建築家はなぜ世界で愛されるのか』ＰＨＰ新書　２０１７年
[3] 特集ナイーブアーキテクチャー「建築雑誌」２０１０年3月号　日本建築学会
[4] 真壁智治『ザ・カワイイヴィジョンａ　感覚の発想』鹿島出版会　２０１４年
[5] Ｒ・ヴェンチューリ、伊藤公文訳『建築の多様性と対立性』鹿島出版会　１９８２年
[6] 真壁智治『ザ・カワイイヴィジョンｂ　感覚の技法』鹿島出版会　２０１４年

【寄稿2】

「かわいい」と心理学

入戸野　宏

▼はじめに

筆者が「かわいい」についての心理学的な研究を始めて10年近くになる[1]。研究室に配属された1人の女子学生が、かわいいものに接したときの反応を研究してみたいと希望したのがきっかけだった。２０１２年に「「かわいい」の力（the power of kawaii)」という英語論文を発表したことで、マスコミを通じて多くの方々に関心を持っていただいた[2]。本書の

編者である宇治川正人先生も、初期のころから私たちの仕事に興味を持ち、研究室を訪ねてくださった一人である。このように、まったく接点のなかった人々をつなげることも「かわいい」の力であると感じる。

「かわいい」というテーマの面白さは、多くの人がそれぞれ独自の意見を持っていることである。他のテーマだと、なかなかそうはいかない。どこかに専門家がいて、それ以外は素人になる。ところが、「かわいい」はみんなが身近に感じる言葉であり、それぞれが当事者として一家言を持っている。そんな状況において、筆者はつねに周辺者である。かわいいものが特別に好きなわけでもなく、ファッションやアニメに造詣が深いわけでもない。だから、いつも一歩も二歩も引いたところから、「かわいい」という現象を見つめている。何でも知っている「かわいい」研究の権威を目指すのではなく、新しい視点やデータを提供することで相手の発想を膨らませられる触媒となることを心がけてきた。実は、この構造そのものが、優劣や権威に基づく上下関係ではなく、横並びで共生する水平関係を志向する「かわいい」の特徴であるともいえる。本稿では、「かわいい」が心理学・行動科学においてどのように扱われてきたか、これからどういう方向に進むのかについて概説してみたい。

▼ベビースキーマ

いまから70年以上前、動物行動学

図 7-1　ローレンツが人間の養育反応を引き起こすと考えた刺激特徴（ベビースキーマ）
左はかわいいと感じられる頭部形状（上から、幼児、トビネズミ、ペキニーズ、コマドリ）。右は保護動因を解発しない近縁種の頭部形状（上から、成人男性、ノウサギ、猟犬、コウライウグイス）。Lorenz (1943) p. 276 より引用。

者のコンラート・ローレンツは「ベビースキーマ（幼児図式、Kindchenschema）」という概念を提唱した[3][4]。ローレンツは、生物にはそれぞれ特定の行動を引き起こす鍵となる刺激があると考えていた。このアイデアを人間行動の例を用いて説明したのが、ベビースキーマである。ベビースキーマとは、図7-1の左側に示すように、前に突きだした広い額、顔の中心よりも下側にある大きな目、丸みのある豊頬といった特徴を指す。これらの特徴は、それを備えるものが動物であっても人形であっても、自然とかわいいと感じられ、見るものに抱きしめる行動や養育反応を引き起こさせる。この行動傾向は教えられて身についたわけではなく、幼い子どもにも認められる。ローレンツは長年動物を観察してきた研究者の勘に基づいて、このような刺激特徴を記述した。その後、実証的な研究が行われ、確かにそのような特徴は「かわいい」「保護したい」という気持ちを引き起こすことがわかった。

ベビースキーマ（幼児図式）という名前のためによく誤解されるが、これは赤ちゃんだからかわいいと感じられるのではない。図7-1も、いちばん上のヒトを除けば、左右のイラストは種類の違う動物である。実際の年齢にかかわりなく、そのような刺激特徴を持つものに対して、ある反応が自動的に解発され、その強度は特徴の量に応じて加算的に決まるというのがローレンツの主張である。その典型例が、超正常刺激（supernormal stimulus）である。実際には存在しないくらい誇張したベビースキーマ（たとえば、大きな頭や丸みを帯びた体型）であっても、かわいいと感じられる。マスコットやゆるキャラの多くは、このルールに従ってつくられている。

▼幼さを超えて

実証的な研究からも、幼いからかわいいと感じられるわけではないことが明らかになっている。生まれたばかりの新生児よりも、生後9～11か月の子どものほうがかわいいと評価される[5]。また、「かわいいおばあちゃん」という言葉があるように、幼さと関係しないかわいさも存在する。筆者のラボでは、「かわいい」と言われることのあるさまざまな対象（単語や句として表現できる93項目）について、男女大学生を対象として「幼いと思うか」と「かわいいと思うか」を5段階（1：まったくそう思わない～5：とてもそう思う）で尋ねる調査を行った[6]。その結果、両者には中程度の正の相関が認められ、幼いものはかわいいと感じられやすいことが確認された。しかし、質問した項目をかわいいと思う程度のばらつき（分散）のうち、幼さで説明できるのは約25％に過ぎなかった。つまり、かわいいと感じることの4分の1だけが、幼さに由来するものであった。実際、幼くはないがかわいいと感じる対象（笑顔、女性など）も存在した。このことから、かわいいと感じる対象は幼いものに限らないといえる。

ベビースキーマの枠組みでは、かわいいと感じることは養育反応の一部とみなされる。だとしたら、幼い以外の対象に感じる「かわいい」とはどんなものなのだろうか。アメリカの研究者ネンコフとスコットは、伝統的な「幼《おさな》かわいい」以外に、「面白かわいい（whimsical cuteness）」と呼べるもの（奇抜なキャラクターやポップなデザイン）があると提案した[7]。ベビースキーマに関連した幼いかわいさは、弱さや純真さを感じさせ、注意深く自制的な行動を引き起こす。反対に、面白いかわいさは、楽しさやきまぐれを感じさせ、自分を甘やかす行動（たとえば、試食のアイスクリームをより多く食べる、高尚なビデオよりお気楽なビデオをレンタルするなど）を引き起こすと主張している。

かわいいには複数の種類があるとして、それらに共通する心理的要因は何であろうか。筆者らは、男女大学生を対象に、さまざまな対象に出会ったときの心理状態を尋ねる調査を行った[8]。対象として、ベビースキーマ（赤ちゃん、小動物、ぬいぐるみなど）、ヒト（笑顔、元気で明るい人、自分を慕ってくる人など）、モノ（花、アクセサリー、水玉模様など）、独自（多くの人には理解してもらえないとしても自分にとってはかわいいと思えるもの）の4つを設定した。その結果、かわいいと思う程度に最も関係していた心理状態は、どの対象に対しても「近づきたい」（モノについては「そばに置いておきたい」）であり、「保護したい」「困っていたら助けたい」ではなかった。つまり、さまざまな「かわいい」に共通する心理状態は、これまで想定されてきた守りたいという養育・保護の気持ちではなく、一緒にいたいという接近動機づけであると考えられる。

ローレンツの提唱したベビースキーマは、かわいいと感じられる典型的な刺激特徴であり、その効果はとても強い。しかし、ベビースキーマと関係のない、笑顔や色といった特徴もかわいいと感じられることがある。これらの特徴には、観察者に脅威を感じさせず、接近動機づけを伴うポジティブな感情を引き起こすといった共通点があるのだろう。したがって、

「かわいい」を対象自体が持つ属性やそれが自動的に引き起こす反応と考えるのは適切でない。「かわいい」は、対象との関係に応じて私たちの内部で起こる感情であると考えたほうが、幼さと関連しないこともある多くの現象を説明できる。

▼養育・保護から社会的交流へ

かわいいと感じることは、養育や保護に直接関係するとは限らない。このアイデアを発展させ、シェアマンとハイトは、かわいいものを見ると、相手と社会的に交流したいという気持ちが生じ、相手の心の状態を推測するとともに、思いやりのある行動傾向が生じると提案した[9]。これは相手を自分たちの仲間と認める（「道徳の輪」に含める）ことにつながる。そのような社会的交流が養育や保護といった行動をもたらす場合もあるが、つねにそうとは限らない。かわいいと感じることが社会的交流と結びついていることの傍証として、養育や保護が本当に必要な新生児よりも、ある程度自由に動けるようになった1歳前後の子どもをかわいいと感じる、笑顔の赤ちゃんは無表情の赤ちゃんよりもかわいいと感じられるといった例が挙げられている。養育や保護という視点には、強者-弱者、支配-服従といった上下の関係が暗に含まれている。これに対して、社会的交流という視点には、水平で横並びの関係という意味が込められている。

かわいいものを見ると、それが赤ちゃんや小動物などのベビースキーマを含むものであっても、花やデザートなどのモノであっても、大頬骨筋（口角を上げて笑顔を作る表情筋）の活動が高まる[10]。笑顔は社会的受容の手がかりであるとともに、表情模倣や情動伝染によって人から人へと伝わっていく。笑顔はかわいいと評価されるし、かわいいものを見ると笑顔になる。このように考えると、かわいい感情は社会的な文脈で増幅される可能性がある。筆者はこれを「かわいいスパイラル」と名づけた[10]。現在は、この仮説を実証するための研究を進めているところである。

▼文化としての「かわいい」

これまで述べてきたように、「かわいい」を感情の1つとして捉えると、多くの現象を説明できる。「かわいい」が社会的交流に関連した感情であるならば、そこには生物学的な基盤があり、世界の各地で多かれ少なかれ見られるはずである。しかし一方で、なぜ日本で「かわいい」がとくに注目されるようになったのかという謎は残る。

筆者はそれに答えるために、「かわいい」を「感情としてのかわいい」と「価値観としてのかわいい」という2層構造で扱うことを提案した[1][11]。日本人は、他者の愛情や受容を得ようとする行動や動機である「甘え」や、手で触れられる小さなものに愛着を持つ傾向である「縮み志向」が強いといわれている。このような文化的伝統があるため、日本では「感情としてのかわいい」が社会的に許容され、ひとつの価値として認められ、注目されるようになったのではないか。「かわいい」が生物学的基盤のある感情だとしても、それが社会で広く受け入れられるかどうかは価値観に依存すると論じたのである。

しかし、このアイデアは現時点では実証されていない。いまでは忘れられがちだが、「かわいい」に対する日本の世論はつねに肯定的であったわけではない。女子中学生・高校生のサブカルチャーとして登場した1970年代には、異質で不真面目なものとして排斥された。現代でも、とくに年配の男性には「かわいい」の受けはよくない。「価値観としてのかわいい」については、今後、「かわいい」の美学（kawaii aesthetics）が他の国々にどのように受け入れられていくかを観察することで検討していきたいと考えている。

▼「かわいい」のこれから

「かわいい」に関するベビースキーマ仮説が提唱されたのは70年以上も前のことである。しかし、最近まで理論的な発展はほとんどなかった。英語圏でcutenessの研究がそれほど進まなかった理由として、この語の持つネガティブな意味合いが関係していると指摘する研究者もいる[12]。cuteは、18世紀にacuteの短縮形として登場し、「利口な」とか「機転の利く」という意味で使われた。19世紀にアメリカ口語となり、現在の意味を持つようになるが、それでも「ずるがしこい(cunning)」というニュアンスが消えなかった。そのため、cutenessは、媚を売って周囲の人を操るための方法とみられたり、観察者側のサディズムや暴力といった自己中心的な欲求と結びつけて語られることが多いという。この傾向は、日本語の「かわいい」が、もともと「はずかしい、あわれでかわいそうだ」といった共感的な語であったのとは対照的である。

本稿で述べたように、「かわいい」を社会的な接近動機づけを伴うポジティブ感情として捉えれば、そのニュアンスが言語の壁を越えて伝わりやすくなる。地球がますます狭くなっていく時代には、優劣や善悪に基づいて上下関係をつくろうとする社会から、個々の価値観を尊重し横並びで共生する社会へと変化が進むはずである。そういう時代にこそ、ポジティブな意味での「かわいい」の力が発揮されていくだろう。

引用文献

[1] 入戸野宏（２００９）．〝かわいい〟に対する行動科学的アプローチ．広島大学大学院総合科学研究科紀要Ⅰ人間科学研究，４，19–35．

[2] Nittono, H., Fukushima, M., Yano, A., & Moriya, H.（２０１２）．The power of kawaii: Viewing cute images promotes a careful behavior and narrows attentional focus. PLOS ONE, 7(9), e46362.

[3] Lorenz, K. (1943). Die angeborenen Formen möglicher Erfahrung. Zeitschrift für Tierpsychologie, 5, 235–409.

[4] Lorenz, K. (1965). Über tierisches und menschliches Verhalten: Aus dem Werdegang der Verhaltenslehre. München: Piper. 日高敏隆・丘直通（訳）（１９８９）．『動物行動学Ⅱ』思索社．

[5] 根ヶ山光一（１９９７）．子どもの顔におけるかわいらしさの縦断的発達変化に関する研究．早稲田大学人間科学研究，10，61–68．

[6] 井原なみは・入戸野宏（２０１１）．幼さの程度による〝かわいい〟のカテゴリ分類．広島大学大学院総合科学研究科紀要Ⅰ人間科学研究，６，13–18．

[7] Nenkov, G. Y., & Scott, M. L. (2014). "So cute I could eat it up": Priming effects of cute products on indulgent consumption. Journal of Consumer Research, 41, 326–341.

[8] 井原なみは・入戸野宏（２０１２）．対象の異なる〝かわいい〟感情に共通する心理的要因．広島大学大学院総合科学研究科紀要Ⅰ人間科学研究，７，37–42．

[9] Sherman, G. D., & Haidt, J. (2011). Cuteness and disgust: The humanizing and dehumanizing effects of emotion. Emotion Review, 3, 245–251.

[10] Nittono, H. & Ihara, N. (2017). Psychophysiological responses to kawaii pictures with or without baby schema. SAGE Open, 7(2), 1–11.

[11] Nittono, H. (2016). The two-layer model of "kawaii" : A behavioural science framework for understanding kawaii and cuteness. East Asian Journal of Popular Culture, 2, 79–95.

[12] Dale, J. P. (2017). The appeal of the cute object: Desire, domestication, and agency(pp.35–55). In Dale, J. P., Goggin, J., Leyda, J., McIntyre, A. P., & Negra, D. (Eds.). The aesthetics and affects of cuteness. New York, NY: Routledge.

【寄稿3】

日本美術にみる「かわいい」——琳派の造形を手がかりに——

三戸 信惠

▼はじめに

近年、展覧会のタイトルやコンセプトに「かわいい」や「kawaii」の語を掲げるケースが増加している。面白いのは、現代アートやイラストレーション、漫画といった「かわいい」と親和性の高いジャンルだけでなく、「かわいい江戸絵画」展（府中市美術館、2013）、「Kawaii日本美術」展（山種美術館、2014）、「江戸ッ娘—Kawaiiの系譜」（太田記念美術館、2015）など、日本美術を扱う展覧会での使用が目立つ点である。巨視的に見れば、現代人に親しみやすく、訴求力や集客力のあるテーマを導入しようという業界全般の動向が背景にあるのだが、これらの語がとくに日本美術に適用されるのは、日本美術自体に「かわいい」と結びつきやすい特徴が備わっているからではないかと考えられる。

筆者はかつて「Kawaii日本美術」展の企画に携わり、その後も一般向け美術書『かわいい琳派』（東京美術、2014）や日本経済新聞の連載記事「かわいい日本の絵 十選」（2017）の執筆など、日本美術を「かわいい」という切り口で紹介する機会に恵まれてきた。本稿では、その過程で考えてきたことをもとに、日本美術と「かわいい」とのかかわりを考える上で重要と思われるいくつかのポイントを挙げてみたい。また、日本美術のなかでもとくにかわいさが凝縮された好例として、近世に花開き、いまなお人気の高い「琳派」の造形を取り上げ、どういった点が「かわいい」と結びつきうるのかを具体的に例示していきたい。

▼「かわいい」に結びつく日本美術の特質

四方田犬彦『「かわいい」論』（2006）は「かわいい」に関する人文学的アプローチの嚆矢に位置付けられる。本書において四方田氏は「美しい」と相対化することで「かわいい」の輪郭をあぶり出し、前者の「神聖さや完全さ、永遠」

に対し、後者は「どこまでも表層的ではかなげに移ろいやすく、世俗的で不完全、未成熟」としている[1]。そのうち、とくに「不完全、未成熟」という特徴は、西洋美術と比較したときに際立つ日本美術の特質と重なってくる。たとえば、日本の中世から近世にかけての絵画や工芸を概観すると、いびつな桃山の茶陶、稚拙な画風が特色である御伽草子、童心に返ったようなゆるい江戸時代の禅画など、プロの精巧な仕事とは正反対の作品群が少なからず存在する。それらは西洋における古典的な〝芸術〟の範疇に入り得ないものだが、作為のなさや無邪気さ、大らかさといった、完成度の高い作品にはない味わいが生まれており、そこに美や芸術性が見いだされてきたのである。素朴さを是とする価値観やアマチュアリズム志向は、西洋の〝芸術〟にはない日本美術ならではの傾向と言え、現代の「へたうま」や「ゆるキャラ」に通じる特質として注目される。

また、四方田氏は平安中期に成立した清少納言『枕草子』の「うつくしきもの」を「かわいい」の源流に位置付けている。「うつくしきもの」では、幼児の仕草や行動、雀の子や雛道具など、幼いもの、小さいもの、愛らしいものが列挙されており、まさに「かわいい」もの尽くしの内容になっている。こうした感性を生み出す地盤となった平安中期の貴族文化は、日本美術の歴史においても重要な意義を持つ。平安中期は、中国文化の影響を受けつつも、日本の貴族の嗜好や美意識が強く反映された文化へと発展した時代であった。その象徴と言えるのが、漢字から派生した平仮名を活用した仮名文学の隆盛と和様の書の発展であり、日本文化の骨格をなす他の造形や様式にもこの時期のクリエイションに端を発するものが少なくない。

絵画においても、平安中期には日本の風物や物語を主題とした作品の制作が盛んになっており、当時の貴族社会で愛好された絵画表現のスタイルは、後に「やまと絵」と称される絵画様式に発展している。「やまと絵」は「唐絵（漢画）」すなわち「中国製の絵画」あるいは「中国主題の絵画」に対する「日本の絵画」という意識を基盤として生まれた概念だったと考えられるが、主に宮廷絵師によって継承される一方、宮廷絵画的な様式、あるいは日本的な絵画様式として理解され、中世から近世、さらには近代、現代へと受け継がれた。その特徴を端的に述べると、色彩に富んだ濃彩を用い、山や水などの自然のモティーフを丸く象り、人物は人形のように描く点にあり、柔和で繊細な表現はまさに「うつくしきもの」の延長線上に置くべき造形と言える。とくにカラフルな彩色や金銀を多用した豊かな装飾性は、現代の「かわいい」におけるデコラティブな側面に重ねることが可能である。

加えて、平安時代でもとくに後期には、『梁塵秘抄』の有名な一節「遊びをせんとや生まれけむ」に象徴されるように、遊戯性や諧謔性が時代的な特色として顕著になることが指摘できる。その象徴の一つが「鳥獣人物戯画」（高山寺）である。この作品に見いだせるユーモアや遊び心は、「戯画」という一つのスタイルとして後の時代に継承されている。また、平安後期には絵で和歌をあてる判じ絵的な趣向が流行したが、同種の仕掛けも中世・近世を通じて工芸の意匠などに受け継がれており、日本美術における特質を考える上で看過できない一面をなしている。四方田氏の著書ではとくに強調されていないが、こうした遊戯性や諧謔性は、漫画やアニメ、ゲーム、キャラクターといった現代のサブカルチャーに通じるものであり、日本美術における「かわいい」を考える上では重要なファクターに位置付けられる。

▼琳派の造形にみる「かわいい」ポイント

次に、日本美術における「かわいい」のありかたをより具体的に分析すべく、「琳派」に対象を絞って考察を進める。琳派とは、江戸時代を中心に、俵屋宗達・尾形光琳・酒井抱一を軸として、主題表現やスタイルを発展的に継承した一連の芸術家たちを指す。琳派のスタイルは先に挙げたやまと絵を基盤としており、大らかさや遊び心といった他の特質も兼ね備えている点で、日本美術のなかでもとくに「かわいい」のポテンシャルが高いと考えられる。そこで、琳派の造形的な特徴を踏まえつつ、「かわいい」と琳派がどのように結びつきうるのかを検証してみたい。

まずは、我々がどういうものに対して「かわいい」と感じるかを確認するところから始めよう。この多分に主観的な問題を最大公約数的に平準化するためには、文化や社会を超えたところに手がかりを見いだすのが理想的であり、その意味では、コンラート・ローレンツが動物行動学の立場から提唱した「ベビースキーマ」[2]は一定の効力を持つと考えられる。ローレンツによれば、我々が幼児を「かわいい」「愛らしい」と感じるのには、幼児の身体的な特徴が関係しているという。それらを整理してみると2種類のポイントが見えてくる。一つ目は、頬がふくれている、全体的に丸みがあるなど、丸っこい形状であるという点。もう一つは、手足が太く短い、頭部が体に比べて大きい、目が大きく顔の中央よりも下に位置しているなど、成人に比べて均整を欠くという点である。

この2つのポイントを琳派の造形にあてはめてみよう。一つ目の丸っこい形状に関して言えば、ふっくらとした花や優雅な流水など、琳派には丸く曲線的な表現が極めて多く、造形面での大きな特徴となっている。これはやまと絵に由来するもので、自然のモティーフを滑らかな曲線で象るというやまと絵の約束事をベースとして、それを誇張し際立たせた結果とみなせる。

次に、均整を欠くという点について考えてみたい。一般に、バランスの取れていない造形は、醜い、気持ち悪いなど、ネガティブな評価につながりやすいが、キティちゃんをはじめとする人気キャラクターを思い浮かべてみると、頭部や目、手足が極端に大きい、あるいは小さいなど、均整を逸したデフォルメがなされており、それがかわいさの大きな要因になっている。また、キャラクターの場合、シンプルな線と面によって表現されていることも重要であり、デフォルメと単純化という2つの加工が成功してはじめて魅力的なキャラクターが生み出されると言ってもよい。

こうしたデフォルメと単純化は他ならぬ琳派のお家芸でもあった。もとを辿れば平安時代の料紙装飾や室町時代のやまと絵といった過去の古典に典拠を見出せるが、そこから面白いところだけをうまく引き出し、拡大解釈したところにこそ琳派の個性と妙味があり、琳派の造形的な特徴を語る上で欠くことのできないファクターとなっている。

琳派の作品を概観すると、丸っこく、かつデフォルメと単純化が認められる例は枚挙に暇がないが、なかでも両者を兼ね備えた好例として、尾形光琳「紅葉流水図（竜田川図）団扇」（五島美術館）（図7-2）が挙げられる。本図に描かれた風景は、

図 7-2　尾形光琳「紅葉流水図（竜田川図）団扇」
（18 世紀、五島美術館）

こんもりした山も、流れる川も、みな丸く曲線的で、ふっくらとした紅葉はまるで赤ちゃんの手のようである。モティーフはみな著しくデフォルメされ、紅葉の大きさと川幅が同じになるほど大小比も歪められている。このように、モティーフを曲線で象るやまと絵のスタイルを誇張し、単純化とデフォルメを加えたのが俵屋宗達であり、そこに意匠化という磨きをかけ、本図のように自然を愛らしくデザインしてみせたのが光琳であった。

今度は幼児のモーションに関心を移してみたい。赤ちゃんのおどけたような表情や子どものユーモラスな振る舞いに思わず頬が緩んでしまう経験は、我々の多くが持つものであろう。そうした幼児の天真爛漫なかわいさに通じるのが、ゆるキャラなどにみる無邪気さ、ほのぼのとした雰囲気である。この点に関しても、宗達の造形が持つ大らかさや、光琳の茶目っ気を帯びたユーモア性といった琳派の特色と結びつけることができる。光琳の画風を継承した中村芳中の「老松立鶴図」(図7-3）を見ると、写実性とはかけ離れた大らかな描線や形態、笑みを浮かべたような鶴の表情など、画面全体にほのぼのとした愉快な雰囲気が横溢しており、現代のゆるキャラやマスコットに通じるかわいさが感じ取れる。

一方、幼児の特徴以外でも「かわいい」を誘発する視覚的な因子は認められる。一つは繰り返しとパターンである。

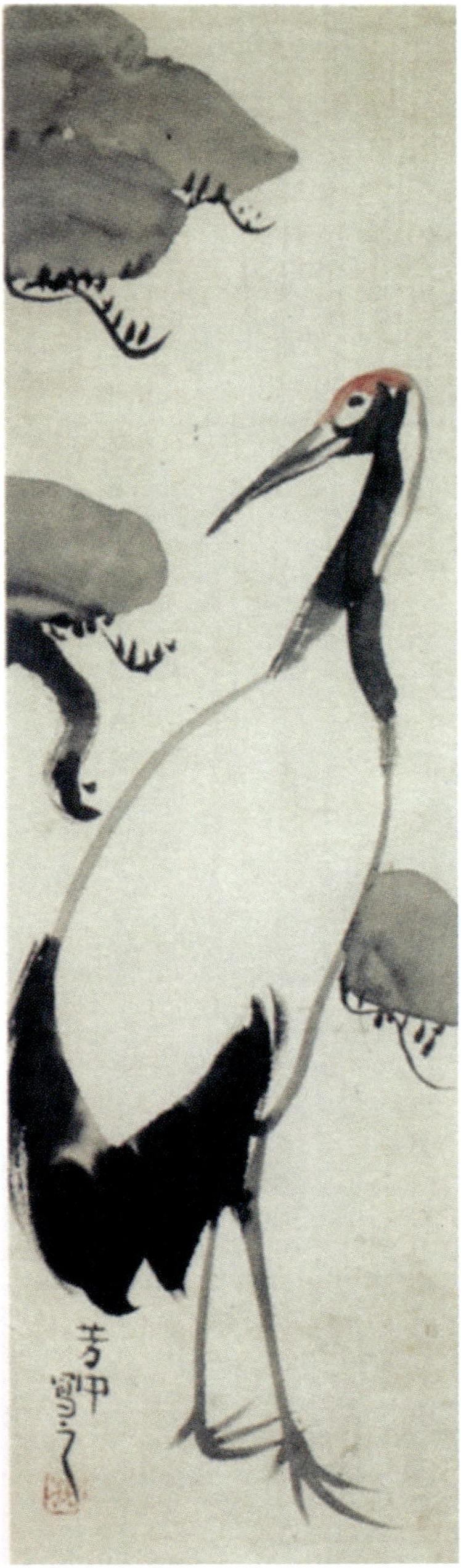

図 7-3　中村芳中「老松立鶴図」
（18 ～ 19 世紀、個人蔵）

単一モティーフの繰り返しや抽象的なパターンはデザインの基本テクニックだが、円や四角一個ではつまらなくても水玉模様やチェック柄になるとかわいくなるように、「かわいい」を発生ないし増幅させる効果も有している。琳派においても、単一のモティーフのみで構成し、同一の図様パターンを繰り返し用いる手法が世代を問わず見られ、それが琳派の特色である「意匠性」につながっていることが指摘できる。

また、ネイルアートなどのデコラティブなデザインでは、「かわいい」を視覚的に演出する上でキラキラした飾りやカラフルな彩りが効果的な役割を果たしている。前述のとおり、琳派の原点であるやまと絵はカラフルな色彩と金銀による加飾が特徴の一つだが、琳派ではそれがより明確に打ち出され、「装飾性」が琳派を語る上で欠かせないキーワードとなっている。デザインやファッションという観点で言えば、パターン模様やキラキラだけが「かわいい」を誘発するわけではない。たとえば、シンプルな服にワンポイントの飾りがついていたり、普通の雑貨に見えて実は凝った仕掛けが施されていることに気づき、思わず胸がキュンとなったとする。そのときめきを言葉で表現するならば、「きれい」「さすが」「すてき」以上に、より直感的な「かわいい」が最もしっくりくるのではないだろうか。琳派においても、とくに19世紀の酒井抱一をはじめとする江戸琳派の作例にそうしたおしゃれな遊び心を見いだすことができる。鈴木守一「桜下花雛図」（細見美術館）（図7-4）

図 7-4　鈴木守一「桜下花雛図」
（19 世紀、細見美術館）

を見ると、中央のモティーフは紙製の雛人形のようだが、実は菜の花を男雛、蓮華草を女雛に見立てたもので、周囲の表装の部分にはしだれ桜と犬張子（犬筥）を描き込むという、手の込んだ演出がなされている。いずれも『枕草子』の「うつくしもの」が思い浮かぶような愛らしいモティーフばかりで、桃の節句に飾られる掛け軸として申し分のないかわいさを備えた作例と言えよう。

最後に主題モティーフの選択に関して触れておきたい。植物は琳派が描く最も主要なテーマの一つだが、選択に関しては明確な傾向がある。それは野に咲く草花を好んで取り上げるという点である。とくに、蕨などの春の草は、世代を問わず、しかも脇役ではなく中心的な存在の一つとして描かれている。本稿の冒頭に挙げた「かわいい江戸絵画」展の企画者である金子信久氏は、「かわいい」の語源である「かわゆし」がかつては憐みや同情を催させるものに用いられたことに着目し、同展を構成するなかで「かわいそう」「健気」「慈しみ」というキーワードを掲げている[3]が、地味でささやかな存在に目をやり、その愛らしい魅力を引き出す琳派の造形感覚はまさに「かわゆし」の系譜に連なるものであろう。

▼おわりに

琳派の造形と結びつく「かわいい」の因子をまとめると次のようになる。

①丸い、曲線的
②デフォルメと単純化
③無邪気、ほのぼの、ユーモア
④繰り返し、パターン
⑤金銀の装飾、カラフルな色彩
⑥おしゃれな遊び心
⑦小さな命、ささやかな存在

これら7種のポイントが琳派の作品すべてに備わっているわけではないが、この7種によって、琳派の造形的な特徴の大部分がカバーされることからすれば、琳派の造形は「かわいい」のホールパッケージであると評しても言い過ぎではないように思われる。我々がかわいいものに対して愛情や親しみを抱くとすれば、「かわいい」に結びつく要素が詰まった琳派の作品が現代の人々に親しみやすさを感じさせるのは自然なことであろう。それこそが、展覧会や出版において琳派というテーマが不動の人気を誇る最大の理由の一つなのかもしれない。

参考文献

[1] 四方田犬彦『「かわいい」論』（ちくま新書）筑摩書房、２００６年
四方田氏に関する以降の言及もすべて本書による。
[2] コンラート・ローレンツ著、岡直通・日高敏隆訳『動物行動学Ⅱ』思索社、１９８９年
[3] 府中市美術館編『かわいい江戸絵画』求龍堂、２０１３年

【寄稿4】

小児医療環境のデザイン

――――――――――――――――――――柳澤　要

▼NPHCの活動

２００５年より筆者が代表を務めているNPHC（こどもの病院環境&プレイセラピーネットワーク）について紹介したい。NPHCは、我が国の子ども病院環境の改善を目的として１９９８年7月に故野村みどり先生によって設立された。きっかけとなったのは野村先生が１９９２年3月にプレイセラピー［注1］の世界的な創始者であり25か国語に翻訳された『プレイセラピー』の著者でもあるスウェーデンのイヴォンニー・リーンドクヴィスト先生に出会い、このプレイセラピーを我が国の子ども病院にも導入しようとしたことである。その後、海外のプレイセラピーの実態を調査したり、１９９３年には日本全国の小児科医長・婦長を対象としたアンケート調査を実施するなど、プレイセラピー導入のための調査研究活動などを行ってきた。１９９９年度からは年4回の研究会と1回のフォーラム開催、年4回のニューズレター発行という体制で、野村先生が当時勤務されていた東京都立保健科学大学を拠点（２００２年度より東京電機大学千葉ニュータウンキャン

パスに事務局を移動）に本格的な活動を開始した。

２００1年4月にはイギリスにおけるホスピタルプレイの第一人者でホスピタルプレイスペシャリスト教育トラスト代表のパメラ・バーンズ先生を招いて研究会が開催され、ヨーロッパのなかでも最もプレイセラピーが進んでいるイギリスの実情を知るとともに、その後の協力関係の構築が実現した。このようにＮＰＨＣ設立以降は海外とのネットワークが拡大していくと同時に、子ども病院におけるプレイセラピーの実践やプリパレーション〔注2〕のツールの開発、医療施設の環境改善や情報システム整備、また家族中心ケアや学校との教育連携など、ＮＰＨＣの活動が国内でも徐々に広がっていった。

１９９9年度から２００1年度にかけては厚生科学研究費補助金を受けて「病院における子ども支援プログラムに関する研究」「子どものためのインフォームドコンセントを推進するプリパレーションツールの開発」に取り組むこととなり、さまざまな欧米の先進的な施設環境やプログラムの情報を得ることができた。とくに欧米のプリパレーションツールの情報を入手し、我が国の実情に合わせた独自のツールの開発・提案を行っている。

また２００1年からＮＰＨＣはＥＡＣＨ（病院の子どもヨーロッパ会議）の準会員になっている。ＥＡＣＨはヨーロッパの主要国が病院における子どもやその家族の権利・環境を改善しようと組織されたもので、その設立と同時に国連の子どもの権利条約に則って定めた「病院のこども憲章（ＥＡＣＨ憲章）」、具体的には子どもの病院環境が具備すべき10箇条（図7-5参照）を加盟各国が履行することを大きな目標としている。ＥＡＣＨへの加盟により、ＮＰＨＣは我が国におけるＥＡＣＨ憲章実現を活動目標に据えることになった。ＥＡＣＨ憲章はＮＰＨＣによって日本語版ポスターが作成され、全国の子ども病院やシンポジウムの出席者などに配布されている。

ＮＰＨＣではこれまでにさまざまな海外視察・調査を行っている。ＮＰＨＣの顧問でもあるパメラ・バーンズ先生やイヴォンニー・リーンドクヴィスト先生の協力の元、イギリスやスウェーデンの訪問が多いが、それ以外に、フランス、ベルギー、ノルウェー、デンマーク、オーストラリア、香港などの子ども病院や院内学級、病弱教育施設などの視察・調査を実施している。

国内では病院におけるプリパレーションツールの収集・検討を行い、プレイツールから構成される「ホスピタルプレ

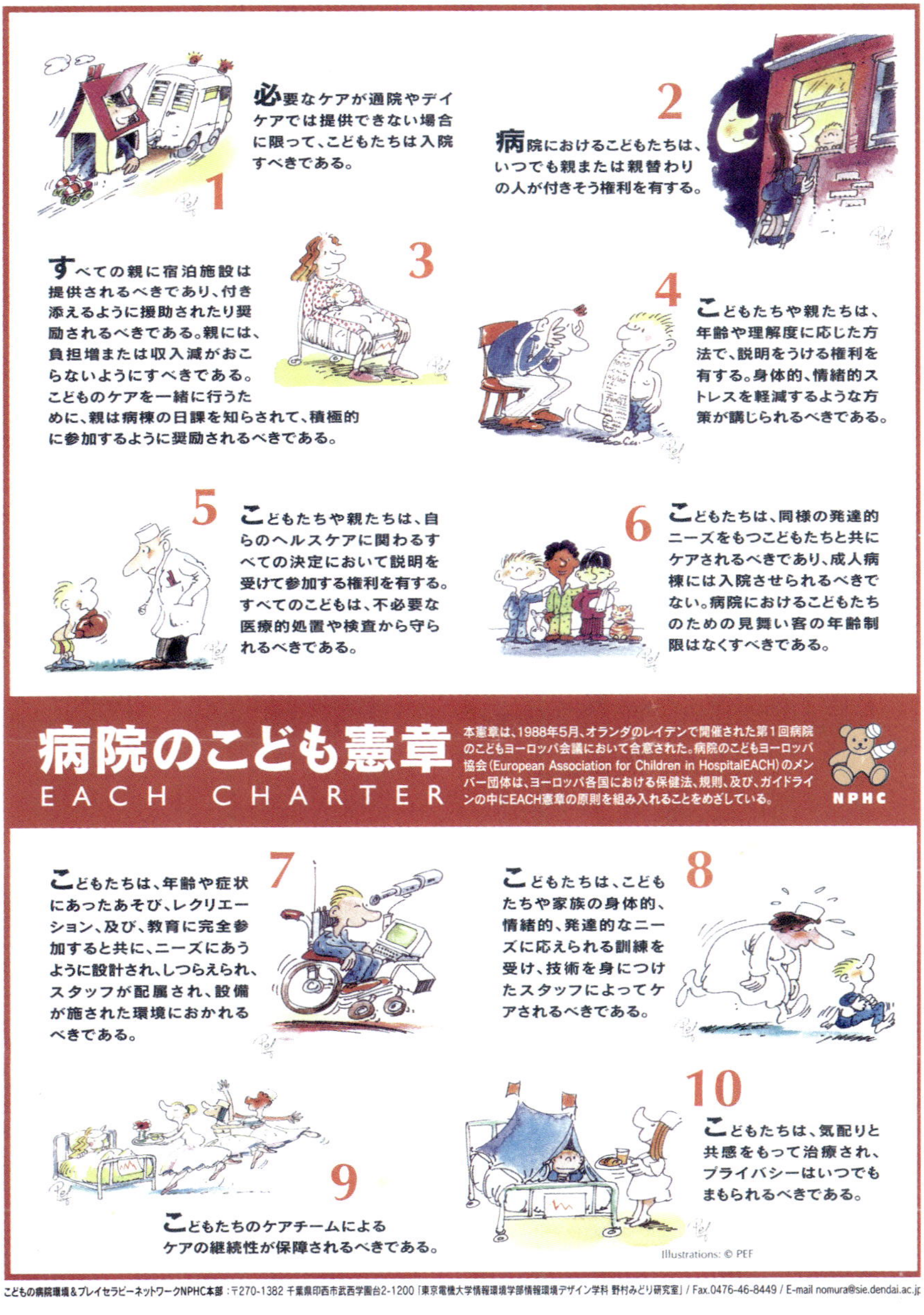

図 7-5　子どもの病院環境が具備すべき 10 箇条

イボックス」を開発している。あいち小児保健医療総合センター、神奈川県立こども医療センター、独協医科大学病院、トヨタ記念病院、広島大学病院、千葉東病院など、国内のいくつかの病院で実際にこのプレイボックスを活用・調査してもらい、その成果報告・情報交換をＮＰＨＣの研究会やフォーラムで行っている。欧米のように我が国にもプレイセラピーに熟達したプレイスペシャリストの養成コースを設立するというのも野村先生の熱望していたことであり、ＮＰＨＣの目標の一つであった。イギリスのパメラ・バーンズ先生やスウェーデンのイヴォンニー・リーンドクヴィスト先生、またＥＡＣＨの加盟メンバーとの積極的な交流もその実現のためであった。２００６年２月にはアジアでは初めてプレイスペシャリストの養成コースを設立した香港のイヴォンヌ・ベッチャー氏を東京電機大学客員研究員として招聘し、我が国の養成コース設立に向けた具体的な活動を開始したが、残念ながらイヴォンヌ・ベッチャー氏を招聘する前の２００５年９月に野村先生は急逝されてしまった。その後、筆者が代表を引き継ぎ、活動は縮小したが、研究会や病院視察、会員相互の情報交換や調査研究・実践を現在も定期的に行っている。ちなみにプレイスペシャリストの養成に関しては、現在、ＨＰＳ ＪＡＰＡＮ（静岡県立短期大学に本部）などが養成講座を継続的に行っており、私も講師として協力している。

▼千葉大学柳澤研究室の活動

ＮＰＨＣでの情報交換や調査研究・実践以外に、私が所属する千葉大学においても国内外の子ども病院や小児病棟の調査研究や小児医療環境デザイン・実践を行ってきている。欧米と異なり、わが国の小児医療環境はまだまだ子どもの視点からデザインされている事例は少ないと感じるが、成育医療センター、あいち小児保健医療総合センター、宮城県立子ども病院など、２０００年以降に建設された小児専門の子ども病院は、カラフルで楽しげな空間・デザインやアートワークを導入するなど、これまでの病院のイメージを変える事例も登場してきている。また病院側も子どもの治療・診察や生活にとって環境の影響やプレイセラピーの重要性を認識するようになりつつあり、プレイスペシャリストの雇用や小児医療環境の改善などが進みつつある。とくに既存の総合病院の小児科の環境を子どもにとってより楽しく癒やされるデザインにしていきたいというニーズが高まっているように感じる。千葉大学柳澤研究室では、これまで医療施設のみならず教育施設や保育施設など子どもの環境デザインの研究やその実践をしてきているが、小児医療環境デザインの事例をいくつか紹介したい。

八千代医療センター（千葉県八千代市：写真7-1）では小児科診察室・待合室のデザイン・施工の協力をしている。ここでは天井や壁に枝や葉っぱを描いて、空間全体を森に見立てた環境デザインを行った。柱は樹木とし、子どもの作品もつけられるようなクリップを設置し、天井からは季節に応じて取り替えられるつり下げ型の葉っぱモビールも設置した。4つある診察室にテーマカラーを決め、それぞれ妖精が住むというストーリーでマスコットキャラクター（グリーンズ）もつくっている。こういった環境デザインでは、ただ装飾やアートを施すだけではなく、子どもがその世界に入れるような物語性が求められる。診察をする際に、「妖精の住む森を訪ねて行く」というストーリーにするわけである。本当は4色の妖精の帽子をつくって医師にかぶって診察してもらおうとしたのだが、どうもそれらはそのまま倉庫に保管されているようであるが。

写真 7-1　八千代医療センター
小児科診察室・待合室

写真 7-2　静岡済生会総合病院 屋外テラス

写真 7-3　国立国際医療研究センター 小児科

静岡済生会総合病院（静岡県静岡市：写真7-2）では小児科プレイルーム前の屋外テラスの改修を行った。以前からプレイルームでの遊びの延長として、この屋外テラスを利用した遊びやイベントが多かったが、日差しを遮るものがなく、また殺風景で面白みがないなどの課題があり、海の世界をテーマに床に魚や水滴などを描いたり、木製の船や木製ルーバーの屋根がついた休憩所を設置したりしている。このアートプロジェクトには病院関係者（医師・看護師・保育士・看護学校学生・入院している子どもたちなど）も参加している。みんな意欲的にプロジェクトにかかわっていたのが印象的であった。その数年後に病院の改築があり、小児科の外来診察室が新たに整備されたが、その際の診察室や待合スペースのインテリアの改修も柳澤研究室で担当した。入院時に屋外プレイルームで遊んだ経験を持った子どもたちが、退院後に外来室を訪れた際に、再び楽しい思い出ができるようになればいいかなと思っている。

最後に紹介したいのは国立国際医療研究センター（東京都新宿区：写真7-3）小児科のプロジェクトである。最初に小児科病棟のプレイルームのアートプロジェクトを行った。プレイルームは楕円形の平面で、ガラスの曲面でぐるりと周囲を囲まれたユニークな空間である。従来は装飾にはアクリル板・木製合板、またカッティングシートを利用することが多かったのだが、ここはガラスの曲面なので、光が透過するように、動物や植物を透明なシートに印刷して貼り込むという手法をとった。その後、2017年に、このプレイルームの入口や廊下やエレベーターホールの改修を依頼されて実施した。ここでも動物や樹木をシートに印刷し、壁やガラスなどに貼り込んだ。また、子どもたちが遊べるホワイトボードやドミノ、本棚なども合わせてアートワークに組み込んでいる。

[注1] プレイセラピー：病院の物理的・心理的環境を、成長発達過程にある子どものニーズにできるだけ合わせていくために、病院が準備・提供する子ども向けの遊びや作業などの活動

[注2] プリパレーション：病院において（入院前・入院中・退院後、外来・デイケア）、子どもが直面する診療行為とその過程について、子どものニーズに応じて、遊び・学びを導入して、情報提供・準備支援すること

第8章　協調社会の建築像

建築空間の設計においては、環境としての「快適性」が重要視されてきた。「かわいい」はその「快適性」とどうかかわるのだろうか？

社会経済、技術や文化、価値観が変化し続けるなかで、「かわいい」は今後の建築にどのようにかかわっていくのだろうか？

1 「かわいい」と建築環境の快適性

建築を設計する際には快適であることを求められる。しかし、「快適性」の概念もさまざまな観点が含まれ、時代と共に変化してきている。そこで、改めて現代社会における建築環境の快適性と「かわいい」の関係を論じてみる。

▼3つの快適性

快適性の概念にさまざまなものがあることは、建築の照明設備の研究者であるヒューイットが1960年代に述べている。彼は照明設備に求める「快適性」には3つの段階があるという。まず、最初の段階としては、十分な明るさが適切な費用で得られるというものである。この「快適性」を彼はユースフル（useful）としている。次の段階は、単に照明が提供されるだけではなく、適切に明るさが確保されている状態である。たとえば、過度な眩しさが発生せず適切にものが見えている状態であり、この「快適性」はコムフォート（comfort）と表現される。しかし、この段階で得られるものは平板で面白みが無い状態かもしれない。そこで、第3段階ではコムフォート以上の「快適性」を備えた照明環境が求められ、これはプレザントネス（pleasantness）と表現される。プレザントネスは人により積極的な心地よさをもたらすレベルである。この心地よさは贅沢なものや高性能なものから得られる。また、プレザントネスは個人差もあり、その人にとって何か大きな意味を持つものからも感じられる。たとえば、1988年に話題になった西武百貨店の広告のフレーズ「ほしいものが、ほしいわ」は、まさにこのプレザントネスの追求を訴えたものであろう。この3つの快適性の変遷という考えかたは、我が国ではバブル期に照明研究者の乾正雄により紹介され、戦後の復興期、高度成長期、バブル期という社会の発展段階に求められたものを表現する概念を上手く説明している。

また、温熱環境の研究者の久野覚は快適性を二分し、消極的な快と積極的な快とした。前者は静的な状況で不快が無い状態、後者は動的な環境でより明確な快を得る状態とされる。ヒューイットの3段階をこの考えかたで整理すれば、ユースフルは機能の快、コムフォートは消極的な快、プレザントネスは積極的な快、と呼ぶことができる。

▼5つの欲求

このように、社会の発展に伴って求められる「快適性」が異なることに似た考えかたには、第5章でも触れたマズローの欲求5段階説があり、人の欲求は生理的欲求という生き物としての最低限の欲求に始まり、自己実現欲求という非常に高度に人間的な欲求に至るとされる。人と建築環境の関係は、人の何かの欲求に対応して建築環境が何らかの快適性を実現すると位置付けられる。5つの欲求と3つの快適性は数の上では対応しないものの、人あるいは社会の成長に伴い、求めることと実現のありかたが対応して展開すると解釈することができよう。すると、現代の建築環境にさまざまな形で「かわいい」が取り込まれている現象はどう位置づけられるのだろうかという疑問が沸く。

▼4つの死因

この疑問を考える傍証として、死因に関する知見を紹介する。科学史家の村上陽一郎が著書で紹介した「ある疫学者の分析」として、文明の発達と人の苦しむ病気の間に対応関係があるという。初期の文明で不衛生な段階での主な死因は消化器系の感染症であるが、産業化が進むとそれは呼吸器系の感染症に移る。さらに社会が成熟した第3段階では生活習慣病が問題として大きくなる。そして最終段階では社会との不適合によるもの、つまり精神疾患が大きな問題となる。この推移は文明開化後の我が国の状況にもよく適合するという。

▼かわいいは第4の快適性か

3つの快適性、5つの欲求、4つの死因を並べてみると、それぞれ社会の発展や個人のなかでの変化といった軸の取りかたには違いがあるものの、個人であれ社会であれ、その成長に伴って求めるものが異なり、その結果としての快や死も変わっていくという構造が見えてくる。現代社会において社会的不適合に伴う自死や精神疾患の増加が社会問題になっていることを考えると、その対策として求められる建築環境側の快も、ヒューイットの3番目の段階である積極的な快ではなく、心の安寧につながるものが求められる。そのような快は幸福感や癒やし、他者との関係性の構築のための親しみやすさなどに伴って得ることができるものであり、まさにそれが「かわいい」につながるものである。したがって、かわいいで得ることの快を第4の快適性と解釈することができるのではないだろうか。

参考文献

[1] Harry Hewitt, The Study of Pleasantness, Light and Lighting, 56, pp.159-164, 1963
[2] 乾正雄『やわらかい環境論』海鳴社　48-49頁　1988年
[3] Satoru Kuno, et al. A two dimensional model of thermal sensation in transitional conditions. ASHRAE trans., 93(2), pp.396-406, 1987
[4] 村上陽一郎『安全と安心の科学』集英社新書　25-28頁　2005年

2 「かわいい」のこれから

ここまでの、かわいいWGのメンバーや寄稿をいただいたさまざまな分野の方々の「かわいい」に関する論考を受けて、本節では少々大胆ではあるが、「かわいい」の本質は何かについて仮説を提起し、これからの「かわいい」の担っていく役割について予想をしてみたい。

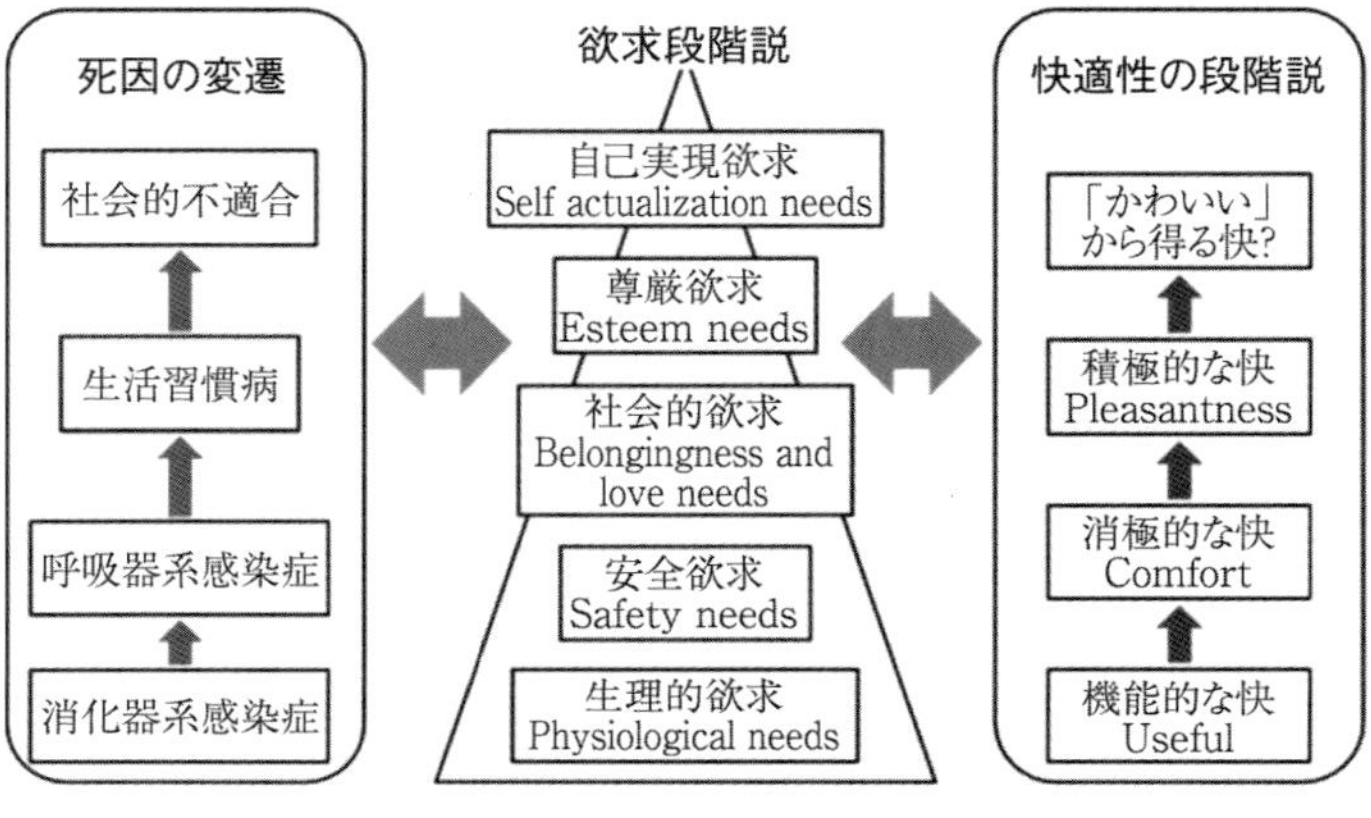

図 8-1　死因・欲求・快適性の関連

▼「かわいい」の本質は？

「かわいい」の原点が、種の保存にかかわる本能的なメカニズムに組み込まれた情動であることは、おそらく間違いのないところであろう。子どもを養育する行為を獲得したことで、哺乳類や鳥類などは種の生存競争を勝ち抜くことができた。その養育行動のスイッチのひとつが「かわいい」という感情と思われる。ベビースキーマで示されたように（第7章寄稿2）、ある種の特徴的な形質から自動的に「かわいい」は生起する。これは、大倉氏の研究成果（第1章5）や琳派の確立した表現技法（第7章寄稿3）とも符合する。

被験者調査「かわいいを分解する」で、「かわいい」を「好感系」「養護系」「幸福感系」と分類しているが（第1章1）、このベビースキーマからの第一次的な反応は、形態と関連が深いとされる「好感系」に対応すると見なすことができる。「かわいい」と興味を持ったら、次に対象に近づいて観察することで、守ってあげるべきものなのかを判断して行動に移そうとする。これが「養育衝動」に対応する。そして、かわいがるなどの養育行動の結果、対象が喜ぶ様子を見て、その行動への報酬系として「幸福感」が得られる。このように、「かわいい」が養育行動のメカニズムと関連していると考えると、「かわいい」の3分類が養育行動を完遂する際に重要な役割を担っていると位置づけられ、得心がいく。

しかも、このメカニズムは一連の流れをつくることに寄与するだけでなく、独立のパーツとして働いて副次的な効果を与えていると想定できる。たとえば、「好感系」は機械的に想起されるだけに、人間の子ども以外の幼生や無生物でも同様な反応が起こる。また、自分が養育しなくても、安心安全な状態にある対象の様子を見るだけでも「幸福感」を感じることができる。さらには、無生物をかわいがっても反応は返ってこないが、それでも経験から見返りを期待して、パブロフの犬のようにかわいいものを見つけただけで「幸福感」を想起させてしまうということもあると考えれば、無生物にかわいいを感じて、癒やされるわけも説明できそうである。

加えて、好感を感じないような形態でも、養護すべき対象と判断されれば「かわいい」と感じるとも考えられる。外見的にはたいしたことがなくても自分の子どもはかわいいと思えることや、「きもかわいい」「ぶさかわいい」などの言葉は、この文脈での「かわいい」と考えられる。したがって、同じような形態ばかりが「かわいい」わけではなく、人それぞれの抱くその対象への意味づけによって、何に「かわいい」と感じるかは千差万別であると言える。その多様性もまた種の存続に有利に働いたに違いない。

▼「かわいい」を文化にした日本

「かわいい」という感情が本能的に規定されたものであれば、感受性に個人差はあるものの、洋の東西を問わず、年齢も性別も関係なく生起される感情だと考えられる。ただ、日本だけがそれを文化にまで昇華させている。入戸野氏のいうところの「価値観としてのかわいい」である。それはなぜだろうか。

日本は、世界的には珍しい中緯度帯にある島国である。自然は、ヨーロッパのように油断するとすぐに牙をむく厳しいものでもなく、南国の島国のような何もしなくても食べていけるほど優しくもなく、働けば働いた分だけ豊かな恵みが得られる。ただ、時折、災害という理不尽な試練ももたらされる。そのような自然に人々は感謝し敬いつつも、その気まぐれさに人間らしさを見いだし、万物に心が宿るとするアニミズム的思想・多神教的思想につながっていった。擬人化が多いのもそのせいであるが、この何物にも心を見いだし、親しみを覚えるという性向が、「かわいい」が活躍する素地をつくっていると言えよう。

もうひとつ、近隣に中国という圧倒的に進んだ技術と文化を持つ文明があったことによる影響は大きい。たくさんの技術や文化が中国から伝えられたが、貧弱な資源と未熟な技術では当初は拙い模倣しかできなかったに違いない。ただ、海を隔てて微妙に遠く、強制や支配まではされなかったので、自分たちなりに都合良く解釈してアレンジし、その不完全さや未熟さを肯定的に面白がることで、自尊心を保つ術を見つけたのではないだろうか。そしてそれが、不完全をあえて狙うという志向を生んだ。敬語の謙譲表現・真行草・本歌取りなど、崩したり控えたりすることで敬意や序列を示す態度が、そのよい例である。日本文化には崩しの美学があり、必然的にサブカルチャー的傾向が強いと言える。さまざまな控えかた・崩しかたの試行錯誤のなかで、最も効果的な方法のひとつとして「かわいい」があることに日本人はたどり着き、その感性を磨いていったのではないだろうか。

▼「かわいい」は平和をもたらす

では、現代において「かわいい」の効用とはどんなものであろうか。私見ではあるが、3つを紹介したい。

古代ギリシャの比例や調和の美的感覚、キリスト教などの一神教的思想、封建主義的社会などを背景にした欧米前近代のデザインは、唯一完璧な存在を目指す思想だった。近代以降のモダニズムも、同一製品大量生産による生活向上という単一の価値観を志向しているし、建物や都市の巨大化は富と権威と技術を誇示する競争の産物である。対して、「かわいい」は未熟な子どもを愛しむ本能にその元があり、完璧でないことや一番でないことをむしろ評価する。したがって、競争や争いの外にあるため、「かわいい」は平和だ。

一方「かわいい」は、良い悪い・好き嫌いと同じ最上位の総合的な評価概念であるにもかかわらず、そう評する理由を訊くと「だってなんとなく…」という答えが多く、それ以上追究できないことも多い。理由や思想が曖昧なままで共感する仲間を確認する、曖昧な日本社会のなかのとくに女性的なグループでは、「かわいい」はたいへん便利な言葉として機能している。お互いの違いに目をつむり、白黒はっきりさせず曖昧に済ませていれば、争いは酷くなりにくく、折り合いをつけて共存できる。

前述のように、「かわいい」は唯一完璧な美に対する「崩し」の技法のひとつとも意味付けられる。1980年代のポストモダン運動でも端正なモダニズムを崩すことが試みられたが、結局失敗に終わった。歴史的デザインの引用・コラージュは遊んでいると批判され、破壊された表現や歪んでいる表現は暴力的と拒否された。しかし、「かわいい」は同じ崩しの技法のひとつでありながら、「未熟者のしたことだから仕方ないか」と許される免罪符的な力がある。もちろん意図的なかわいらしさは小賢しいと拒絶される場合もあるが、「かわいい」よりも万人に受け入れられる崩しかたは見つけられない。

「艦これ」[注1]や「柔らか戦車」[注2]のように武器を擬人化してかわいくすると、脱力感で闘う気は失せてしまう。「かわいい」のまわりには、争いがなく幸福感が溢れている。もはや建築からは離れてしまうが、「かわいい」は世界平和に貢献できるのではないかと、大まじめに考えている。

▼「かわいい」は人にやさしい

不完全や未熟を尊ぶのが「かわいい」のベクトルである。完全無欠の事物や空間では、堅苦しくて居心地が悪いが、「かわいい」はリラックスして楽しむことを許してくれる。そう、「かわいい」は人にやさしい。

さらに、「かわいい」からは、「完璧な人はいない」「人は十人十色で、未熟でもその人らしく頑張っていればいい」というメッセージを感じ取ることができる。これは、モダニズムまでの全体主義とは異なり、個人の個性と多様性を尊重し、障がい者や認知症患者のノーマライゼーション、バリアフリーやユニバーサルデザイン、ダイバーシティというような社会的な思想の潮流に重なる。未熟者や負け組やマイノリティにも「立つ瀬」があり、社会的な役割があるという考えにつながっていく。現代社会が求めていることを体現する「かわいい」デザインは、表層的に終わったポストモダンとは一線を画す説得力と合理性があるのである。

▼「かわいい」は人を動かす

「かわいい」が「かわいがる」という養育行動を引き起こすことは極めて興味深い。宗方氏が提起している第4の快適性（前節）が「かわいい」から得られるものであるならば、この養育行動が鍵になるのではないかと考えている。

我々がすでに認識している3つの快適性は、いずれも環境から受動的に得られるものである。一方、マズローの欲求の5段階説では「社会的欲求」までは受動的でも満たされるが、「尊厳欲求」以上では自らが動かないと絶対に満足されない。これら2つが対応しているならば、次の快適性には、主体の行動が必要であることが予見される。その視点で「かわいい」を見ると、誰かからかわいがられれば愛情や承認などの「社会的欲求」が満たされるが、自分が誰かをかわいがれば社会の役に立ち、仲間の尊敬を受け、「尊厳欲求」が充足される。これは、経済的成功が得にくくなっている成熟社会において、「新しい公共」の概念とともに、ボランティアや社会貢献に人生の価値を見いだす人たちが増えていることにも呼応する。「かわいい」は人を動かす。それは、社会を良くし、より上位の欲求の充足に導く可能性を秘めている。

▼「かわいい」はモダニズムの次に来るデザインか

このように、平和・多様性・社会的行動をもたらす「かわいい」には、現代の問題を解決する力を感じる。個人的には「かわいい」こそが、一度潰えたポストモダンの大本命ではないかと期待している。

真壁氏も述べているように（第7章寄稿1）、モダニストたちは「かわいい」が嫌いのようである。それは「かわいい」がモダニズムの思考の範疇を逸脱していて従前の方法論では対応できないからであり、同時に「かわいい」が異なる次元のデザイン手法であることの証左でもある。真壁氏は、モダニズムまでを理性合意型、「かわいい」は感性共有型と区別している。現状ではそのとおりと同意するが、本質的には少々異なる見解を抱いている。現段階はまだ、感受性の高い人のみが「かわいい」を扱うことができている段階にあるため感性共有型なのであって、同じことはモダニズムの黎明期にもあったのではないだろうか。真壁氏も自らの活動を「カワイイを定理化する」試みと述べているように、真壁氏やこの本の役割は、「かわいい」を解説し、より多くの人が理解し使える、理性合意型に変換することなのではと考えている。真壁氏のいう「カワイイ」は、入戸野氏のいう「価値観としてのかわいい」と近く、大倉氏の一連の研究結果や、三戸氏が解説した琳派が確立した表現技法を追求することも同じように理性合理型かわいいを目指す試みと捉えることができる。

現在の「かわいい」文化の切り口は、メインストリームであるモダニズム（経済合理性に基づいたミニマリズム）へのアンチテーゼとしての、ポップカルチャーの一様態に過ぎない。まだ感度の低い子どもにもわかる、過剰に盛った「かわいい」である。ここまで読んできた賢明な読者のみなさんには、それ以外の「ほのかなかわいい」も存在することは、おわかりいただけていることと思う。

ただし、わかりやすい理性合意型への変換によって、「かわいい」の持つ曖昧なままの共感という役割を捨て去ってしまうのではないか、という一抹の懸念が頭をもたげてくる。前述のように、ひとりひとり「かわいい」と感じる事物が異なることが、多様性を担保する重要な特徴だからである。

▼「かわいい」の示す兆し

戦前に建築家のブルーノ・タウトは、桂離宮などの数寄屋建築がモダニズムに通じることを発見し評価したが、実際には数寄屋建築は、小さい・軽い・か細い・丸い・いびつ、と「かわいい」を感じさせる特徴もたくさん備えた、書院建築を崩した様式である。つまり、正しくモダニズム的なのは書院建築で、数寄屋はモダニズム＋かわいいと言える。数寄屋の存在からわかることは、モダニズムのアンチテーゼとしての「かわいい」という二項対立ではなく、両者は同時に成立可能ということである。一方、装飾著しい日光東照宮でも、三猿の彫刻はユーモラスでかわいく、これも並立可能である。言い換えれば、「かわいい」は単に形態と関係するだけではなく、宗教的・機能的よりも深く込められた意味と関係すると考えられる。「かわいい」は対象を形容する語ではなく、受け手の感情を表す語である。ならば、受け手の感じかたも同様に大事になる。人は好みの形でなくても自分のために込めた思いを知れば喜び、かわいいと感じ、愛着を持つ。関係性が深いほうが強い愛着が湧き、分身と言えるものは我が子同然にかわいがるはずである。

そう考えると、物と人との関係性・親和性をつくる「プロセス」が重要で、形は込めた心が表出した結果にすぎないとも言える。フォルムデザインからプロセスデザインへの転換である。日本人は、すべてに魂が宿るという信条を通じて、この事物に心を込める行為と、その心を読み取る力に非常に長けている。作家性の強い建築家である古谷誠章氏、新居千秋氏そして伊東豊雄氏までもが、最近ワークショップなどで施設と使い手の関係をつくり、使い手の意見を形に取り入れ、結果的に「かわいい」建築をつくりはじめているのも、その流れを敏感に感じているからに違いない。

［注1］艦これ：「艦隊これくしょん」の略称。株式会社C2プレパラートが開発しDMM.comがブラウザゲームとして配信している育成シミュレーションゲームおよび、そのメディアミックス作品群。

［注2］柔らか戦車：ウェブアニメーターのラレコ制作のAdobe Flashによるアニメーション。

参考文献

大倉典子編著『「かわいい」工学』コラム［7章］「かわいいと建築」154-159頁 朝倉書店 2017年

索引

本書作成関係委員（敬称略）

環境工学委員会

委員長　岩田利枝
幹事　持田灯　リジャルH・バハドゥル　望月悦子
委員　（省略）

企画刊行運営委員会

主査　羽山広文
幹事　菊田弘輝　中野淳太
委員　（省略）

かわいいと建築刊行小委員会

主査
宇治川正人（東京電機大学）
委員
古賀誉章（宇都宮大学）
宗方　淳（千葉大学）
大倉典子（芝浦工業大学）
槙　究（実践女子大学）
小﨑美希（お茶の水女子大学）
丸山　玄（大成建設）
大石洋之（JR東日本建築設計事務所）
佐藤　隆（東日本旅客鉄道）

環境心理生理運営委員会

主査　西名大作
幹事　大石洋之　辻村荘平
委員　（省略）

環境心理小委員会

かわいいと建築に関する研究WG（2017年3月）

主査
宇治川正人（東京電機大学）
委員
丸山　玄（大成建設）
古賀誉章（宇都宮大学）
小島隆矢（早稲田大学）
宗方　淳（千葉大学）
大倉典子（芝浦工業大学）
槙　究（実践女子大学）
大井尚行（九州大学）
小﨑美希（お茶の水女子大学）
大石洋之（JR東日本建築設計事務所）
佐藤　隆（東日本旅客鉄道）
讃井純一郎（関東学院大学）
小代禎彦（TOTO）
山本杏子（早稲田大学）
清澤　雄（日本カラーデザイン研究所）

注：所属は委員当時

執筆分担

第1章　宇治川正人
　　古賀誉章
　　宗方　淳
　5　大倉典子
第2章〜第4章　宇治川正人
第5章　古賀誉章
　　宇治川正人
第6章　宇治川正人
第7章1　真壁智治
　2　入戸野宏
　3　三戸信恵
　4　柳澤　要
第8章1　宗方　淳
　2　古賀誉章
コラム1　小﨑美希
　2　伊藤芳之
　3　丸山　玄

かわいいWGは、本書で紹介した以外にも、多くの方々・施設にご協力いただきました。記して謝意を表します。

「かわいい」と地域活性化：政金一嘉様（ドットコム・マーケティング取締役社長、日本カワイイ博実行委員長）
幼児用器具の新商品開発：TOTOテクニカルセンター
住ムフムラボとキッズデザイン：積水ハウス総合住宅研究所住生活研究室　中村孝之部長
動きにおけるかわいさの研究：千葉工業大学未来ロボティクス学科　富山健教授
長岡技術科学大学Kawaii理科プロジェクト：吉武由美子様・勝見俊之様
構築環境の色彩計画：日本カラーデザイン研究所　杉山朗子景観事業部長
家具の商品開発と「かわいい」：パラマウントベッド技術開発本部デザイン部デザイン課八木剛主管課長
注：肩書はご協力いただいた当時

執筆者略歴

宇治川正人：東京電機大学未来科学部研究員・博士（工学）。1972年東京工業大学大学院（社会工学）修了。1972～2011年竹中工務店。2013年から現職。共著に日本建築学会編『快適なオフィス環境がほしい 居住環境評価の方法』、同『建築空間のヒューマナイジング 環境心理による人間空間の創造』、同『ユビキタスは建築をどう変えるか』、吉崎恵子との共著『笑顔あふれるエコ・タウンの創造』海文堂出版。

宗方 淳：千葉大学大学院工学研究院教授・博士（工学）。1996年東京大学大学院工学系研究科修了。専門は建築環境工学・建築環境心理学。共著に『調査のデザイン』オーム社など。

大倉典子：芝浦工業大学工学部教授・博士（工学）。1978年東京大学大学院工学系研究科計数工学専門課程修士課程修了、1979年日立製作所中央研究所に入社、1994年東京大学大学院工学系研究科先端学際工学専攻後期博士課程修了、1999年より現職。2007年日本感性工学会技術賞受賞。2009年より同学会「かわいい人工物」研究部会長。2017年より同学会副会長。2016年より日本学術会議会員。著書に『「かわいい」工学』朝倉書店2017年。

古賀誉章：宇都宮大学地域デザイン科学部准教授・博士（工学）。2003年東京大学大学院工学系研究科修了。共著に『建築空間のヒューマナイジング 環境心理による人間空間の創造』『PEAPにもとづく認知症ケアのための施設環境づくり実践マニュアル』『空き家・空きビルの福祉転用』『基礎からわかる建築環境工学』『こどもの環境づくり事典』『建築設計テキスト 高齢者施設』。専門：環境心理、建築計画、光環境、建築設計。

小﨑美希：お茶の水女子大学基幹研究院自然科学系助教・博士（工学）。2014年東京大学大学院工学系研究科修了。共著に『基礎教材 建築環境工学』『博士になったらどう生きる？』など。専門：建築環境工学、環境心理学。

丸山 玄：大成建設ライフサイクルケア推進部。1990年東京工業大学大学院修了。共著に『公式ガイド ファシリティマネジメント』日本経済新聞出版社2018年。

寄稿者略歴

真壁智治：エム・ティ・ビジョンズ主宰、プロジェクトプランナー。1943年生まれ。東京芸術大学大学院美術研究科修了。主な著書に『アーバン・フロッタージュ』住まいの図書館出版局、『カワイイパラダイムデザイン研究』平凡社、『ザ・カワイイヴィジョンa、b』鹿島出版会、共著に『応答 漂うモダニズム』左右社など。

入戸野宏：大阪大学大学院人間科学研究科教授・博士（人間科学）。専門分野は実験心理学（心理生理学・工学心理学・感性科学）。1998年大阪大学大学院人間科学研究科修了。1998～2016年広島大学総合科学部助手を経て大学院総合科学研究科准教授。2016年から現職。単著に『心理学のための事象関連電位ガイドブック』、監訳に『メディア心理生理学』、共編著に『心理学基礎実習マニュアル』。

三戸信恵：山種美術館特別研究員。1999年東京大学大学院博士課程（美術史学）満期退学。サントリー美術館に勤務し、「鳥獣戯画がやってきた」展などを企画・担当。2010年より現職。「琳派から日本画へ」展、「Kawaii 日本美術」展などの展覧会企画に携わる。専門は日本絵画史。著書に『かわいい琳派』、共著に『日本美術全集5 王朝絵巻と貴族のいとなみ』など。

柳澤 要：千葉大学大学院工学研究院教授・博士（工学）。1992年東京大学大学院工学系研究科修了。1992～1996年竹中工務店東京本店設計部勤務。その後、テキサスA&M大学建築学部客員研究員を経て、1998年より千葉大学工学部デザイン工学科助教授。2012年より現職。主な共著に新日本法規出版『SDS学校』、ボイックス社『アメリカの学校建築』。主な共作に、ぐんま国際アカデミー、幕張インターナショナルスクール、西南学院小学校など。

図版出典

【第 2 章】 かわいさのメカニズム

- 図 2-1　仙厓義梵「指月布袋画」
  所蔵：出光美術館

【第 3 章】 人と建築との良好な関係

- 写真 3-1、3-9、図 3-1
  グッドデザイン賞応募資料より
- 写真 3-10 ～ 3-12、3-16
  提供：株式会社伸和撮影
- 図 3-3 ～ 3-6
  提供：大成建設
- 写真 3-18、3-19
  提供：エマニュエル・ムホー　アーキテクチャー＋デザイン
  撮影：志摩大輔／ Nacasa & Partners
- 写真 3-32、3-33、図 3-14
  マツヤアートワークス一級建築士事務所ホームページ
  http://matsuya-art-works.co.jp
- 写真 3-49、3-51、3-53、3-55、3-59、3-60
  提供：京都土木事務所

【第 4 章】 精神的疲労の回復

- 写真 4-2、4-7
  提供：株式会社プレステージ・インターナショナル

【第 5 章】 自尊感情の回復

- 写真 5-11
  提供：社会福祉法人 江東園
- 写真 5-15 ～ 5-17
  提供：テンミリオンハウス花時計

【第 7 章】 寄稿編

- 図 7-1
  Lorenz (1943) p. 276 より引用
- 図 7-2　尾形光琳「紅葉流水図（竜田川図）団扇」
  五島美術館
- 図 7-3　中村芳中「老松立鶴図」
  個人蔵
- 図 7-4　鈴木守一「桜下花雛図」
  細見美術館
- 写真 7-1
  提供：株式会社タウンアート
- 写真 7-3
  提供：国立国際医療研究センター

あとがき

▼萌芽期の研究開発

「かわいい」に関する学術研究はまだ「萌芽期の段階」である。学術研究だけでなく、建築設計や建設もその段階にあるといってよいだろう。一般論であるが、この段階では、見習うべき適切なモデル（模範解答）が無く、建築主も設計者も手探りでアイデアをひねり出し、さまざまな試行錯誤が繰り返される。

かわいいWGは、集団面接法や行動観察、小規模な社会実験など、時間も費用も要しない簡便な方法を用いてこの問題に取り組んだ。萌芽期の研究は、さまざまな分野の試行錯誤の様態を概括的にではあるが素早く把握し、多くの人々にフィードバックさせることが、社会に対してより貢献度が高くなると考えたためである。

▼人の気持ちをデザインする

ユッカ・トイヴォネン氏は「味わいと楽しみを付加する」ために交通バリケードをカメの形にすることを思いつき、中野こども病院の設計チームは「子どもの気持ちを明るくさせる病院」を目指して「光の塔」や「待合ひろば」などを提案した。利用者の気持ちを設計の目標とすることは、建築を視覚的な存在としてではなく「経験価値」、それも「気持ちの経験価値」という視点から捉えていると言えよう。

「かわいい」という概念は、その「気持ちの経験価値」を考えるうえで、一つの有力なキーワードになりうるだろうか。

▼命を愛しむ

古賀誉章氏の「拡張する「かわいい」感覚」のレポート（第1章3）を拝読したのは２０１３年の秋で、筆者は頭を抱えてしまった。ミミズや足の中指、返り血だらけで片目のトラのぬいぐるみなどを「かわいい」と感じる人もいる。その感覚や感情をどう表現できるのか。解答はなかなか得られなかった。自分の内部からも浮かんでこなかった。

それから3年後、触感がかわいい椅子のプロジェクトで、その椅子の触感のオノマトペの選好理由を尋ねていたら、「ぬくもり」という言葉が返ってきた。これは温度ではなく、温度が与える情報、すなわち生物が生きている状態を感じている感覚なのかもしれない。「かわいい」という感情の核は「いのちをいつくしむ心」ではないかと思い当たった。やっと難問が氷解した（仮説に過ぎないが）。その感覚で建築や設計を見直せば、居心地の良い、好きになる、楽しい空間が増え、多くの人々が幸せに暮らせる方向に向かうのではないだろうか。

19世紀にチャールズ・ダーウィンは、「生物は環境に適応するように変化して、種が分岐し多様な種が生じる」という説を主張した（進化論）が、たんぱく質やＤＮＡを分子レベルで研究する分子生物学が発展した現代では、ランダムに起きる突然変異が進化の原動力であり、有害な変異は短時間のうちに消滅していくという中立進化論が有力になっている。「かわいい」に関する建築や人工物、その研究開発も、社会において有効で有害でなければ、淘汰されずに発展していくに違いない。

▼協調社会の未来像

筆者は、いわゆる団塊世代に属し、「競争社会」のなかで育ち、その価値観を身に付けた。他を圧倒することが正義とされ、求められた社会であった。しかし、現代は、他人をリスペクトすること、他人と仲良く暮らすこと、建物でも周囲や人間を威圧せず、共に存在することが求められている。そういう状況だからこそ、「美しい」「かっこいい」より「かわいい」に価値があるのではないだろうか。かわいいＷＧが追究してきたのは、そういう「協調社会」の建築に求められる特性であるかもしれない。

２０１８年5月

日本建築学会　環境工学委員会　かわいいと建築刊行小委員会

ISBN978-4-303-71212-9
「かわいい」と建築

2018年9月4日　初版発行

編　者　日本建築学会
発行者　岡田節夫
発行所　海文堂出版株式会社
本社　東京都文京区水道2-5-4（〒112-0005）
電話 03（3815）3291㈹　FAX 03（3815）3953
http://www.kaibundo.jp/
支社　神戸市中央区元町通3-5-10（〒650-0022）
日本書籍出版協会会員・工学書協会会員・自然科学書協会会員

PRINTED IN JAPAN　　印刷　東光整版印刷／製本　誠製本